你好——

家庭、学校、社交、旅游
实用会话

Hello! Practical Dialogues for Home,
School, Social Life and Travel

吴菠　金振邦　焦辉郢

华语教学出版社

北　京

First Edition 1990

ISBN 7-80052-106-0
ISBN 0-8351-1937-8
Copyright 1990 by Sinolingua, Beijing
Published by Sinolingua
24 Baiwanzhuang Road, Beijing 100037, China
Printed by Foreign Languages Printing House
Distributed by China International
Book Trading Corporation
21 Chegongzhuang Xilu, P.O. Box 399
Beijing 100044, China

Printed in the People's Republic of China

前　言

　　本书是为具有中学文化程度，初学汉语的国外青少年编写的口语教材。

　　本书分为"家庭"、"学校"、"社交"、"旅游"四个部分，每部分十二课，全书共四十八课。内容包括青少年的家庭、学校生活，社交活动。此外，本书还介绍了中华民族的传统道德、历史文化和名胜古迹。

　　全书基本句型共 600 个，词汇约 2000 个。每一课中分课文、生词、词语例释、练习、补充生词五个部分。为了便于读者自学，其中生词、词语例释、补充生词均有英语翻译；课文、生词和补充生词配有汉语拼音，有变调现象的词，在生词中标原调，课文中标变调。

　　《你好——家庭、学校、社交、旅游实用会话》选用了日常生活的常用句式，课文由情景会话和叙述短文组成，其中总结归纳了汉语的基本句型和汉语结构规律。词语例释重在功能和应用，练习中突出本课重点、难点。全书语言规范，内容科学性、趣味性统一，力求较快地培养和提高初学汉语者听、说汉语的能力。

编　者

Foreward

Practical Dialogues is intended as a spoken language textbook for beginning students of Chinese as a foreign or second language at high school level.

The work is divided into four parts: Family, School, Social Life, and Travel. Within this famework the student will gain an awareness of traditional Chinese morality and a knowledge of China's history, culture, and scenic spots and historical sites.

This book includes a total of 600 sentence patterns and a 2,000-word vocabulary. Each lesson is composed of the Text, New Words, Notes on Words and Expressions, Exercises and Supplementary Words.

To facilitate the self taught student, English translations are given for the notes and all vocabulary, while *Hanyu pinyin* transcriptions are supplied for the texts and vocabulary. If there are any variations in tone they are marked in the text only; the original tone will be used in the New Words.

The sentence patterns selected for this book are those commonly used in everyday life. The texts consist of situational dialogues and short narratives, through which the rules for Chinese language structure and general patterns of the Chinese sentence are summarized. The notes put stress on linguistic function and application, while the exercises highlight the important points and smooth out the difficulties in the texts. Throughout this work, the language is standard, and the content is both scientific and intriguing. As a result, students will be able to enjoy rapid improvement in their Chinese listening and speaking ability.

The Compilers

目　　录

一　家　庭
Yī　Jiātíng

第一课　　问　安
Dì-yī kè　　Wèn'ān
Lesson One　　Greetings

课　文　　Kèwén
Text

一　Yī

Part　One

A 爸爸，妈妈，您早!
　　Bàba, māma, nín zǎo!

B 你早!
　　Nǐ zǎo!

※　　　　　　　　※

A 姐姐，我回来了，晚上好!
　　Jiějie, wǒ huílaile, wǎnshang hǎo!

B 晚上好!
　　Wǎnshang hǎo!

二　　Èr

Part　Two

A　爸爸，妈妈，我要早点睡了。

　　Bàba, māma, wǒ yào zǎodiǎnr shuì le.

B　嗯，明天要早起，你早点儿睡吧。

　　Ng, míngtiān yào zǎoqǐ, nǐ zǎodiǎnr shuì ba.

A　好吧，爸爸妈妈晚安!

　　Hǎo ba, bàba māma wǎn'ān!

B　晚安!

　　Wǎn'ān!

生　词　　Shēngcí
New Words

1.	问安		wèn'ān	greetings
2.	爸爸	(名)	bàba	father
3.	妈妈	(名)	māma	mother
4.	您	(代)	nín	you (polite form)
5.	早	(形)	zǎo	early; morning
6.	你	(代)	nǐ	you
7.	姐姐	(名)	jiějie	elder sister
8.	我	(代)	wǒ	I; me
9.	回来	(动)	huílai	to come back
10.	了	(助)	le	an auxiliary particle (in this lesson: indicating

					a) completed action
					b) imminent action)
11.	晚上	（名）	wǎnshang	evening
12.	好	（形）	hǎo	good
13.	早点儿		zǎodiǎnr	early
14.	嗯	（叹）	ǹg	interjection; h'm; akay
15.	明天	（名）	míngtiān	tomorrow
16.	要	（动）	yào	to be about to
17.	起	（动）	qǐ	to get up
18.	睡	（动）	shuì	to sleep
19.	晚安		wǎn'ān	good night
20.	吧	（叹）	ba	a modal particle indicating agreement

词语例释　　Cíyǔ lìshì
Notes on Words and Expressions

一　您早

"您"是你的尊称，"您早"是早上用的问候语。

您 is the polite form for 你. 您早 is a greeting used in the morning.

二　早点儿

这里的"点儿"可用在动词或形容词后边，表示程度或数量略微增加或减少。"点儿"前可加数词"一"。例如：

点儿 can be used after a verb or an adjective to indicate a small increase or decrease in quantity or degree. It can be preceded by the numeral 一. For example：

1. 早一点儿。

2. 快一点儿。

3. 喝一点儿。

4. 吃点儿吧!

三 "吧"

语气助词。用在句末。可以表示请求、建议、摧促等语气。例如：

吧 is a particle indicating mood which is placed at the end of a phrase or sentence to request，advise，or urge somebody to do something. For example：

1. 我去吧。

2. 你快来吧。

3. 你快上学吧。

练　习　Liànxí
Exercises

一 替换练习:
Substitution drills:
1.爸爸，妈妈，您早。

早安

早上好

下午好

晚上好

— 4 —

早晨好 — morning
_{chén}

2. 我<u>回</u>来了。

睡
休息
走

3. 你早点<u>睡</u>吧。

休息
起
去

二 用"早点儿"填空，并熟读下列各句：
　　Fill in the blanks with 早点儿 and then read the following
sentences until fluently：
　　1. 您＿＿＿＿＿＿睡吧
　　2. 哥哥，你＿＿＿＿＿去吧!
　　3. 爸爸＿＿＿＿＿休息吧。

三 会话：
Dialogue：
　　A. 你早!
　　B. 你早!
　　A. 你好吗?
　　B. 我很好，谢谢。
　　A. 再见!
　　B. 再见!

补 充 生 词　　Bǔchōng shēngcí
Supplementary Words

1. 快　　（形）　kuài　　　　quick, fast

2.	早安		zǎo'ān	good morning
3.	早上	（名）	zǎoshang	morning
4.	下午	（名）	xiàwǔ	afternoon
5.	早晨	（名）	zǎochén	morning
6.	休息	（动）	xiūxi	to rest
7.	走	（动）	zǒu	to go ; to walk
8.	去	（动）	qù	to go
9.	哥哥	（名）	gēge	elder bother
10.	很	（副）	hěn	very
11.	吗	（语）	ma	an interrogative particle used at the end of a declarative sentence to form a question
12.	谢谢	（动）	xièxie	to thank; thanks
13.	再见		zàijiàn	good－bye

第二课　　　早　餐
Dì-èr kè　　　Zǎocān
Lesson Two　　　Breakfast

课　文　Kèwén
Text

一　　Yī
Part　One

A 妈妈，今天早点吃什么?
　Māma，jīntiān zǎodiǎn chī shénme?

B 今天早点吃面包和鸡蛋。
　Jīntiān zǎodiǎn chī miànbāo hé jīdàn.

A 还有什么?
　Hái yǒu shénme?

B 还有牛奶和咖啡。
　Hái yǒu niúnǎi hé kāfēi.

A 这是我的咖啡吗?
　Zhè shì wǒde kāfēi ma?

B 是的。你要黄油吗?
　Shìde. Nǐ yào huángyóu ma?

A 不，我不要。
　Bù, wǒ bú yào.

B 你要什么?
　Nǐ yào shénme?

A 我要果酱。
  Wǒ yào guǒjiàng.

二　Èr
Part　Two

A 妈妈，今天有什么早点?
  Māma，jīntiān yǒu shénme zǎodiǎn?

B 有烧饼和油条。
  Yǒu shāobing hé yóutiáo.

A 有豆浆吗?
  Yǒu dòujiāng ma?

B 有，给你。加糖吗?
  Yǒu，gěinǐ. Jiā táng ma?

A 好，加一点儿糖。谢谢。
  Hǎo，jiā yìdiǎnr táng. Xièxie.

生　词　Shēngcí
New Words

1.	早餐	(名)	zǎocān	breakfast
2.	今天	(名)	jīntiān	today
3.	早点	(名)	zǎodiǎn	breakfast
4.	吃	(动)	chī	to eat
5.	什么	(代)	shénme	what
6.	面包	(名)	miànbāo	bread
7.	和	(连)	hé	and
8.	鸡蛋	(名)	jīdàn	egg

9.	还	（副）	hái	else
10.	有	（动）	yǒu	to have
11.	牛奶	（名）	niúnǎi	milk
12.	咖啡	（名）	kāfēi	coffee
13.	这	（代）	zhè	this
14.	是	（动）	shì	to be
15.	的	（助）	de	a structural particle (here: used to form the possessive)
16.	黄油	（名）	huángyóu	butter
17.	不	（副）	bù	no
18.	果酱	（名）	guǒjiàng	jam
19.	烧饼	（名）	shāobing	sesame seed cake
20.	油条	（名）	yóutiáo	deep-fried dough stick
21.	豆浆	（名）	dòujiāng	soybean milk
22.	给	（动）	gěi	to give
23.	加	（动）	jiā	to add
24.	糖	（名）	táng	sugar
25.	一点儿		yīdiǎnr	a little

词 语 例 释　Cíyǔ lìshì

Notes on Words and Expressions

一　好

　　"好"在这里表示一种同意的语气。单独用，类似叹词。例如：

好 here indicates agreement. When it is used by itself, its function is similar to an exclamation. For example：

1. A. 您要牛奶吗？
   B. 好，要一小杯。
2. A. 你吃油饼，我吃面包吧。
   B. 好。
3. A. 爸爸今天早点回来吧。
   B. 好，再见。

二　在汉语中，最常见的疑问句是"陈述句"加"吗"。例如本课中出现的：

In Chinese, the most common pattern for interrogative sentences is a declarative sentence plus 吗. Example occurring in this lesson：

1. 你要黄油吗？
2. 这是我的咖啡吗？

有时汉语中用代词表示疑问。例如：

Sometimes a pronoun is used to express the interrogative. For example：

今天早点吃什么？　　"什么"是代词，表示疑问。又例如：

什么 is a pronoun expressing the interrogative. For example：

1. 今天上午是什么课？
2. 晚上有什么电视？

一　替换练习:

Substitution drills:

1. 今天<u>早点</u>吃什么?

早饭

午饭

晚饭

夜宵

2. 今天早点吃<u>面包和鸡蛋</u>。

三明治和咖啡

烧饼和油条

3. 你要<u>黄油</u>吗?

蛋糕

烧饼

豆浆

牛奶

4. 有<u>豆浆</u>吗?

牛奶

咖啡

红茶

吃的

二　用"什么"将下列句子改成疑问句:

Turn the following sentences into questions using 什么:

例:　今天的早点是油条和豆浆。

今天的早点是什么?

1. 这是糖油饼。

2. 那是蛋糕。

3. 早晨姐姐喝咖啡。

4. 今天早点吃鸡蛋。

三　用"吗"将下列句子改成疑问句：

Turn the following sentences into questions using 吗：

1. 这是您的咖啡。

2. 今天早晨有豆浆。

3. 哥哥早晨吃面包。

四　会话：

Dialogue：

A. 妈妈，早点吃什么？

B. 吃烧饼、油条和豆浆。

A. 我不吃烧饼，我吃油条。

B. 好，给你。还要什么？

A. 不要了，您吃什么？

B. 我吃烧饼，我还要喝点豆浆。

补 充 生 词　Bǔchōng shēngcí
Supplementary Words

1.	早饭	（名）	zǎofàn	breakfast
2.	午饭	（名）	wǔfàn	lunch
3.	晚饭	（名）	wǎnfàn	supper
4.	夜宵	（名）	yèxiāo	midnight snack
5.	三明治	（名）	sānmíngzhì	sandwich

6.	蛋糕	（名）	dàngāo	cake
7.	红茶	（名）	hóngchá	black tea
8.	吃的		chīde	things to eat
9.	糖油饼	（名）	tángyóubǐng	sweet deep-fried cake
10.	喝	（动）	hē	to drink

第三课　　晚　餐

Dì-sān kè　　Wǎncān
Lesson Three　　Dinner

课　文　Kè wén
Text

一　Yī
Part One

A 哥哥，今天晚上我们吃家乡饭。
　　Gēge, jīntiān wǎnshang wǒmen chī jiāxiāng fàn.

B 太好了。妈妈，有什么菜?
　　Tài hǎole. Māma, yǒu shénme cài?

C 有咖喱鸡，烤鹅和炒米粉。
　　Yǒ gālíjī, kǎo'é hé chǎo mǐfěn.

B 好，咖喱鸡是妈妈的拿手菜。
　　Hǎo, gālíjī shì māma de náshǒu cài.

A 妈妈，有什么汤?
　　Māma, yǒu shénme tāng?

C 有鸡茸粟米汤，喜欢吗?
　　Yǒu jīróng sù mǐ tāng, xǐhuan ma?

A 也是广东味儿，太喜欢了。
　　Yě shì Guǎngdōng wèir, tài xǐhuan le.

C 你们饿了，大家吃饭吧。
　　Nǐmen è le, dàjiā chīfàn ba.

B 妈妈，有茶吗?

Māma, yǒu chá ma?

C 有铁观音茶，给你。

Yǒu Tiěguānyīn chá, gěi nǐ.

二　Èr
Part　Two

A 吃饭了。

Chīfàn le.

B 哦，今天晚上我们吃西餐。

Ò, jīntiān wǎnshang wǒmen chī xīcān.

C 对。谁要牛排? 谁要炸鸡?

Duì. Shuí yào niúpái? Shuí yào zhájī?

A 妈妈，我要牛排，不要炸鸡。

Māma, wǒ yào niúpái, bú yào zhájī.

B 妈妈，我不要牛排，要炸鸡，我还要一片面包。

Māma, wǒ bú yào niúpái, yào zhájī, wǒ hái yào yí

piàn miànbāo.

A 我要一碗炒米饭。我还要一点儿火腿色拉。

Wǒ yào yì wǎn chǎomǐfàn. Wǒ hái yào yìdiǎnr huǒtuǐ

sèla.

C 好，好，给你们。今天没有甜食，有红茶。

Hǎo, hǎo, gěi nǐmen. Jīntiān méiyǒu tiánshí, yǒu

hóngchá.

生　词　　Shēngcí
New Words

1. 晚餐　　（名）　wǎncān　　dinner
2. 家乡饭　（名）　jiāxiāngfàn　food of one's
   　　　　　　　　　　　　　　native place
3. 菜　　　（名）　cài　　　dish
4. 咖喱鸡　（名）　gālíjī　curry chicken
5. 烤　　　（动）　kǎo　　to roast
6. 鹅　　　（名）　é　　　goose
7. 炒　　　（动）　chǎo　to fry
8. 米粉　　（名）　mǐfěn　rice-flour noodles
9. 拿手菜　　　　náshǒucài　specialty
10. 汤　　　（名）　tāng　soup
11. 鸡茸　　（名）　jīróng　a soup made of shredded
    　粟米汤　　　sù mǐ tāng　chicken and sweet corn
12. 喜欢　　（动）　xǐhuān　to like
13. 广东　　（专）　Guǎngdōng　Guangdong Province
14. 味儿　　（名）　wèir　taste，flavour
15. 太　　　（副）　tài　too
16. 们　　　（后缀）　men　a suffix forming the
    　　　　　　　　　　　　　　plural (for people)
17. 饿　　　（形）　è　　hungry
18. 大家　　（代）　dàjiā　everybody

19.	茶	（名）	chá	tea
20.	铁观音茶	（专）	Tiěguānyīn chá	"Iron Guanyin" tea
21.	哦	（叹）	ò	interjection: oh
22.	西餐	（名）	xīcān	Western-style food
23.	对	（动）	duì	right
24.	牛排	（名）	niúpái	steak
25.	炸鸡	（名）	zhá jī	fried chicken
26.	一	（数）	yī	one
27.	片	（量）	piàn	measure word: slice
28.	碗	（量）	wǎn	bowl
29.	米饭	（名）	mǐfàn	rice
30.	火腿色拉	（名）	huǒtuǐ sèla	ham salad
31.	甜食	（名）	tiánshí	dessert

词语例释　　Cíyǔ lìshì
Notes on Words and Expressions

一　有咖喱鸡、烤鹅和炒米粉

　　　这里的"有"表示存在，句首限于用时间词语或处所词语。
否定式是"没有"或"没"。例：

　　有 here indicates existence. Only words relating to time or
place can be used at the beginning of such sentences. The nega-
tive form is 没有 or 没.　For example:

　　1. 晚餐有鸡蛋汤。

2. 盘子里有馒头，没有面包。

二 谁要牛排?

　　"谁"在这里是疑问代词。可以指一个人，也可以指一个人以上。可以做主语、宾语，修饰名词时通常带"的"。例如:

Here 谁 is an interrogative pronoun which may apply to one or more persons. It can be used as the subject or object. When it modifies a noun，it is usually followed by 的. For example:

1. 谁要火腿色拉?
2. 谁不喝茶?
3. 吃烤鹅的是谁?
4. 这是谁的面包?

三 哦

　　叹词，表示领会。例如:

哦 is an exclamation which indicates understanding. For example:

1. 哦，我知道了。
2. 哦，我懂了。

练 习　Liànxí
Exercises

一 替换练习:

Substitution drills:

1. 有咖喱鸡、烤鹅和炒米粉。

馒头	烧饼	面包
米饭	包子	饺子
牛奶	咖啡	茶

2. 吃饭了。

起床
睡觉
洗脸

3. 谁要<u>牛排</u>。

米饭
咖啡
馒头

4. 我要<u>一碗炒米饭</u>。

一片面包
一杯牛奶
一盘饺子

5. 今天没有<u>甜食</u>，有<u>红茶</u>。

牛奶　　　咖啡
绿茶　　　可可
面包　　　蛋糕

二　用"谁"填空，并回答问题：
Fill in the blanks with 谁 and then answer the questions:
1. ＿＿＿＿＿＿＿要牛奶?　＿＿＿＿＿＿＿＿。
2. ＿＿＿＿＿＿＿要咖啡?　＿＿＿＿＿＿＿＿。

补 充 生 词　**Bǔchōng shēngcí**
Supplementary Words

1. 馒头　（名）　mántou　　steamed bread

2. 包子　（名）　bāozi　　steamed stuffed bun

3. 饺子　（名）　jiǎozi　　dumpling

4. 起床　　　　　qǐchuáng　to get up

5.	睡觉		shuìjiào	to go to sleep
6.	洗	(动)	xǐ	to wash
7.	脸	(名)	liǎn	face
8.	杯	(量)	bēi	cup
9.	盘	(量)	pán	plate
10.	绿茶	(名)	lǜchá	green tea
11.	可可	(名)	kěkě	cocoa

第四课　　　　　谈家庭

Dì-sì kè　　　　Tán jiātíng

Lesson Four　　　Talking About Family

课　文　　Kèwén
Text

一　　Yī
Part　One

A 王丽，这是不是你家的照片？
　　Wáng Lì, zhè shìbushì nǐ jiā de zhàopiān?

B 是。这是我家的照片。
　　Shì. Zhè shì wǒ jiā de zhàopiān.

A 这是谁？
　　Zhè shì shuí?

B 这是我爸爸，那是我妈妈。
　　Zhè shì wǒ bàba, nà shì wǒ māma.

A 你爸爸、妈妈在哪儿工作？
　　Nǐ bàba, māma zài nǎr gōngzuò?

B 我爸爸在大学工作，我妈妈在医院工作。
　　Wǒ bàba zài dàxué gōngzuò, wǒ māma zài yīyuàn
　　gōngzuò.

A 他们是谁？
　　Tāmen shì shuí?

B 他是我哥哥，她是我姐姐。
　　Tā shì wǒ gēge, tā shì wǒ jiějie.

A 你哥哥是中学生还是大学生?

　Nǐ gēge shì zhōng xuéshēng hái shì dà xuéshēng?

B 他们都是中学生。

　Tāmen dōu shì zhōng xuéshēng.

A 王丽,请给我那张照片看看。

　Wáng Lì, qǐng gěi wǒ nà zhāng zhàopiān kànkan.

B 好。李明,你猜,这是谁?

　Hǎo. Lǐ Míng, nǐ cāi, zhè shì shuí?

A 这位老人是不是你外公?

　Zhè wèi lǎorén shìbushì nǐ wàigōng.

B 这不是我外公,是我爷爷,他已经退休了。

　Zhè búshì wǒ wàigōng, shì wǒ yéye, tā yǐjing tuìxiū
　le.

二　Èr
Part Two

　王丽和李明是好朋友。王丽告诉李明她家的人都在哪
儿工作、上学。李明说:"你们家真幸福。"

　Wáng Lì hé Lǐ Míng shì hǎo péngyou. Wáng Lì gàosù
Lǐ Míng tā jiā de rén dōu zài nǎr gōngzuò, shàngxué. Lǐ
Míng shuō:"Nǐmen jiā zhēn xìngfú."

生　词　Shēngcí
New Words

1.	谈 （动）	tán	to talk
2.	家庭 （名）	jiātíng	family
3.	王丽 （专）	Wáng Lì	Wang Li

4.	家	(名)	jiā	home
5.	照片	(名)	zhàopiàn	photograph
6.	在	(介)	zài	in; at
7.	哪儿	(代)	nǎr	where
8.	工作	(动.名)	gōngzuò	to work; work
9.	大学	(名)	dàxué	university
10.	医院	(名)	yīyuàn	hospital
11.	她	(代)	tā	she; her
12.	中学生	(名)	zhōngxué shēng	high school student
13.	都	(副)	dōu	all; everyone
14.	请	(动)	qǐng	to ask; to invite
15.	张	(量)	zhāng	measure word (used for photographs, paper, hides, tables, beds, etc.)
16.	李明	(专)	Lǐ Míng	Li Ming
17.	猜	(动)	cāi	to guess
18.	位	(量)	wèi	measure word
19.	老人	(名)	lǎorén	old man; elderly person
20	外公	(名)	wàigōng	grandpa (mother's father)
21.	爷爷	(名)	yéye	grandpa (father's father)
22	退休	(动)	tuìxiū	to retire
23.	朋友	(名)	péngyou	friend

24.	告诉	（动）	gàosù	to tell
25.	人	（名）	rén	person
26.	上学		shàngxué	to go to school
27.	说	（动）	shuō	to say; to speak
28.	真	（副）	zhēn	really
29.	幸福	（形）	xìngfú	happy
30.	已经	（副）	yǐjing	already

词 语 例 释　Cíyǔ lìshì
Notes on Words and Expressions

一　这是不是你家的照片？

这是正反疑问句。回答可以是肯定的，也可以是否定的。
例如：

This is an affirmative + negative type question. The answer may be either negative or positive. For example:

1. 那杯牛奶甜不甜？　　不甜。
2. 你喜欢不喜欢喝茶？　喜欢。

二　你爸爸、姐姐在哪儿工作？

"哪儿"是疑问代词，在句中可作主语、宾语、定语。例
如：

哪儿 is an interrogative pronoun and can be used as a subject, an object, or an attribute. For example:

1. 他去哪儿？
2. 你是哪儿的人？
3. 哪儿有碗？

三　你哥哥是中学生还是大学生?

　　　"还是"表示在几项中选择一项。例如:

　　　还是 indicates that there is an alternative among several items. For example:

　　　1. 你吃米饭还是吃包子?

　　　2. 你喝红茶还是喝咖啡?

四　请给我那张照片看看。

　　　"请",敬辞。可单用或带动词宾语。例如:

　　　请 is a polite form which can be used singly or with an object after it. For example:

　　　1. 请给我一杯茶。

　　　2. 请你早点儿睡。

练 习　Liànxí
Exercises

一　替换练习:

Substitution drills:

1. <u>这</u>是谁?

那	你
李明	她

2. 这是我<u>爸爸</u>,那是我<u>妈妈</u>。

弟弟	妹妹
朋友	同学
爷爷	奶奶
外公	外婆

3. 你<u>爸爸</u>在哪儿工作?

　　——在<u>大学</u>工作。

姐姐　　　剧团
哥哥　　　工厂
朋友　　　公司

二　模仿例句造句:

Make sentences according to the given models:

例:　照片　　　　你

这是不是你的照片?

这是我的照片。

1. 碗　　　　王丽
2. 妹妹　　　李明
3. 车　　　　他

三　根据划线部分提问:

Replace the underlined words with interrogative pronouns to form questions:

1. 这是蛋糕。
2. 姐姐去医院了。
3. 他在中学工作。
4. 她是我姐姐。

四　会话:

Dialogue:

A. 你家有什么人?

B. 我家有爸爸、妈妈、姐姐、弟弟和我。

A. 你的爸爸、妈妈都工作吗?

B. 是，他们都在公司里工作。

A. 你和姐姐、弟弟都上学吗?

B. 不，姐姐在医院工作，我和弟弟上中学。

补 充 生 词　Bǔchōng shēngcí
Supplementary Words

1. 同学　（名）　tóngxué　　classmate
2. 奶奶　（名）　nǎinai　　grandmother
　　　　　　　　　　　　　(father's mother)
3. 外婆　（名）　wàipó　　grandmother
　　　　　　　　　　　　　(mother's mother)
4. 剧团　（名）　jùtuán　　theatrical company;
　　　　　　　　　　　　　opera troupe
5. 工厂　（名）　gōngchǎng　factory
6. 公司　（名）　gōngsī　　company; corporation
7. 车　　（名）　chē　　　vehicle

第五课　　　　　谈亲属
Dì-wǔ kè　　　Tán qīnshǔ
Lesson Five　　Talking About Relatives

课　文　　Kè wén
Text

一　　Yī
Part One

A　你的亲属多吗？
　Nǐ de qīnshǔ duō ma?

B　我的亲属多极了。伯父在台湾，叔叔在美国，小姨在泰国。
　Wǒ de qīnshǔ duō jí le. Bófù zài Táiwān, shūshu zài
　Měiguó, xiǎoyí zài Tàiguó.

A　在中国，你有亲属吗？
　Zài Zhōngguó, nǐ yǒu qīnshǔ ma?

B　有。我的小叔叔和舅舅一家都在中国。
　Yǒu. Wǒ de xiǎo shūshu hé jiùjiu yì jiā dōu zài
　Zhōngguó.

A　他们都在北京吗？
　Tāmen dōu zài Běijīng ma?

B　不，他们都在我的家乡广东省佛山市。
　Bù, tāmen dōu zài wǒ de jiāxiāng Guǎngdōng Shěng
　Fóshān Shì.

A　你有堂哥和表哥吗？

Nǐ yǒu tánggē hé biǎogē ma?

B 我有堂哥、堂姐和一个表妹。

Wǒ yǒu tánggē, tángjiě hé yí gè biǎomèi.

A 他们都是学生吗?

Tāmen dōu shì xuésheng ma?

B 是。堂哥和堂姐在大学,表妹在中学。

Shì. Tánggē hé tángjiě zài dàxué, biǎomèi zài zhōngxué.

A 你的亲属真多,我真羡慕你。

Nǐ de qīnshǔ zhēn duō, wǒ zhēn xiànmù nǐ.

B 哦,我忘记倒水了,你喝茶还是喝咖啡?

Ò, wǒ wàngjì dào shuǐ le, nǐ hē chá hái shì hē kāfēi?

A 我要一杯茶吧。

Wǒ yào yì bēi chá ba.

B 你看,这是他们的照片,我的表妹很漂亮。

Nǐ kàn, zhè shì tāmen de zhàopiān, wǒ de biǎomèi hěn piàoliang.

A 不错,你的堂哥也很神气。

Búcuò, nǐ de tánggē yě hěn shénqì.

二　　Er

Part Two

小文的亲属很多,在美国、泰国、加拿大都有。小文的叔叔、婶婶在家乡广东佛山市。他有很多家乡亲属和风光的照片,那儿的风景很美。

小文的堂哥,堂姐是大学生,表妹是中学生。

小文很高兴有这么多的亲属。

Xiǎo Wén de qīnshǔ hěn duō, zài Měiguó, Tàiguó,

Jiānádà dōu yǒu. Xiǎo Wén de shūshu, shěnshen zài jiāxiāng Guǎngdōng Fóshān Shì. Tā yǒu hěn duō jiāxiāng qīnshǔ hé fēngguāng de zhàopiān, nàr de fēngjǐng hěn měi.

Xiǎo Wén de tánggē, tángjiě shì dàxuéshēng, biǎomèi shì zhōng xuéshēng.

Xiǎo Wén hěn gāoxìng yǒu zhème duō de qīnshǔ.

生　词　Shēngcí
New Words

1.	亲属	（名）	qīnshǔ	relative
2.	多	（形）	duō	many, much
3.	极了		jí le	extremely, very
4.	伯父	（名）	bófù	uncle (father's elder brother)
5.	叔叔	（名）	shūshu	uncle (father's younger brother)
6.	姨	（名）	yí	aunt (mother's sister)
7.	台湾	（专）	Táiwān	Taiwan
8.	美国	（专）	Měiguó	the United States of America
9.	泰国	（专）	Tàiguó	Thailand
10.	中国	（专）	Zhōngguó	China
11.	小	（形）	xiǎo	small, little

12. 舅舅	(名)	jiùjiu	uncle (mother's brother)
13. 家	(量)	jiā	household
14. 北京	(专)	Běijīng	Beijing
15. 家乡	(名)	jiāxiāng	hometown
16. 省	(名)	shěng	province
17. 佛山市	(专)	Fóshān Shì	Foshan City
18. 堂哥	(名)	tánggē	cousin (son of father's brother, older than oneself)
19. 个	(量)	gè	measure word (used with nouns without specific measure words)
20. 表哥	(名)	biǎogē	cousin (son of mother's brother or sister, or of father's sister, older than oneself)
21. 堂姐	(名)	tángjiě	cousin (daughter of father's brother,

				older than oneself)
22.	表妹	（名）	biǎomèi	cousin (daughter of mother's sister or brother, or of father's sister, younger than oneself)
23.	羡慕	（动）	xiànmù	to envy
24.	忘记	（动）	wàngjì	to forget
25.	倒	（动）	dào	to pour
26.	水	（名）	shuǐ	water
27.	漂亮	（形）	piàoliang	pretty
28.	不错		bùcuò	not bad
29.	神气	（形）	shénqì	handsome
30.	也	（副）	yě	also
31.	加拿大	（专）	Jiānádà	Canada
32.	婶婶	（名）	shěnshen	aunt (wife of father's younger brother)
33.	风光	（名）	fēngguāng	scene
34.	风景	（名）	fēngjǐng	scenery
35.	美	（形）	měi	beautiful
36.	高兴	（形）	gāoxìng	happy
37.	这么	（代）	zhème	so

词 语 例 释　Cíyǔ lìshì
Notes on Words and Expressions

我的亲属多极了。

"极"作补语，后面可加语气助词"了"。例如：

极 is a complement. It can be followed by the modal auxiliary particle 了. For example：

1. 我饿极了。

2. 人多极了。

练　习　Liànxí
Exercises

一　替换练习：

Substitution drills：

1. 我的亲属多极了。

书	少
身体	好
眼睛	坏

2. 我的<u>小叔叔</u>和<u>舅舅</u>一家都在中国。

姨妈	姑妈
表哥	堂哥
侄子	表姐

3. 你喝茶还是喝咖啡?

牛奶	茶
豆浆	咖啡
汤	茶

二 用学过的量词填空：

Fill in the blanks with the measure words you have learned:

1. 一_____牛奶
2. 一_____米饭
3. 一_____面包
4. 一_____色拉
5. 一_____人

补 充 生 词　　Bǔchōng shēngcí
Supplementary Words

1.	书	（名）	shū	book
2.	少	（形）	shǎo	few, little
3.	身体	（名）	shēntǐ	body
4.	眼睛	（名）	yǎnjīng	eye
5.	坏	（形）	huài	bad
6.	姨妈	（名）	yímā	aunt (elder or younger sister of one's mother)
7.	姑妈	（名）	gūmā	aunt (elder or younger sister of one's father)
8.	侄子	（名）	zhízi	nephew

第六课　　　我们的房间
Dì-liù kè　　　Wǒmen de fángjiān
Lesson Six　　　Our Flat

课　文　Kèwén
Text

一　　Yī
Part　One

A　小佳，你家住在这座楼里吗?
　　Xiǎo Jiā, nǐ jiā zhù zài zhè zuò lóu li ma?

B　是，我家住在二层。
　　Shì, wǒ jiā zhù zài èr céng.

A　你家有几个房间?
　　Nǐ jiā yǒu jǐ gè fángjiān?

B　有六个。这是我爸爸、妈妈的卧室，那是我妹妹的。
　　Yǒu liù gè. Zhè shì wǒ bàba, māma de wòshì, nà shì
　　wǒ mèimei de.

A　这个房间一定是你的。
　　Zhè gè fángjiān yídìng shì nǐ de.

B　对。这是我和弟弟的房间，怎么样?
　　Duì. Zhè shì wǒ hé dìdi de fángjiān, zěnmeyàng?

A　你们的房间很大，也很整齐。
　　Nǐmen de fángjiān hěn dà, yě hě zhěngqí.

B　我们有两张床，一个衣柜，两张书桌和两把椅子。
　　Wǒmen yǒu liǎng zhāng chuáng, yí gè yīguì, liǎng

zhāng shūzhuō hé liǎng bǎ yǐzi.

A　你们没有书架？

　　Nǐmen méiyǒu shūjià?

B　没有。有一个大书橱，在这儿。

　　Méiyǒu. Yǒu yí gè dà shūchú, zài zhèr.

A　哦，真不错，书真不少呵！

　　O, zhēn búcuò, shū zhēn bù shǎo a!

B　你看，这个台灯怎么样？

　　Nǐ kàn, zhège táidēng zěnmeyàng?

A　很漂亮。

　　Hěn piàoliang.

二　　Èr
Part　Two

　　小文问："小佳，你们的房间住几个人？"小佳说："我们的房间住两个人。有两张床、两张桌子、三把椅子、两个书架，还有一个电视，一个空调器。"小文说："你们的房间很舒服呵！"

　　Xiǎo Wén wèn:" Xiǎo Jiā, nǐmen de fángjiān zhù jǐ gè rén?"Xiǎo Jiā shuō:" Wǒmen de fángjiān zhù liǎng gè rén. Yǒu liǎng zhāng chuáng, liǎng zhāng zhuōzi, sān bǎ yǐzi, liǎng gè shūjià, hái yǒu yí gè diànshì, yí gè kōngtiáoqì." Xiǎo Wén shuō:"Nǐmen de fángjiān hěn shūfu a!"

生 词　　Shēngcí
New Words

1. 房间　　（名）　fángjiān　　room
2. 小佳　　（专）　Xiǎo Jiā　　Xiao Jia
3. 住　　　（动）　zhù　　to live
4. 座　　　（量）　zuò　　measure word (used for buildings, bridges, mountains, etc,)
5. 楼　　　（名）　lóu　　building
6. 里　　　（名）　lǐ　　inside
7. 二　　　（数）　èr　　two; second
8. 层　　　（量）　céng　　measure word; floor
9. 几　　　（代）　jǐ　　how many; how much
10. 六　　　（数）　liù　　six
11. 卧室　　（名）　wòshì　　bedroom
12. 一定　　（副）　yīdìng　　certainly
13. 怎么样　（代）　zěnme yàng　　what do you think of…
14. 大　　　（形）　dà　　big, large
15. 整齐　　（形）　zhěngqí　　tidy
16. 两　　　（数）　liǎng　　two
17. 床　　　（名）　chuáng　　bed
18. 衣柜　　（名）　yīguì　　wardrobe
19. 书桌　　（名）　shūzhuō　　desk

20. 把	（量）	bǎ	measure word (here: used for chair)
21. 椅子	（名）	yǐzi	chair
22. 书架	（名）	shūjià	bookshelf
23. 书橱	（名）	shūchú	bookcase
24. 这儿		zhèr	here
25. 台灯	（名）	táidēng	desk lamp
26. 桌子	（名）	zhuōzi	desk
27. 电视	（名）	diànshì	TV set
28. 空调器	（名）	kōngtiáoqì	air-conditioner
29. 舒服	（形）	shūfu	comfortable
30. 小文	（专）	Xiǎo Wén	Xiao Wen

词 语 例 释　　Cíyǔ lìshì
Notes on Words and Expressions

一　你家有几个房间?

　　"几"是疑问代词，用来询问数目。"几"指的数常限于"十"以下，估计数目在"十"以下就用"几"提问。用"几"的时候，后面要加量词。例如:

　　几 is an interrogative pronoun meaning "how many". 几 represents a number under ten. It is used when answers are expected in single figures. When used in such a way, it must always be followed by a measure word.　For example:

　　1. 你家有几口人?

2. 小文家住几个房间?

3. 你要几个鸡蛋?

二 "二"和"两"的用法:

"二"和"两"都是数词。在量词前一般用"两",不用"二"。

例如:

Both 两 and 二 are numbers. Before a measure word, 两, not 二, is generally used.   For example:

1. 两杯水。

2. 两个同学。

在表示度量衡的量词前,可以用"二",也可以用"两"。

例如:

Both 两 and 二 can be used before a unit of weight and measure.   For example:

二斤糖

两斤糖

练 习　　Liànxí

Exercises

一 替换练习:

Substitution drills:

1. 我家住在二层。

他	三层
他们	三楼
我朋友	四楼

2. 你们的房间很大,也很整齐。

你的厨房	宽敞	干净

你的书橱	好看	实用
你的床	舒服	漂亮

3. 这<u>个</u>台灯怎么样?——很<u>漂亮</u>。

个	房间	干净
个	衣柜	好看
把	椅子	舒服
支	笔	好用

二 用量词填空, 并把句子改成有"几"的问句:

Fill in the blanks with measure words, and then turn the sentences into interrogative sentences with 几:

例: 这儿有一把椅子。

这儿有几把椅子?

1. 这儿有三_____楼。

2. 那儿有两_____桌子。

3. 房间里有五_____人。

4. 他吃了半_____糖。

5. 我家有两_____衣柜。

6. 买了三_____笔。

三 按照下列句子回答问题:

Answer the questions following the example:

例: 你有书吗?(报纸)

我没有书, 我有报纸。

1. 你有红茶吗?(绿茶)

2. 你有哥哥吗?(弟弟)

3. 小文有书橱吗?(书架)

4. 他的房间里有电视吗?(空调器)

补充生词　Bǔchōng shēngcí
Supplementary Words

1. 三　　（数）　sān　　　three
2. 四　　（数）　sì　　　　four
3. 厨房　（名）　chúfáng　kitchen
4. 宽敞　（形）　kuānchang　spacious; roomy
5. 干净　（形）　gānjing　clean
6. 好看　（形）　hǎokàn　good-looking
7. 实用　（形）　shíyòng　practical
8. 支　　（量）　zhī　　　measure word (used
　　　　　　　　　　　　for things in the
　　　　　　　　　　　　shape of a shaft,
　　　　　　　　　　　　e.g., a pen)
9. 笔　　（名）　bǐ　　　　pen
10. 好用　　　　　hǎoyòng　easy to use
11. 半　　（数）　bàn　　　half
12. 报纸　（名）　bàozhǐ　newspaper

第七课　周　末
Dì-qī kè　Zhōumò
Lesson Seven　The Weekend

课　文　Kèwén
Text

一　Yī
Part　One

A 今天晚上你复习功课吗?

　Jīntiān wǎnshang nǐ fùxí gōngkè ma?

B 爸爸，今天是周末，我不复习功课了。

　Bàba, jīntiān shì zhōumò, wǒ bú fùxí gōngkè le.

A 你做什么?

　Nǐ zuò shénme?

B 我给朋友写信。

　Wǒ gěi péngyou xiěxìn.

A 小丽，你干什么呀?

　Xiǎo Lì, nǐ gàn shénme ya?

C 爸爸，我画画儿。

　Bàba, wǒ huà huàr.

A 小文，你呢?

　Xiǎo Wén, nǐ ne?

D 爸爸，我看电视。您看不看?

　Bàba, wǒ kàn diànshì. Nín kàn bu kàn?

A 我也看。

Wǒ yě kàn.

D   妈妈，您呢？
     Māma, nín ne?

E   我不看电视，我看报。
     Wǒ bú kàn diànshì, wǒ kàn bào.

D   爸爸，今晚的节目有网球赛吗？
     Bàba, jiānwǎn de jiémù yǒu wǎngqiú sài ma?

A   有。我也等这个节目呢，我们一起看吧。
     Yǒu. Wǒ yě děng zhè gè jiémù ne, wǒmen yìqǐ kàn
     ba.

二   Èr

Part Two

　　小文的家是一个和睦的家庭。周末的晚上，大家都很愉快。哥哥、姐姐和小文不复习功课了。哥哥写信，姐姐画画儿，妈妈在房间里看报。小文和爸爸一起看电视，他们在等网球赛的节目呢！一会儿，网球赛开始了。爸爸说："电视的声音小一点儿好吗？"小文说："好，不要打扰别人。"

　　Xiǎo Wén de jiā shì yí gè hémù de jiātíng. Zhōumò de wǎnshang, dàjiā dōu hěn yúkuài. Gēge, jiějie hé Xiǎo Wén bú fùxí gōngkè le. Gēge xiě xìn, jiějie huà huàr, māma zài fángjiān lǐ kàn bào. Xiǎo Wén hé bàba yìqǐ kàn diànshì, tāmen zài děng wǎngqiú sài de jiémù ne! Yíhuìr, wǎngqiú sài kāishǐ le. Bàba shuō:"Diànshì de shēngyīn xiǎo yìdiǎnr hǎo ma?" Xiǎo Wén shuō: "Hǎo, bú yào dǎrǎo bié rén."

生　词　Shēngcí
New Words

1. 周末　（名）　zhōumò　weekend
2. 复习　（动）　fùxí　to review
3. 功课　（名）　gōngkè　homework
4. 做　（动）　zuò　to do
5. 写　（动）　xiě　to write
6. 信　（名）　xìn　letter
7. 干　（动）　gàn　to do
8. 呀　（助）　ya　a particle
9. 画　（动）　huà　to draw
10. 画儿　（名）　huàr　picture
11. 看　（动）　kàn　to watch
12. 呢　（助）　ne　an auxiliary particle [here: a) used at the end of an interrogative sentence; b) used to indicate that an action or situation is in progress]
13. 节目　（名）　jiémù　programme
14. 网球赛　（名）　wǎngqiú sài　tennis match

15. 等	（动）	děng	to wait
16. 一起	（副）	yīqǐ	together
17. 和睦	（形）	hémù	harmonious
18. 愉快	（形）	yúkuài	happy
19. 一会儿		yī huìr	a moment later; in a little while
20. 开始	（动）	kāishǐ	to begin
21. 声音	（名）	shēngyīn	sound
22. 打扰	（动）	dǎrǎo	to disturb
23. 别人	（代）	biérén	others

词 语 例 释　　Cíyǔ lìshì
Notes on Words and Expressions

一　我写信。

　　我画画儿。

　　这些句子的谓语主要成分是动词，它们叫动词谓语句，词序一般是主语——谓语（动词）——宾语。它的否定形式是在谓语动词前加"不"或"没"。例如：

In these sentences, the main component of the predicate is a verb, thus they are called verbal predicate sentences. The normal order of such a sentence is subject + predicate (verb) + object. Its negative form is made by adding 不 or 没 before the verb in the predicate.　For example:

　　1. 我写信，他不写信。

　　2. 小文看书，小丽没看书。

3. 他复习功课，她不复习功课。

二 你干什么呀!

"干什么"是口语，"干"是"做"的意思。例如:

干什么 is colloquial. 干 has the meaning of 做. For example:

1. 姐姐干什么呢? 念课文呢。

2. 他干什么呀? 他写字。

3. 你干什么呢? 我看书呢。

练 习 Liànxí
Exercises

一 替换练习:

Substitution drills:

1. 我画画儿。

念	课文
看	电视
读	汉语

2. 我不看电视，我看报。

看	画报
读	英文
念	课文

3. 今晚电视节目有网球赛吗?

| 足球赛 |
| 篮球赛 |
| 音乐会 |

4. 她在房间里看报。

| 家 | 画画 |

屋里	做饭
宿舍	写信
客厅	看电视

二 给下面的动词配上宾语:

Provide objects for the following verbs:

例: 复习   复习功课

    1. 读

    2. 看

    3. 吃

    4. 写

    5. 念

    6. 喝

三 模仿例句造句:

Make sentences based on the examples:

例: 写   你写不写?

      我写。

      我不写。

    1. 看

    2. 睡

    3. 工作

    4. 上学

例: 复习   功课   你复习不复习功课?

      我复习功课。

      我不复习功课。

    1. 看   画报

    2. 读   生词

    3. 看   杂志

    4. 听   录音

补 充 生 词　　Bǔchōng shēngcí
Supplementary Words

1.	念	(动)	niàn	to read
2.	课文	(名)	kèwén	text
3.	读	(动)	dú	to read
4.	汉语	(名)	Hànyǔ	Chinese
5.	画报	(名)	huàbào	pictorial magazine
6.	英文	(名)	Yīngwén	English
7.	足球赛	(名)	zúqiú sài	football match
8.	篮球赛	(名)	lánqiú sài	basketball match
9.	音乐会	(名)	yīnyuè huì	concert
10.	屋里	(名)	wūlǐ	the interior of a room; in a room
11.	宿舍	(名)	sùshè	dormitory
12.	客厅	(名)	kètīng	sitting-room
13.	生词	(名)	shēngcí	new words
14.	杂志	(名)	zázhì	magazine
15.	听	(动)	tīng	to listen
16.	录音	(名)	lùyīn	sound recording

第八课　　　　拜　寿

Dì-bā ke　　　Bàishòu

Lesson Eight　　Happy Birthday

课　文　Kèwén
Text

一　Yī
Part One

A　妈妈，您真忙啊!

　　Māma, nín zhēn máng a!

B　小佳，今天是几月几号啦?

　　Xiǎo Jiā, jīntiān shì jǐ yuè jǐ hào la?

A　今天是四月七号。

　　Jīntiān shì Sìyuè qí hào.

B　你知道吗，明天四月八号是爷爷的生日。

　　Nǐ zhīdào ma, míngtiān Sìyuè bā hào shì yéye de
　　shēngrì.

A　噢! 我想起来了，今年是爷爷的八十寿辰。

　　Ò! Wǒ xiǎng qǐ lái le, jīnnián shì yéye de bāshí
　　shòuchén.

B　是呀! 明天我们去给爷爷拜寿。你爸爸去商店买礼物
　　了。

　　Shì ya! Míngtiān wǒmen qù gěi yéye bàishòu. Nǐ bàba
　　qù shāngdiàn mǎi lǐwù le.

A　妈妈，我自己也要送给爷爷一份礼物。

Māma, wǒ zìjǐ yě yào sòng gěi yéye yī fèn lǐwù.

A 爷爷！我们给您拜寿啦！
  Yéye! Wǒmen gěi nín bàishòu la!

B 爸爸，祝您健康长寿。
  Bàba, zhù nín jiànkāng chángshòu.

A 爷爷！祝您寿比南山。
  Yéye! Zhù nín shòu bǐ Nán Shān.

D 谢谢，谢谢你们。
  Xièxie, xièxiè nǐmen.

B 爸爸，这是寿桃、寿面、蛋糕和酒。
  Bàba, zhè shì shòutáo, shòumiàn, dàngāo hé jiǔ.

C 爸爸，这是我送给您的礼物。
  Bàba, zhè shì wǒ sòng gěi nín de lǐwù.

D 一对景泰蓝花瓶！真漂亮！
  Yí duì jǐngtàilán huāpíng! Zhēn piàoliang!

A 爷爷您看，这是我画的。
  Yéye nín kàn, zhè shì wǒ huà de.

D 哦，一张寿星图。小佳你画得真好，我太喜欢了。
  O, yì zhāng shòuxīngtú. Xiǎo Jiā nǐ huà de zhēn hǎo, wǒ tài xǐhuan le.

二 　Èr
Part　Two

今天是小佳爷爷八十岁生日，全家去给爷爷拜寿。
爸爸、妈妈的礼物是寿桃、寿面、酒和一对景泰蓝花瓶。小佳的礼物是一张寿星图。中午大家在一起吃长寿面。爷爷很高兴。

Jīntiān shì Xiǎo Jiā yéye bāshí suì shēngrì, quán jiā qù gěi yéye bàishòu.

Bàba, māma de lǐwù shì shòutáo, shòumiàn, jiǔ hé yí duì jǐngtàilán huāpíng. Xiǎo Jiā de lǐwù shì yì zhāng shòuxīngtú. Zhōngwǔ dàjiā zài yìqǐ chī chángshòu miàn. Yéye hěn gāoxìng.

生 词　Shēngcí
New Words

1.	忙	（形）	máng	busy
2.	月	（名）	yuè	month
3.	号	（名）	hào	date
4.	啦	（助）	la	a particle (expressing exclamation, interro- gation, etc.)
5.	七	（数）	qī	seven
6.	八	（数）	bā	eight
7.	生日	（名）	shēngrì	birthday
8.	噢	（叹）	ò	interjection: oh
9.	今年	（名）	jīnnián	this year
10.	八十	（数）	bāshí	eighty
11.	寿辰	（名）	shòuchén	birthday (of an elderly person)
12.	拜寿		bàishòu	to wish someone a happy birthday

13.	商店	（名）	shāndiàn	shop
14.	买	（动）	mǎi	to buy
15.	礼物	（名）	lǐwù	gift
16.	送	（动）	sòng	to send
17.	份	（量）	fèn	measure word (for copy，gift，share，etc.)
18.	祝	（动）	zhù	to wish
19.	健康 长寿		jiànkāng chángshòu	healthy and long life
20.	寿比 南山		shòu bǐ Nán Shān	longevity exceeding Southern Mountain
21.	寿桃	（名）	shòutáo	longevity peach
22.	寿面	（名）	shòumiàn	birthday noodles
23.	酒	（名）	jiǔ	wine
24.	景泰蓝	（名）	jǐngtàilán	cloisonné
25.	花瓶	（名）	huāpíng	vase
26.	寿星图	（名）	shòuxīngtú	a picture of the god of longevity
27.	得	（助）	de	an auxiliary particle (used after a verb or adj. to connect it with a descriptive complement)

28. 全家　　　quánjiā　　the whole family
29. 中午　（名）　zhōngwǔ　　noon

一　今天是几月几号?

　　"号"就是"日",汉语口语中常用。

　　汉语计时单位的一般顺序是：年、月、日（号）；星期、时（点）、分、秒。例如：

　　号 means 日, and is often used in colloquial language. The general order of the units for measuring time in Chinese is: year, month, day, week, hour, minute, and second. For example:

　　1. 我的生日是1966年3月5日。

　　2. 她7月10号晚上来我家。

　　3. 7月10日（星期六）晚上请来我家。

二　我想起来了。

　　"想",是动词,"起来"是补语。表示回想、回忆起某人某事,时常用这种动补形式。例如：

　　想 is a verb; 起来 is a complement. This form is often used to indicate that one has recalled somebody or something. For example:

　　1. 我想起来了,四号是同学李明的生日。

　　2. 他想起来：明天学校有篮球赛。

　　3. 她是我妹妹,你想起来了吧?

一　替换练习：
Substitution drills:

1. 您真<u>忙</u>啊!

他	好
她	漂亮
爷爷	健康

2. 祝您<u>健康长寿</u>。

工作顺利
幸福愉快
万事如意
幸福

3. 爷爷您看，这是<u>我画的</u>。

我买的
我做的
我送的
我写的

二　模仿例子造句：
Make sentences based on the example:

例：工作　　忙
你们的工作忙不忙?
——我们的工作很忙。
——我们的工作不忙。

1. 宿舍　　整齐
2. 菜　　香

3. 商店　　大

4. 牛奶　　热

三　正确的读出下列月、日（号）、星期:

Correctly read the following month, date, and day of the week:

1. (一，三，五，七，九，十二)月

　这个月是几月?

2. (二，四，五，十，十五，二十)号

　今天是几号?

3. 星期(一，二，三，四，五，六，日(天))

　今天是星期几?

四　会话:

Dialogue:

A. 今天是我生日，晚上到我家来玩?

B. 谢谢，我一定去祝贺你的生日。

A. 谢谢。

B. 小佳，祝你生日愉快。这是我送你的礼物。

A. 谢谢，真好看，我真喜欢。

补 充 生 词　　Bǔchōng shēngcí
Supplementary Words

1.	顺利	(形)	shùnlì	smoothly
2.	万事		wànshì	everything follows
	如意		rúyì	one's wishes
3.	香	(形)	xiāng	fragrant

4. 热　　(形)　rè　　　　hot
5. 祝贺　　　　zhùhè　　　　to congratulate

第九课
Dì-jiǔ kè
Lesson Nine

春节和元宵节
Chūnjié hé Yuánxiāojié
The Spring Festival and the Lantern Festival

课 文　Kèwén
Text

一　Yī
Part One

A　爸爸，今天是春节了吧?

　　Bàba, jīntiān shì Chūnjié le ba?

B　今天还不是春节。今天是农历十二月三十号，叫除夕。春节是明天，正月初一。

　　Jīntiān hái búshì Chūnjié. Jīntiān shì nónglì Shí'èryuè sānshí hào, jiào chúxī. Chūnjié shì míngtiān, Zhēngyuè chūyī.

A　哦，明天是春节。明天我们吃团圆饭吧?

　　Ò, míngtiān shì Chūnjié. Míngtiān wǒmen chī tuányuánfàn ba?

B　不，明天我们吃饺子。今晚我们就吃团圆饭，还要一起"守岁"、包饺子。

　　Bù, míngtiān wǒmen chī jiǎozi. Jīnwǎn wǒmen jiù chī tuányuánfàn, hái yào yìqǐ "shǒusuì", bāo jiǎozi.

A　我们放鞭炮吗?

　　Wǒmen fàng biānpào ma?

B　放。这几天，家家户户全都放鞭炮。这是我们的风俗。

Fàng. Zhèi jǐ tiān, jiājiāhùhù quán dōu fàng biānpào.
Zhè shì wǒmen de fēngsú.

A 为什么过年要放鞭炮呢?
Wèishénme guònián yào fàng biānpào ne?

B 是驱除邪恶、辞旧迎新的意思。
Shì qūchú xié′è, cíjiù yíngxīn de yìsi.

A 为什么吃团圆饭和饺子呢?
Wèishénme chī tuányuánfàn hé jiǎozi ne?

B 这些都是表示团圆和吉利的意思。正月初一大家见面都说:"过年好!"
Zhèixiē dōushì biǎoshì tuányuán hé jílì de yìsi.
Zhēngyuè chūyī dàjiā jiànmiàn dōu shuō:"Guònián hǎo!"

A 真有意思!
Zhēn yǒu yìsi!

二　Èr
Part Two

正月十五是元宵节，也叫灯节，是中国的传统节日。这一天，南方人吃汤圆，北方人吃元宵。汤圆就是元宵。人们还放鞭炮、挂彩灯、舞狮子、耍龙灯。晚上，人们手提各种各样的花灯，在一起看灯、猜灯迷。这个节日很热闹，也很有趣。

Zhēngyuè shíwǔ shì Yuánxiāojié, yě jiào Dēngjié,
shì Zhōngguó de chuántǒng jiérì. Zhèi yì tiān, nánfāng
rén chī tāngyuán, běifāng rén chī yuánxiāo. Tāngyuán

jiùshì yuánxiāo. Rénmen hái fàng biānpào, guà cǎidēng, wǔ shīzi, shuǎ lóngdēng. Wǎngshang, rénmen shǒutí gèzhǒnggèyàng de huādēng, zài yìqǐ kàn dēng, cāi dēngmí. Zhèi ge jiérì hěn rènào, yě hěn yǒuqù.

生 词   Shēngcí
New Words

1. 春节	(专)	Chūnjié	Spring Festival
2. 元宵节	(专)	Yuánxiāojié	Lantern Festival
3. 农历	(名)	nónglì	lunar calendar
4. 十二	(数)	shí'èr	twelve
5. 三十	(数)	sānshí	thirty
6. 叫	(动)	jiào	to name, to call
7. 除夕	(名)	chúxī	New Year's Eve
8. 正月	(名)	Zhēngyuè	the first lunar month
9. 初	(序)	chū	at the beginning or early part of; first (in order)
10. 就	(副)	jiù	just; only
11. 守岁	(动)	shǒusuì	to sit up late or all night on New Year's Eve
12. 包	(动)	bāo	to wrap
13. 放	(动)	fàng	to let off
14. 鞭炮	(名)	biānpào	firecracker
15. 家家		jiājiā	every home and

	户户	hùhù	every family
16.	全 (副)	quán	all
17.	风俗 (名)	fēngsú	custom
18.	为什么	wèishénme	why
19.	过年	guònián	to celebrate the New Year, to spend the New Year
20.	驱除	qūchú	to drive off the
	邪恶	xié'è	spirits
21.	辞旧	cíjiù	to see out the Old
	迎新	yíngxīn	and bring in the New
22.	有意思	yǒu yìsi	fascinating
23.	表示 (动)	biǎoshì	to express
24.	团圆	tuányuán	reunion
25.	吉利 (名)	jílì	lucky; propitious
26.	见面	jiànmiàn	to meet
27.	灯节 (名)	dēngjié	Lantern Festival
28.	传统 (名)	chuántǒng	tradition
29.	南方 (名)	nánfāng	the South
30.	汤圆 (名)	tāngyuán	soup dumpling
31.	北方 (名)	běifāng	the North
32.	元宵 (专)	Yuánxiāo	sweet dumpling
33.	挂 (动)	guà	to hang

34.	彩灯	（名）	cǎidēng	coloured lantern
35.	舞	（动）	wǔ	to dance
36.	狮子	（名）	shīzi	lion
37.	耍	（动）	shuǎ	to play with
38.	龙灯	（名）	lóngdēng	dragon lantern
39.	各种		gèzhǒng	each and every kind
	各样		gèyàng	
40.	花灯	（名）	huādēng	colourful lanterns
41.	灯谜	（名）	dēngmí	lantern riddle
42.	节日	（名）	jiérì	festival
43.	热闹	（形）	rènào	lively
44.	有趣		yǒuqù	interesting

词语例释　Cíyǔ lìshì
Notes on Words and Expressions

一　今晚我们就吃团圆饭。

　　"就"在这里是副词，表示很短时间以内即会发生、进行，或强调事情已经发生、进行。例如：

　　就 here is an adverb which indicates that something will happen or will be underway in no time. It may also emphasize that something has already happened. For example:

　　1. 一会儿我们就开始包饺子。

　　2. 星期三我就买了生日礼物送给她。

　　3. 明天小华就上中学了。

4. 刚才他就吃了一碗元宵了。

二　汤圆就是元宵。

在这里，副词"就"修饰判断动词"是"，表示强调前者正是后者的意思。例如：

Here the adverb 就 modifies the affirmative-negative verb 是，emphasizing that the former is exactly the latter. For example：

1. 元宵节就是灯节。
2. 她就是你们的老师。
3. 这座楼二门十一号就是我的家。

三　真有意思!

"有意思"表示有意义、有趣味的意思。它的否定句是"没意思"。例如：

有意思 signifies that something is meaningful and interesting. Its negative form is 没意思. For example：

1. 这本书很有意思。
2. 这部电影没意思。
3. 今天玩得有意思。

练　习　Liànxí
Exercises

一　替换练习：
Substitution drills：
1. 今天是春节了吧?

星期六
正月初三

九月六日
星期五

2. <u>正月初五</u>是<u>元宵节</u>。

正月初一	春节
五月初五	端午节
八月十五	中秋节
四月五号	清明节

3. 今晚<u>我们</u>就<u>吃团圆饭</u>。

人们	吃汤圆
我	告诉你
他们	出发
大家	复习功课

二 用"也"、"都"和"全都"填空：

Fill in the blanks with 也，都，or 全都：

1. 他是大夫，她____是大夫，他们____是大夫。

2. 我家有四口人，你家___有四口人。

3. 李明很忙，小佳____很忙。

4. 今天大家____想看足球赛。

5. 弟弟是小学生，妹妹____是小学生，哥哥和我是中学生，
   我们四人____是学生。

三 会话练习：

Dialogue:

A. 你的灯做好了吗?

B. 我的灯做好了。你的灯真漂亮!

A. 咱们去看灯啊!

B. 走，今天一定很有意思，有耍龙的、舞狮子的。

A. 元宵节的夜晚真有意思，也很热闹。

补 充 生 词　　Bǔchōng shēngcí
Supplementary Words

1. 星期六　（名）　Xīngqīliù　　Saturday

2. 九　　　（数）　jiǔ　　　　　nine

3. 五　　　（数）　wǔ　　　　　five

4. 十五　　（数）　shíwǔ　　　　fifteen

5. 端午节　（专）　Duānwǔjié　　Dragon Boat Festival

6. 中秋节　（专）　Zhōngqiūjié　Mid-autumn Festival

7. 清明节　（专）　Qīngmíngjié　Festival for the Dead

8. 人们　　（代）　rénmen　　　people

9. 出发　　（动）　chūfā　　　　to start

10. 大夫　　（名）　dàifu　　　　doctor

11. 口　　　（量）　kǒu　　　　　measure word (used

　　　　　　　　　　　　　　　　　for people. wells,

　　　　　　　　　　　　　　　　　pigs, etc.)

12. 咱们　　（代）　zánmen　　　we; us

13. 龙　　　（名）　lóng　　　　　dragon

14. 夜晚　　　　　　yèwǎn　　　　night

第十课　　　　　清明节

Dì-shí kè　　　　Qīngmíngjié

Lesson Ten　　　Festival of Pure Brightness

课　文　　Kèwén
Text

一　Yī
Part One

A 小文，你看看日历，今年的清明节是不是四月五号？
Xiǎo Wén, nǐ kànkan rìlì, jīnnián de Qīngmíngjié shì bu shì Sìyuè wǔ hào?

B 爸爸，四月五号是清明节。我们该给奶奶扫墓了。
Bàba, Sìyuè wǔ hào shì Qīngmíngjié. Wǒmen gāi gěi nǎinai sǎomù le.

A 对，我们给奶奶的墓地拔拔杂草，培培土，种两棵松树，表示我们对她的怀念。
Duì, wǒmen gěi nǎinai de mùdì bábá zácǎo, péipei tǔ, zhòng liǎng kē sōngshù, biǎoshì wǒmen duì tā de huáiniàn.

B 爸爸，台湾的伯父也纪念奶奶吗？
Bàba, Táiwān de bófù yě jìniàn nǎinai ma?

A 是的，你伯父也一定会祭奠你奶奶，他是不会忘记中国的传统习惯的。
Shì de, nǐ bófù yě yídìng huì jìdiàn nǐ nǎinai, tā shì búhuì wàngjì Zhōngguó de chuántǒng xíguàn de.

二　Èr
Part two

清明节，中国还有踏青的习惯。踏青也叫春游。到了清明，天气暖和了，草和树都绿了，人们到郊外，呼吸新鲜空气，欣赏美丽的大自然或游览名胜古迹。

中国各地春天到来的时间不一样，踏青的时间也不同。如福建一带二月份就踏青，陕西、四川、贵州一带三月份踏青，北京、东北四月或五月才开始踏青。

Qīngmíngjié, Zhōngguó hái yǒu tàqīng de xíguàn. Tàqīng yě jiào chūnyóu. Dàole qīngmíng, tiānqì nuǎnhéle, cǎo hé shù dōu lǜle, rénmen dào jiāowài, hūxī xīnxiān kōngqì, xīnshǎng měilì de dàzìrán huò yóulǎn míngshèng gǔjī.

Zhōngguó gèdì chūntiān dàolái de shíjiān bù yíyàng, tàqīng de shíjiān yě bù tóng. Rú Fújiàn yídài Èryuèfèn jiù tàqīng, Shǎnxī, Sìchuān, Guìzhōu yídài Sānyuèfèn tàqīng, Běijīng, Dōngběi Sìyuè huò Wǔyuè cái kāishǐ tàqīng.

生　词　Shéngcí
New Words

1. 日历	（名）	rìlì	calendar
2. 该	（副）	gāi	should, ought to
3. 扫墓		sǎomù	to sweep the grave; to pay respects
4. 墓地	（名）	mùdì	grave; burial ground

5. 拔	（动）	bá	to pull up
6. 杂草	（名）	zácǎo	weeds
7. 培	（动）	péi	to earth up
8. 土	（名）	tǔ	earth
9. 种	（动）	zhòng	plant
10. 棵	（量）	kē	measure word (used for trees, cabbages, etc.)
11. 松树	（名）	sōngshù	pine-tree
12. 怀念	（动）	huáiniàn	to think of
13. 会	（动）	huì	to be able to; to be likely to
14. 祭奠	（动）	jìdiàn	to commemorate the dead
15. 习惯	（名）	xíguàn	custom
16. 踏青	（名）	tàqīng	country excursion at Qingming (literally: to tread on the green)
17. 春游	（名）	chūnyóu	spring outing
18. 天气	（名）	tiānqì	weather
19. 暖和	（形）	nuǎnhuo	warm
20. 绿	（形）	lǜ	green
21. 郊外	（名）	jiāowài	countryside around the city
22. 呼吸	（动）	hūxī	to breath

23.	新鲜 （形）	xīnxiān	fresh
24.	空气 （名）	kōngqì	air
25.	欣赏 （动）	xīnshǎng	to enjoy
26.	美丽 （形）	měilì	beautiful
27.	大自然（名）	dàzìrán	nature
28.	或 （连）	huò	or
29.	游览 （动）	yóulǎn	to tour, to visit
30.	名胜 （名） 古迹	míngshèng gǔjī	famous places and historical sites
31.	各地 （名）	gèdì	different places; each place
32.	春天 （名）	chūntiān	spring
33.	到 （动）	dào	to go; to arrive
34.	时间 （名）	shíjiān	time
35.	不一样	bù yīyàng	different
36.	如 （动）	rú	to give an example; for example
37.	福建 （专）	Fújiàn	Fujian Province
38.	一带	yīdài	area
39.	月份 （名）	yuèfèn	month
40.	陕西 （专）	Shǎnxī	Shaanxi Province
41.	四川 （专）	Sìchuān	Sichuan Province
42.	贵州 （专）	Guìzhōu	Guizhou Province
43.	东北 （专）	Dōngběi	the Northeast

44. 才　（副）　cái　　　　　only then

词 语 例 释　Cíyǔ lìshì
Notes on Words and Expressions

拔拔草，培培土。

　　"拔拔"、"培培"是汉语中的动词重叠。表示动作经历的时间短，动作反复多次、轻松或尝试等意思。但汉语中只有一部分动词可以重叠。例如：

　　拔拔 and 培培 are examples of the reduplication of verbs in Chinese language.This reduplication may convey the following: the duration of an action is short, the action undergoes repetition, the action is casual, or the action involves an attempt. However, in Chinese only certain verbs can be reduplicated. For example：

　　1. 你说说。
　　2. 我看看。
　　3. 你吃吃。

练 习　Liànxí
Exercises

一　替换练习：
Substitution drills：
1. 清明节是不是四月五号?

正月十五	元宵节
明天	除夕

2. 他是不会忘记中国的传统习惯的。

道德

风俗

节日

二　用"二"和"两"填空：

Fill in the blanks with 二 or 两：

1. 今天是星期____，我和李明____人去打球。

2. 这是我____姐，她在大学上____年级。

3. 我有____个姐姐，大姐已经工作____年了。

4. 这是____公斤大米，我还买____磅牛肉。

三　用适当的形容词填空：

Fill in the blanks with the proper adjective：

（整齐、漂亮、和睦、忙、健康、暖和、绿、多、热闹）

1. 这间房子挺____。

2. 奶奶七十岁了，身体还很____。

3. 那对景泰蓝的瓶子太____了。

4. 他是个大夫，工作很____。

5. 春天，天气____了，草和树都——了。

6. 小文的家庭很____。

7. 春节那几天真____。

8. 今天是正月十五，妈妈买了很____元宵。

补 充 生 词　　Bǔchōng shēngcí
Supplementary Words

1. 林平　　（专）　　Lín Píng　　　Lin Ping
2. 李老师　（代）　　Lǐ lǎoshǐ　　　Teacher Li
3. 道德　　（名）　　dàodé　　　　morals; morality
4. 年级　　（名）　　niánjí　　　　grade (in school)
5. 打　　　（动）　　dǎ　　　　　to beat; to hit
6. 公斤　　（量）　　gōngjīn　　　kilogramme
7. 大米　　（名）　　dàmǐ　　　　rice
8. 磅　　　（量）　　bàng　　　　pound
9. 牛肉　　（名）　　niúròu　　　　beef
10. 间　　　（量）　　jiān　　　　measure word (used for rooms)
11. 房子　　（名）　　fángzi　　　　room

第十一课　　　　端午节
Dì-shíyī kè
Lesson Eleven　　The Dragon Boat Festival
Duānwǔjié

课　文　Kèwén
Text

一　Yī

Part One

A　小文，你看这是什么？

　　Xiǎo Wén, nǐ kàn zhè shì shénme?

B　粽子！太好了！我特别爱吃。妈妈，今天是端午节吗？

　　Zòngzi! Tài hǎo le! Wǒ tèbié ài chī. Māma, jīntiān shì
　　Duānwǔjié ma?

A　你看看日历，今天是不是五月初五端午节？

　　Nǐ kànkan rìlì, jīntiān shìbushì Wǔyuè chū wǔ
　　Duānwǔjié?

B　是。妈妈，您买的粽子可真多呵！

　　Shì. Māma, nín mǎi de zòngzi kě zhēn duō a!

A　今年的粽子品种很多，我每种都买了一些。

　　Jīnnián de zòngzi pǐnzhǒng hěn duō, wǒ měi zhǒng
　　dōu mǎi le yì xiē.

　　这些粽子是豆沙的，那是枣泥的，还有火腿的……小
　　文，今天为什么吃粽子？

　　Zhèxiē zòngzi shì dòushā de, nà shì zǎoní de, hái yǒu
　　huǒtuǐ de ... Xiǎo Wén, jīntiān wèishénme chī zòngzi?

B 为了纪念爱国诗人屈原。
Wèile jìniàn àiguó shīrén Qū Yuán.

A 你知道端午节还叫什么?
Nǐ zhīdào Duānwǔjié hái jiào shénme?

B 还叫端阳节。
Hái jiào Duānyángjié.

A 不错。
Búcuò.

二　Er
Part Two

屈原是中国战国时代楚国的伟大诗人。他热爱人民,关心楚国的命运。但是后来却被昏庸的楚王赶出了国都。国都被秦兵攻破以后,屈原就在五月初五这天投了汨罗江。人们划船去打捞屈原,为了保护他的尸体,往江里扔粽子喂鱼虾。后来,每年端午节,人们都包粽子、赛龙船,纪念这位爱国诗人。

Qū Yuán shì Zhōngguó Zhànguó shídài Chǔguó de wěidà shīrén. Tā rè'ài rénmín, guānxīn Chǔguó de mìngyùn. Dànshì hòulái què bèi hūnyōng de Chǔwáng gǎnchūle guódū. Guódū bèi Qínbīng gōngpò yǐ hòu, Qū Yuán jiù zài Wǔyuè chūwǔ zhèi tiān tóule Mìluó Jiāng. Rénmen huáchuán qù dǎlāo Qū Yuán, wèile bǎohù tā de shītǐ, wàng jiāng lǐ rēng zòngzi wèi yúxiā. Hòulái, měi nián Duānwǔjié, rénmen dōu bāo zòngzi, sài lóngchuán, jìniàn zhèi wèi àiguó shīrén.

生 词　　Shēngcí
New Words

1. 粽子　（名）　zòngzi　　　*zongzi*, a pyramid-shaped dumpling made of glutinous rice and wrapped in bamboo or reed leaves
2. 特别　（形）　tèbié　　　special
3. 爱　　（动）　ài　　　　to love
4. 可　　（副）　kě　　　　very
5. 品种　（名）　pǐnzhǒng　variety
6. 一些　　　　yīxiē　　　some
7. 豆沙　（名）　dòushā　　sweetened bean paste
8. 枣泥　（名）　zǎoní　　　jujube paste
9. 为了　（介）　wèile　　　for the purpose of, in order to
10. 诗人　（名）　shīrén　　poet
11. 屈原　（专）　Qū Yuán　Qu Yuan
12. 知道　（动）　zhīdào　　to know
13. 端阳节（专）　Duānyángjié　Duanyang Festival
14. 战国　（专）　Zhànguó　Warring States Period
　　时代　　　　shídài
15. 楚国　（专）　Chǔguó　　State of Chu
16. 伟大　（形）　wěidà　　　great
17. 热爱　（动）　rè'ài　　　to love

18.	人民	（名）	rénmín	people
19.	关心	（动）	guānxīn	to concern (oneself) about
20.	命运	（名）	mìngyùn	fate
21.	但是	（连）	dànshì	but
22.	后来	（副）	hòulái	later
23.	却	（副）	què	however
24.	被	（介）	bèi	mark of the passive voice
25.	昏庸	（形）	hūnyōng	muddle—headed，fatuous
26.	楚王	（专）	Chǔwáng	the King of Chu
27.	赶出		gǎnchū	to drive out
28.	国都	（名）	guódū	state capital; capital of a country
29.	秦兵	（名）	Qínbīng	Qin troops
30.	攻破		gōngpò	to capture
31.	以后	（名）	yǐhòu	after
32.	投	（动）	tóu	to fling; to throw oneself into
33.	汨罗江	（专）	Mìluó Jiāng	Miluo River
34.	划	（动）	huá	to row
35.	船	（名）	chuán	boat
36.	打捞	（动）	dǎlāo	to retrieve
37.	保护	（动）	bǎohù	to protect
38.	尸体	（名）	shītǐ	corpse
39.	往	（介）	wǎng	to; in the direction of

40.	江里		jiānglǐ	in the river
41.	扔	(动)	rēng	to throw
42.	喂	(动)	wèi	to feed
43.	鱼虾	(名)	yúxiā	fish and shrimp
44.	赛	(动)	sài	to race

词 语 例 释　Cíyǔ lìshì
Notes on Words and Expressions

这些粽子是豆沙的。

"豆沙的"，这种形式叫"的"字结构。"的"字结构是由名词、人称代词、形容词等后面加上"的"组成。"的"字结构使用起来相当于一个名词。例如：

豆沙的: This form is called the 的—construction. It is formed by adding 的 behind a noun, personal pronoun, adjective, etc. It functions the same as a noun.　For example：

1. 这个粽子是我的。
2. 这座楼是新的。
3. 那杯牛奶是小文的。

练　习　Liànxí
Exercises

一　替换练习：
　　Substitution drills：

1. 这<u>些</u><u>粽子</u>是<u>豆沙</u>的。

间	房子	干净
件	衣服	他
个	人	四川

2. <u>您</u><u>买</u>的粽子可真多呵!

穿的衣服	漂亮
写的字	好
说的汉语	流利

3. 我每<u>种</u>都<u>买</u>了<u>一些</u>。

样	尝了一点儿
盘	吃了一口
种	买了两包

二 照例句改写句子:

Make sentences based on the example:

例: 这本书是爸爸的吗?(我的)

　　这本书不是爸爸的。

　　这本书是我的。

　　1. 这个台灯是小佳的吗?(李明的)

　　2. 这盘菜是热的吗?(凉的)

　　3. 这些粽子是买的吗?(做的)

　　4. 这张纸是白的吗?(红的)

　　5. 这部电影是中国的吗?(外国的)

三 回答下列问题:

Answer the following questions:

1. 端午节有哪些传统活动?

2. 为什么过年放鞭炮?

3. 你说说你家怎样过春节?

1. 件　(量)　jiàn　　　measure word (used for clothes,
　　　　　　　　　　　matters, things, etc.)
2. 衣服　(名)　yīfu　　　clothes, clothing
3. 穿　(动)　chuān　　to wear, to put on
4. 字　(名)　zì　　　character
5. 流利　(形)　liúlì　　fluent
6. 尝　(动)　cháng　　to taste
7. 本　(量)　běn　　measure word (used for books)
8. 纸　(名)　zhǐ　　paper
9. 白　(形)　bái　　white
10. 红　(形)　hóng　　red
11. 部　(量)　bù　　measure word (used for books,
　　　　　　　　　　films, etc.)
12. 电影　(名)　diànyǐng　film, movie
13. 外国　(名)　wàiguó　foreign countries
14. 活动　(动)　huódòng　to exercise or move about

第十二课　中秋节

Dì-shí'èrkè　Zhōngqiūjié

Lesson Twelve　Mid-autumn Festival

课　文　Kèwén

Text

一　Yī

Part One

A　姐姐，快来看，天上的月亮又大又圆。

　　Jiějie, kuài lái kàn, tiānshang de yuèliàng yòu dà yòu yuán.

B　太好了! 今天的月亮真亮真美! 妈妈，您也来看看。

　　Tài hǎo le! Jīntiān de yuèliàng zhēn liàng zhēn měi! Māma, nín yě lái kànkan.

C　小文，小丽，我们就一边赏月，一边吃月饼吧。

　　Xiǎo Wén, Xiǎo Lì, wǒmen jiù yì biān shǎng yuè, yì biān chī yuèbing ba.

A　爸爸，农历八月十五日为什么叫中秋节呢?

　　Bàba, nónglì Bāyuè shíwǔ rì wèishénme jiào Zhōngqiūjié ne?

D　因为农历八月十五在秋季的正中，所以叫中秋节，过去人们在这天庆祝丰收。

　　Yīnwèi nónglì Bāyuè shíwǔ zài qiūjì de zhèng zhōng, shuǒyǐ jiào Zhōngqiūjié, guòqù rénmen zài zhè tiān qìngzhù fēngshōu.

C 小文，八月十五也叫团圆节，你知道吗？

Xiǎo Wén, Bāyuè shíwǔ yě jiào Tuányuánjié, nǐ zhīdào ma?

A 知道，团圆节就是亲人相见，全家团圆。

Zhīdào, Tuányuánjié jiù shì qīnrén xiāngjiàn, quánjiā tuányuán.

C 来，咱们吃月饼吧。这盘月饼是甜的，有五仁的、枣泥的、豆蓉的；那盘月饼是咸的，有火腿的、牛肉的、鸡丝的。

Lái, zánmen chī yuèbing ba. Zhèi pán yuèbing shì tián de, yǒu wǔrén de, zǎoní de, dòuróng de; nà pán yuèbing shì xián de, yǒu huǒtuǐ de, niúròu de, jīsī de.

D 我给你们讲一个"嫦娥奔月"的故事吧。

Wǒ gěi nǐmen jiǎng yí gè "Cháng'é bēnyuè" de gùshì ba.

二　Èr
Part Two

小文一家坐在月光下，听爸爸讲故事：

人们都说月宫中住着一个美丽的仙女，叫嫦娥。她和丈夫后羿本来都是天上的神仙。后来，天帝派他们来到人间。后羿替人民射下九个太阳，解除了人间的炎热和干旱。但是，这件事得罪了天帝，天帝不准他们再回到天上。嫦娥留恋天上的生活，偷吃了长生不死药，飞到天上，奔向月宫。有一只小白兔咬住她的衣角，一齐飞上天。从此，嫦娥就和小白兔住在月宫。这就是动人的"嫦娥奔月"的故事。

Xiǎo Wén yì jiā zuò zài yuèguāng xià, tīng bàba jiǎng gùshì:

Rénmen dōu shuō yuègōng zhōng zhùzhe yí ge měilì de xiānnǔ, jiào Cháng'é.Tā hé zhàngfu Hòuyì běnlái dōu shì tiānshang de shénxiān. Hòulái, Tiāndì pài tāmen lái dào rénjiān. Hòuyì tì rénmín shè xià jiǔ gè tàiyáng, jiěchú le rénjiān de yánrè hé gānhàn. Dànshì, zhèjiàn shì dézuì le tiāndì, tiāndì bù zhǔn tāmen zài huídào tiānshang. Cháng'é liúliàn tiānshang de shēnghuó, tōu chī le chángshēng bù sǐ yào, fēi dào tiānshang, bēn xiàng yuègōng. Yǒu yì zhī xiǎo báitù yǎozhù tā de yījiǎo, yìqí fēishàng tiān. Cóngcǐ, Cháng'é jiù hé xiǎo báitù zhù zài yuègōng. Zhè jiù shì dòngrén de "Cháng'é bēnyuè" de gùshì.

生 词　Shēngcí
New Words

1. 快　　　(形)　kuài　　　quick
2. 天上　　(名)　tiānshang　in the sky; in the Heavens
3. 月亮　　(名)　yuèliang　moon
4. 又　　　(副)　yòu　　　also
5. 圆　　　(形)　yuán　　round
6. 亮　　　(形)　liàng　　bright
7. 一边…,　　　yìbiān...,　while
　　一边…,　　　yìbiān...
8. 赏月　　　　shǎng yuè　to appreciate the moon

9.	月饼 （名）	yuèbing	moon cake
10.	因为 （连）	yīnwèi	because
11.	正中 （名）	zhèngzhōng	exactly in the middle
12.	所以 （连）	suǒyǐ	therefore
13.	过去 （名）	guòqù	in the past
14.	庆祝 （动）	qìngzhù	to celebrate
15.	丰收	fēngshōu	a bumper harvest
16.	团圆节 （专）	Tuányuánjié	the Family Reunion Festival
17.	亲人	qīnrén	one's family members
18.	相见	xiāngjiàn	to meet
19.	五仁 （名）	wǔrén	five kinds of kernels
20.	豆蓉 （名）	dòuróng	fine bean mash
21.	咸 （形）	xián	salty
22.	鸡丝 （名）	jīsī	finely sliced chicken
23.	讲 （动）	jiǎng	to tell
24.	嫦娥 奔月	Cháng'é bēnyuè	"Chang'e Flies to the Moon"
25.	故事 （名）	gùshì	story
26.	坐 （动）	zuò	to sit
27.	月光 （名）	yuèguāng	moonlight
28.	下 （名）	xià	under
29.	月宫 （名）	yuègōng	the palace of the moon
30.	中 （名）	zhōng	in; interior

31. 仙女	（名）	xiānnǚ	fairy maiden
32. 嫦娥	（专）	Cháng'é	Chang'e
33. 丈夫	（名）	zhàngfu	husband
34. 后羿	（专）	Hòuyì	Houyi
35. 本来		běnlái	originally
36. 上	（名）	shàng	up; on
37. 神仙	（名）	shénxiān	immortal
38. 天帝	（名）	tiāndì	the Emperor of Heaven
39. 派	（动）	pài	to send
40. 人间	（名）	rénjiān	the world (of humans)
41. 替	（动、介）	tì	for; on behalf of
42. 射	（动）	shè	to shoot
43. 太阳	（名）	tàiyáng	sun
44. 解除	（动）	jiěchú	to get rid of
45. 炎热	（形）	yánrè	burning hot; scorching
46. 干旱	（形）	gānhàn	dry
47. 事	（名）	shì	matter
48. 得罪	（动）	dézuì	to displease
49. 准	（动）	zhǔn	to allow
50. 再	（副）	zài	again
51. 留恋	（动）	liúliàn	to miss
52. 生活	（名）	shēnghuó	life;
53. 偷	（动）	tōu	to steal

54. 长生不(名) chángshēng bù   elixir of immortality
    死药   sǐ yào

55. 飞   (动) fēi   to fly

56. 奔向   bēnxiàng   to fly towards

57. 只   (量) zhī   measure word (used for
                              animals)

58. 白兔 (名) báitù   white rabbit

59. 咬   (动) yǎo   to bite

60. 衣角 (名) yījiǎo   the edge of the clothing

61. 一齐 (副) yīqí   together

62. 从此 (副) cóngcǐ   from then on

63. 动人 (形) dòngrén   moving

词 语 例 释   Cíyǔ lìshì
Notes on Words and Expressions

一边赏月，一边吃月饼。

　　"一边…，一边…"表示两个动作同时进行。例如：

　　一边…一边 expresses that two actions are in progress
simultaneously.   For example：

　　1. 一边吃饭，一边听故事。

　　2. 一边听录音，一边写字。

3. 咱们一边走，一边谈吧。

一　替换练习：
Substitution drills：

1. <u>天上</u>的<u>月亮</u>又<u>大</u>又<u>圆</u>。

杯里	茶	浓	香
房间里	家具	整齐	干净
客厅里	沙发	漂亮	舒服

2. 我们就一边<u>赏月</u>，一边<u>吃月饼</u>吧。

唱歌	跳舞
工作	学习
走	说

3. 来，咱们<u>吃月饼</u>吧。

放鞭炮

跳舞

讲故事

写信

二　回答问题：
Answer the following questions：

1. 中国有哪些传统节日？它们都是哪一天？
2. 屈原是什么人？
3. 除夕晚上你家吃团圆饭吗？
4. 你的生日是几月几号？
5. 你家有几口人？

补 充 生 词　　Bǔchōng shēngcí
Suplementary Words

1. 唱歌　　　　　　chànggē　　　to sing
2. 跳舞　　　　　　tiàowǔ　　　 to dance
3. 学习　（动）　　xuéxí　　　　to study
4. 浓　　（形）　　nóng　　　　 thick
5. 家具　（名）　　jiājù　　　　 furniture
6. 沙发　（名）　　shāfā　　　　sofa
7. 它　　（代）　　tā　　　　　　it

二　学　校
Er　Xuéxiào

<table>
<tr><td>第十三课
Dì-shísān kè
Lesson Thirteen</td><td>我们的学校
Wǒmen de Xuéxiào
Our School</td></tr>
</table>

课　文　Kèwén
Text

一　Yī
Part　One

A　张叔叔，您早!
　　Zhāng shūshu, nín zǎo!

B　你早，小丽上学去吗? 一起走吧。你上几年级了?
　　Nǐ zǎo, Xiǎo Lì shàngxué qù ma? Yìqǐ zǒu ba. Nǐ
　　shàng jǐ niánjí le?

A　初中二年级。
　　Chūzhōng èr niánjí.

B　你们学校有多少学生啊?
　　Nǐmén xuéxiào yǒu duōshao xuéshēng a?

A　有一千多个学生。
　　Yǒu yìqiān duō ge xuéshēng.

B　老师呢?

Lǎoshī ne?

A 有一百多位。

Yǒu yìbǎi duō wèi.

B 校园大吗?

Xiàoyuán dà ma?

A 很大。

Hěn dà.

B 学校设备怎么样?

Xuéxiào shèbèi zěnmeyàng?

A 教学设备挺好的。有图书馆、实验室、录相室、运动
场,还有一个游泳池。

Jiàoxué shèbèi tǐng hǎo de. Yǒu túshūguǎn,

shíyànshì, lùxiàngshì, yùndòngchǎng, hái yǒu yí ge

yóuyǒng chí.

B 你喜欢你们的学校吗?

Nǐ xǐhuan nǐmén de xuéxiào ma?

A 很喜欢。

Hěn xǐhuan.

A 妈妈,我回来了。

Māma, wǒ huílaile.

C 放学了,今天功课多吗?

Fàngxuéle, jīntiān gōngkè duō ma?

A 今天功课不多。

Jīntiān gōngkè bù duō.

C 现在你们学习忙吗?

Xiànzài nǐmen xuéxí máng ma?

A 不太忙。

Bú tài máng.

C 你们班有多少同学?
Nǐmen bān yǒu duōshǎo tóngxué?

A 四十个。
Sìshí ge.

C 你们二年级有几个班?
Nǐmen èr niánjí yǒu jǐ ge bān?

A 四个班。
Sì ge bān.

C 四个班的程度一样吗?
Sì ge bān de chéngdù yíyàng ma?

A 不太一样。
Bú tài yíyàng.

二　Er
Part　Two

我们育才中学是一所很好的学校,有一百多位老师,一千多个学生。学校的教学设备很齐全,有图书馆、实验室、录像室、运动场,还有一个游泳池。学校的管理也很好,校园里秩序井然。同学们努力学习,互相帮助,团结友爱,尊敬师长。我很喜欢我们的学校。

Wǒmen Yùcái Zhōngxué shì yì suǒ hěn hǎo de xuéxiào, yǒu yìbǎi duō wèi lǎoshī, yìqiān duō ge xuésheng. Xuéxiào de jiàoxué shèbèi hěn qíquán, yǒu túshūguǎn, shíyànshì, lùxiàngshì, yùndòngchǎng, hái yǒu yí ge yóuyǒngchí. Xuéxiào de guǎnlǐ yě hěn hǎo, xiàoyuán lǐ zhìxù jǐngrán. Tóngxuémen nǔlì xuéxí,

hùxiāng bāngzhù, tuánjié yǒu′ài, zūnjìng shīzhǎng. Wǒ
hěn xǐhuan wǒmen de xuéxiào.

生　词　Shēngcí
New Words

1. 学校　（名）　xuéxiào　　　school
2. 初中　（名）　chūzhōng　　junior high school;
 　　　　　　　　　　　　　　middle school
3. 多少　（代）　duōshǎo　　　how many
4. 学生　（名）　xuésheng　　student
5. 千　　（数）　qiān　　　　thousand
6. 百　　（数）　bǎi　　　　hundred
7. 校园　（名）　xiàoyuán　　school yard
8. 设备　（名）　shèbèi　　　equipment; facilities
9. 挺　　（副）　tǐng　　　　quite
10. 图书馆（名）　túshūguǎn　　library
11. 实验室（名）　shíyànshì　　laboratory
12. 录像室（名）　lùxiàngshì　　video room
13. 运动场（名）　yùndòngchǎng　sports ground
14. 游泳池（名）　yóuyǒngchí　　swimming pool
15. 放学　　　　fàngxué　　　(of school) to let out;
 　　　　　　　　　　　　　　to get out of school
16. 现在　（名）　xiànzài　　　nowadays
17. 班　　（名）　bān　　　　class

18.	四十	（数）	sìshí	forty
19.	程度	（名）	chéngdù	degree; level
20.	一样	（形）	yīyàng	same
21.	育才 中学	（专）	Yùcái Zhōngxué	Yucai Hign School
22.	所	（量）	suǒ	measure word (used for buildings)
23.	教学	（名）	jiàoxué	teaching; education
24.	齐全	（形）	qíquán	complete
25.	管理	（动）	guǎnlǐ	to manage
26.	秩序	（名）	zhìxù	order
27.	井然	（形）	jǐngrán	in good order
28.	努力	（形）	nǔlì	hard-working, industrious
29.	互相	（副）	hùxiāng	each other
30.	帮助	（动）	bāngzhù	to help
31.	团结	（动）	tuánjié	to unite
32.	友爱	（形）	yǒu'ài	friendly
33.	尊敬	（动）	zūnjìng	to respect
34.	师长	（名）	shīzhǎng	teachers and parents

词 语 例 释　　Cíyǔ lìshì
Notes on Words and Expressions

一　称数法。

汉语是用"十进制"来称数的。例如:

The decimal system is used to express numbers in Chinese.
For example:

一、二、三、四、五、六、七、八、九、十、十一、十
二、十三、十四、十五、十六、十七、十八、十九、二十、
二十一、二十二……三十……九十一、九十二……九十九、一
百、一百零一、一百零二……一百一十。

二　你们学校有多少学生?

"多少"一般用来提问十以上的数目。它的后边可用量词,
也可以不用。例如:

多少 is usually used with numbers of ten and over. It may
or may not be followed by a measure word. For example:

1. 这个学校有多少位教师? 一百多位教师。

2. 那个剧团有多少演员? 一百二十四个。

3. 教室内有多少把椅子? 三十七把。

三　有一千多个学生。

这里的"多"出现在"数+多+量+（名）"的形式中。其中数
词为十以上的整数,"多"表示整位数以下的零数。例如:

　Here 多 appears in the following pattern: numeral + 多 +
measure word + (noun), in which the numeral is an integer
over ten and 多 indicates a remainder of less than ten. For ex-
ample:

五十多张桌子

二百多本杂志

十多个小孩

四　不太忙。

"太"，副词."太"在这里表示程度高，相当于"很"。例如：

The adverb 太 here indicates a high degree. It is equivalent to 很. For example：

1. 从学校到友谊商店不太远。

2. 今天玩的还好，不太累。

3. 这山不太高，咱们爬上去。

练　习　　Liànxí
Exercises

一　替换练习：

Substitution drills：

1. 我上<u>初中</u><u>二</u>年级。

小学	一
小学	五
初中	三
高中	二
大学	三

2. 你们班有多少同学?<u>四十</u>个。

三十
二十五
十九
四十五

3. <u>四个班的程度一样吗?</u>

> 你们俩
>
> 全班同学
>
> 男、女生
>
> 每个人

二　根据下列句子用"多少"或"几"提问:

Ask questions using 多少 or 几 according to the sentences given below:

1. 我们班有二十个女学生，二十三个男学生。

2. 我家有四口人。

3. 书架上有三十多本书。

4. 写字台上有两支钢笔。

5. 他抄了五十四个生词。

6. 哥哥听了三遍录音。

7. 他是初中三年级的学生。

三　请你熟读下列三组数字:

Please read the figures below fluently:

1. 一、二、三、四、五、六、七、八、九、十。

2. 九十九、一百、一百零一、一百零二、一百零三、一百零四、一百零五、一百零六、一百零七、一百一十。

3. 二百一十一、三百三十六、六百四十一、九百三十八、四百二十、九百九十九、一千零一十一、一千零三十八。

补 充 生 词　　Bǔchōng shēngcí
Supplementary Words

1. 小学　（名）　xiǎoxué　　　primary school

2.	高中	（名）	gāozhōng	senior high school
3.	二十五	（数）	èrshíwǔ	twenty-five
4.	十九	（数）	shíjiǔ	nineteen
5.	四十五	（数）	sìshíwǔ	forty-five
6.	俩	（数）	liǎ	two
7.	男	（名）	nán	male
8.	女生	（名）	nǚshēng	female student
9.	写字台	（名）	xiězìtái	writing desk
10.	钢笔	（名）	gāngbǐ	pen
11.	抄	（动）	chāo	to copy
12.	五十四	（数）	wǔshísì	fifty-four
13.	遍	（量）	biàn	measure word: time
14.	零	（数）	líng	zero

第十四课　　问校址

Dì-shísì kè　　Wèn xiàozhǐ

Lesson fourteen　Asking for a School Address

课文　Kèwén
Text

一　Yī

Part One

A 喂，小丽你好！

　Wèi, Xiǎo Lì nǐ hǎo!

B 好久不见了。李明，你好吗？

　Hǎojiǔ bú jiàn le. Lǐ Míng, nǐ hǎo ma?

A 我很好。现在你在哪个学校学习？

　Wǒ hěnhǎo. Xiànzài nǐ zài nǎge xuéxiào xuéxí?

B 我在北京语言学院，你呢？

　Wǒ zài Běijīng Yǔyán Xuéyuàn, nǐ ne?

A 我在北京中国语言文化学校学汉语。

　Wǒ zài Běijīng Zhōngguó Yǔyán Wénhuà Xuéxiào
　xué Hànyǔ.

B 真是太好了！我也学习汉语。我们又在一起了。

　Zhēnshì tài hǎo le! Wǒ yě xuéxí Hànyǔ. Wǒmen yòu
　zài yìqǐ le.

A 你们学校在什么地方？

　Nǐmen xuéxiào zài shénme dìfāng?

B 我们学校在海淀区，学院路15号。

Wǒmen xuéxiào zài Hǎidiàn Qū, Xuéyuàn Lù shíwǔ hào.

A 我们学校在阜外大街271号。

Wǒmen xuéxiào zài Fùwài Dàjiē èrbǎi qīshí yī hào.

B 我们离得不远，星期日我去找你。

Wǒmen lí de bù yuǎn, Xīngqīrī wǒ qù zhǎo nǐ.

A 欢迎你。

Huānyíng nǐ.

二　　Er
Part　Two

一天，小丽对妈妈说："我和李明很久没见了，我很想李明。"妈妈问："李明是谁？"小丽说："李明是我小学的同学，也是我的好朋友。"妈妈问："现在他在哪个学校学习呢？"小丽说："在汇文中学学习呢。他住校。妈妈，我……"妈妈说："你想去看他，是不是？"小丽笑了，说："是，可以吗？"妈妈问："这个学校在什么地方？远吗？"小丽说："不远，在市区学院路六号。"妈妈同意了。小丽说："谢谢好妈妈。"

Yìtiān, Xiǎo Lì duì māma shuō:"Wǒ hé Lǐ Míng hěn jiǔ mé jiàn le, wǒ hěn xiǎng Lǐ Míng." Māma wèn:" Lǐ Míng shì shuí?" Xiǎo Lì shuō:"Lǐ Míng shì wǒ xiǎoxué de tóngxué, yě shì wǒ de hǎo péngyou." Māma wèn:"Xiànzài tā zài nǎ ge xuéxiào xuéxí ne?" Xiǎo Lì shuō:"Zài Huìwén Zhōngxué xuéxí ne. Tā zhù xiào. Māma, wǒ......" Māma shuō:"Nǐ xiǎng qù kàn tā, shì bu shì?" Xiǎo Lì xiàole, shuō: " Shì, kěyǐ ma?" Māma wèn:"Zhè ge xuéxiào zài shénme dìfang? Yuǎn ma?" Xiǎo Lì shuō:"Bù yuǎn, zài shìqū Xuéyuàn Lù liù hào." Māma tóngyì le. Xiǎo Lì shuō:"Xièxie hǎo māma."

生 词 Shēngcí
New Words

1. 问	（动）	wèn	to ask
2. 校址	（名）	xiàozhǐ	school address
3. 见	（动）	jiàn	to meet
4. 北京语言学院	（专）	Běijīng Yǔyán Xuéyuàn	Beijing Language Institute
5. 北京中国语言文化学校	（专）	Běijīng Zhōngguó Yǔyán Wénhuà Xuéxiào	the Chinese Language and Culture School of Beijing
6. 地方	（名）	dìfang	place
7. 海淀区	（专）	Hǎidiàn Qū	Haidian District
8. 学院路	（专）	Xuéyuàn Lù	Xueyuan Road
9. 阜外大街	（专）	Fùwài Dàjiē	Fuwai Avenue
10. 离	（介）	lí	from; away
11. 远	（形）	yuǎn	far
12. 星期日	（名）	Xīngqīrì	Sunday
13. 找	（动）	zhǎo	to look for
14. 欢迎	（动）	huānyíng	to welcome
15. 想	（动）	xiǎng	to think; to miss

16.	汇文中学	(专)	Huìwén Zhōngxué	Huiwen Hign School
17.	笑	(动)	xiào	to smile
18.	可以	(动)	kǐyǐ	may; can
19.	市区		shìqū	city proper
20.	同意	(动)	tóngyì	to agree

词语例释　Cíyǔ lìshì
Notes on Words and Expressions

一　海淀区学院路十五号。

　　中国表示地址的习惯是按国家、省、市、区、街、门牌号码这一次序排列。

　　如果在本国寄信可以不写国名，在本市可不写市名。例如：

The order of the various parts of an address in Chinese is as follows: country, province, city, district, street, house number. Country, province, and city can be omitted when writing to an address in the same country, province, and city. For example:

　　1. 中国山东省青岛市中山路十号

　　2. 中国北京市西城区阜外大街271号

　　　　如在中国北京寄信，可直接写：

　　3. 北京语言学院　或

　　　　海淀区学院路15号

二　我在中国语言文化学校学汉语。

"在"可以和名词或词组结合，用在动词前表示动作的时间。处所或范围等。　例如：

在 can be used together with a noun or a noun phrase. When used before a verb, it indicates the time, place, or scope of the action. For example：

　　1. 他在公园门口等你。

　　2. 弟弟在1962年生的。

　　3. 他在这学期进步很大。

三　这个学校在什么地方？

　　"在"可以和名词结合直接表示人或事物的位置。例如：

在 can be used together with a noun to directly indicate the location of a person or a thing. For example：

　　1. A 爸爸在哪儿？

　　　 B 爸爸在他的房间呢。

　　2. A 你们学校在哪儿？

　　　 B 我们学校在阜外大街271号。

　　3. A 他住在什么地方？

　　　 B 住在学校。

练　习　Liànxí
Exercises

一　替换练习：

Substitution drills：

1. 现在你在哪个学校学习呢？

　　　　　　　　上学

　　　　　　　　念书

読书

学汉语

2. 这个学校在<u>什么地方</u>?

哪儿

北京吗

不在北京

3. 我们学校在<u>海淀区学院路15号</u>。

中国北京

美国纽约

阜外大街

本市

二 小会话:

Dialogue:

李明在大街上遇见了他的朋友:

A. 李明,你好!

B. 你好,好久不见了。

A. 你学习忙吗?

B. 很忙。你怎么样?

A. 我不太忙。

B. 现在你住校吗?

A. 不,我在家住。

B. 你家在什么地方?

A. 阜外大街30号。星期日我在家。

B. 好,这是我的住址。

A. 谢谢。再见。

B. 再见。

三　请回答下列问题(按中国说明地址的习惯):

Answer the following questions (use the Chinese way of explaining an address):

1. 你的家在什么地方?
2. 你学校的地址是什么?
3. 你的好朋友的家在哪儿?
4. 北京中国语言文化学校在什么地方?

补充生词　　Bǔchōng shēngcí
Supplementary Words

1.	纽约	(专)	Niǔyuē	New York
2.	本市		běnshì	in the city
3.	遇	(动)	yù	to meet
4.	住址	(名)	zhùzhǐ	address

第十五课　　　问时间

Dì-shíwǔ kè　　Wèn shíjiān
Lesson Fifteen　　Asking the Time

课　文　　Kèwén
Text

一　Yī
Part　One

A　王阿姨，请问，现在几点了？

　　Wáng āyí, qǐng wèn, xiànzài jǐ diǎn le?

B　(看表)七点十分。你早上几点上课？

　　(Kàn biǎo) Qī diǎn shí fēn. Nǐ zǎoshang jǐ diǎn shàngkè?

A　我早上七点半到校，八点上课。

　　Wǒ zǎoshang qī diǎn bàn dàoxiào, bā diǎn shàngkè.

B　中午几点放学？

　　Zhōngwǔ jǐ diǎn fàngxué?

A　差十分十二点放学。

　　Chà shí fēn shí'èr diǎn fàngxué.

b　下午呢？

　　Xiàwǔ ne?

A　四点二十放学。

　　Sì diǎn èrshí fàngxué.

B　噢。七点一刻了，你快走吧，我也得上班去了。再见！

　　O. Qī diǎn yí kè le, nǐ kuài zǒu ba, wǒ yě děi

—103—

shàngbān qù le. Zàijiàn!

A 再见!
   Zàijiàn!

※   ※

A 小文，你们班上午是什么课?
   Xiǎo Wén, nǐmen bān shàngwǔ shì shénme kè?

B 第一节和第二节是数学，第三节语文，第四节历史。
   你们班呢?
   Dì-yī jié he dì-èr jié shì shùxué, dì-sān jié yǔwén,
   dì-sì jié lìshǐ. Nǐmen bān ne?

A 我们前两节是物理，后两节是化学。
   Wǒmen qián liǎng jié shì wùlǐ, hòu liǎng jié shì
   huàxué.

B 噢。下午咱们学校看电影，你是几点钟的票?
   Ò. Xiàwǔ zánmen xuéxiào kàn diànyǐng, nǐ shì jǐ
   diǎnzhōng de piào?

A 我是一点五十的票，你呢?
   Wǒ shì yì diǎn wǔshí de piào, nǐ ne?

B 我是四点零五的。
   Wǒ shì sì diǎn líng wǔ de.

二   Èr
Part   Two

　　早上，上课十分钟了，小文才到校。下课后，老师问
他:"你怎么迟到了?"小文说:"我起晚了。"老师又问:"昨天
晚上你几点睡的觉?"小文说:"我看电视，十二点多才睡。"
老师说:"看得太晚了。以后，要按时睡觉，按时起床，生

活要有规律啊。"

从此，小文晚上十点睡觉；早晨六点半起床；七点去上学；七点半就到学校了。

Zǎoshang, shàngkè shí fēnzhōng le, Xiǎo Wén cái dàoxiào. Xiàkè hòu, lǎoshī wèn tā:"Nǐ zěnme chídào le?" Xiǎo Wén shuō:"Wǒ qǐ wǎn le." Lǎoshī yòu wèn:"Zuótiān wǎnshang nǐ jǐ diǎn shuì de jiào?" Xiǎo Wén shuō:"Wǒ kàn diànshì, shí'èr diǎn duō cái shuì." Lǎoshī shuō:"Kànde tài wǎnle. Yǐhòu, yào ànshí shuìjiào, ànshí qǐ chuáng, shēnghuó yào yǒu guīlǜ a."

Cóngcǐ, Xiǎo Wén wǎnshang shí diǎn shuìjiào; zǎochen liù diǎn bàn qǐ chuáng; qī diǎn qù shàngxué; qī diǎn bàn jiù dào xuéxiào le.

生　词　Shēngcí
New Words

1.	阿姨	(名)	āyí	aunt
2.	点(钟)	(量)	diǎn(zhōng)	o'clock
3.	表	(名)	biǎo	watch
4.	分(钟)	(量)	fēn(zhōng)	minute
5.	上课		shàngkè	to have class
6.	差	(动)	chà	to fall short of
7.	刻	(名)	kè	a quarter (of an hour)
8.	得	(动)	děi	must; have to
9.	上班		shàngbān	to go to work

10.	上午	（名）	shàngwǔ	morning
11.	第	（序）	dì	prefix for ordinal numbers
12.	节	（量）	jié	measure word: (class) period
13.	数学	（名）	shùxué	mathematics
14.	语文	（名）	yǔwén	(Chinese) language and literature
15.	历史	（名）	lìshǐ	history
16.	前	（名）	qián	front; first
17.	物理	（名）	wùlǐ	physics
18.	后	（名）	hòu	later; afterwards
19.	化学	（名）	huàxué	chemistry
20.	票	（名）	piào	ticket
21.	迟到	（动）	chídào	to arrive late
22.	晚	（形）	wǎn	late
23.	按时		ànshí	on time
24.	规律	（名）	guīlǜ	regulation

词 语 例 释　　Cíyǔ lìshì
Notes on Words and Expressions

一　钟点表示法：

　　汉语的钟点表示法，一般先说"点"，后说"分"，再说
"秒"。"点"字必须说出，"分"可以省去。例如：

In Chinese when expressing the time, the hour 点 comes
first, then minutes 分 and finally seconds 秒. 点 must be pro-

nounced，分 is optional.　For example:

2:00　　　两点
3:15　　　三点十五(分)
　　　　　三点一刻
4:45　　　四点四十五(分)
　　　　　四点三刻
7:05　　　七点零五(分)
3:30　　　三点三十(分)
　　　　　三点半
12:20　　　十二点二十(分)

十五分钟可以说"一刻"；四十五分钟可以叫做"三刻"；三十分种可以叫做"半"。如果分钟接近下一个钟点时，可以用"差"表示。可以说"差多少分几点"。例如：

Fifteen minutes may be expressed as 一刻，"a quarter"；forty five minutes as 三刻；thirty minutes as 半，"half". If the time expressed is past the half-hour，it can be expressed using 差. In this case，one may say 差多少分几点. For example:

8:45　　　差一刻九点。
11:50　　　差十分十二点。

有时在点后面可以加"过"(guò)，其它词序不变。例如：

Sometimes 点 may be followed by 过 . For example:

4:15　　　四点过十五分
　　　　　四点过一刻

二　第一节是数学。

　"第"用在整数的前边，表示次序。例如：

　第 is used before an integer to express sequence. For example:

第二天　　　第二节课　　第一回
第十二个人　　第一名　　　第二次
有时候不用"第"，数词本身也可表示次序。例如：
Sometimes 第 is omitted, because the numeral itself can
express order. For example:
二年级　五班

<h2 align="center">练　习　Liànxí
Exercises</h2>

一　替换练习：
Substitution drills:

1. 请问，现在几点了？　　　　　　　　　七点十分。
　　　　　　　　　　　　　　　　　　　八点半
　　　　　　　　　　　　　　　　　　　九点四十五
　　　　　　　　　　　　　　　　　　　三点零五分
　　　　　　　　　　　　　　　　　　　差五分六点
　　　　　　　　　　　　　　　　　　　十二点

2. 你早上几点上课？　　八点上课。

　　　　　　早晨　　　起床　　　六点半　　　　起床
　　　　　　中午　　　吃饭　　　十二点　　　　吃饭
　　　　　　下午　　　放学　　　三点四十五　　放学
　　　　　　晚上　　　睡觉　　　十一点　　　　睡觉

3. 第三节是语文。

　　　　　　　　　　　　　　　第一天　　　复习课
　　　　　　　　　　　　　　　第三项　　　体操
　　　　　　　　　　　　　　　第一页　　　目录
　　　　　　　　　　　　　　　第五章　　　语音

二 请你回答：

Please answer the questions：

1. 请问几点钟了？
2. 请问您在第几班？
3. 你在二班吗？
4. 现在是不是差一刻七点？
5. 你住在几楼第几层，第几号房间？

三 填空：

Fill in the blanks：

说说你一天的时间安排。

　　　早上我＿＿＿＿起床，吃早饭。

　　　我们学校＿＿＿＿上课，我＿＿＿＿到学校。上午我们有四节课。中午＿＿＿下课，吃午饭；下午＿＿＿上课，＿＿＿＿下课。

　　　回到家里，我做功课，＿＿＿＿＿吃晚饭，＿＿＿＿＿看电视，＿＿＿＿睡觉。

补 充 生 词　Bǔchōng shēngcí
Supplementary Words

1.	项	（量）	xiàng	measure word (used for items，clauses，etc.)
2.	页	（量）	yè	measure word：page
3.	体操	（名）	tǐcāo	gymnastics
4.	目录	（名）	mùlù	catalogue
5.	章	（量）	zhāng	measure word：chapter
6.	语音	（名）	yǔyīn	speech sounds；pronunciation

第十六课
Dì-shíliù kè
Lesson Sixteen

我们的老师
Wǒmen de lǎoshī
Our Teacher

课　文　Kèwén
Text

一　Yī
Part　One

A　小丽，这位是新同学，她叫王芳。
Xiǎo Lì, zhèiwèi shì xīn tóngxué, tā jiào Wáng
Fāng.

B　王芳，你好!
Wáng Fāng, nǐ hǎo!

C　你好!
Nǐ hǎo!

A　王芳，这是你的座位。给你一张功课表。今天上午有
语文、数学、物理、体育。
Wáng Fāng, zhè shì nǐ de zuòwèi. Gěi nǐ yì zhāng
gōngkèbiǎo. Jīntiān shàngwǔ yǒu yǔwén, shùxué,
wùlǐ, tǐyù.

※　　　　　　※

C　谢谢。哪位老师教语文?
Xièxie. Nǎiwèi lǎoshī jiāo yǔwén?

B　王老师教语文。

Wáng lǎoshī jiāo yǔwén.

C 哪位老师教数学?
　　Nǎiwèi lǎoshī jiāo shùxué?

B 李老师教数学。
　　Lǐ lǎoshī jiāo shùxué.

C 物理呢?
　　Wùlǐ ne?

A 张老师教物理。赵老师教历史。
　　Zāng lǎoshī jiāo wùlǐ. Zhào lǎoshī jiāo lìshǐ.

C 哦,谢谢你们。
　　O, xièxie nǐmen.

　　　　　　　　　　※　　　　　　　　　※

A 下课了,休息一下吧。
　　Xià kè le, xiūxi yí xià ba.

C 好吧。王老师教得真好,讲得真清楚。
　　Hǎo ba. Wáng lǎoshī jiāo de zhēn hǎo, jiǎng de zhēn
　　qīngchu.

A 她是一位很有经验的老教师。平时,她很关心同学,
　我们都喜欢她,尊敬她。
　　Tā shì yí wèi hěn yǒu jīngyàn de lǎo jiàoshī. Píngshí,
　　tā hěn guānxīn tóngxué, wǒmen dōu xǐhuan tā,
　　zūnjìng tā.

C 我也喜欢这样的老师。
　　Wǒ yě xǐhuan zhèiyàng de lǎoshī.

二　　Er
Part　Two
王芳的日记
Wáng Fāng de rìjì
Wang Fang's Dairy

9 月 10 日　　　　　　　　　　　　　晴
Jiǔyuè shí rì　　　　　　　　　　　　Qíng
Septemper. 10　　　　　　　　　　　Fine

今天我很高兴，我来到了一个新学校。我认识了很多
新同学，还认识了四位新老师。王老师教我们语文，李老
师教我们数学，张老师教物理，赵老师教历史。老师们讲
得都很好，我听得很清楚。王老师是一位老教师，教学经
验很丰富，说话又亲切又和气。

我喜欢这些教师，喜欢这个学校。

Jīntiān wǒ hěn gāoxìng, wǒ lái dào le yí ge xīn
xuéxiào. Wǒ rènshi le hěn duō xīn tóngxué, hái rènshi le sì
wèi xīn lǎoshī. Wáng lǎoshī jiāo wǒmen yǔwén, Lǐ lǎoshī
jiāo wǒmen shùxué, Zhāng lǎoshī jiāo wùlǐ, Zhào lǎoshī
jiāo lìshǐ. Lǎoshīmen jiǎng de dōu hěn hǎo, wǒ tīng de hěn
qīngchu. Wáng lǎoshī shì yí wèi lǎo jiàoshī, jiàoxué
jīngyàn hěn fēngfù, shuōhuà yòu qīnqiè yòu héqi.

Wǒ xǐhuan zhèixiē lǎoshī, xǐhuan zhèige xuéxiào.

生　词　　Shēngcí
New Words

1. 教　（动）　jiāo　　　　to teach
2. 新　（形）　xīn　　　　new

3.	王芳	（专）	Wáng Fāng	Wang Fang
4.	座位	（名）	zuòwèi	seat
5.	体育	（名）	tǐyù	physical exercise
6.	张	（专）	Zhāng	a surname
7.	赵	（专）	Zhào	a surname
8.	清楚	（形）	qīngchu	clear
9.	经验	（名）	jīngyàn	experience
10.	教师	（名）	jiàoshī	teacher
11.	认识	（动）	rènshi	to know; to recognize
12.	丰富	（形）	fēngfù	rich; plentiful
13.	说话		shuōhuà	to speak
14.	亲切	（形）	qīnqiè	kind; cordial
15.	和气	（形）	héqì	kind; gentle

词语例释　Cíyǔ lìshì
Notes on Words and Expressions

一　王老师教得真好。

　　"得"常用在动词或形容词后边，连接表示结果或程度的补语。例如：

The particle 得 is often placed after a verb or an adjective. It serves to connect a complement indicating a result or degree. For example:

　　1. 他写得怎么样？

他写得很好。

2. 李老师教课教得好吗?

　　教得好极了。

3. 王老师要求得严格不严格?

　　她要求得很严格。

否定形式是把"得"后边的词语前加"不"。例如:

The negative form is created simply by placing 不 after 得.
For example:

1. 他写得不好。

2. 我睡觉睡得不太好。

二　王老师教我们语文。

　　"教",动词。汉语中有的动词后边涉及两个对象,一个在前,一般是指人的;一个在后,一般是指事物的。"教"就是这样的动词。这样的动词是有限的,主要有"教"、"给"、"送"、"告诉"、"还"、"借"、"问"、"回答"等。例如:

教 is a verb. In Chinese, some verbs can be followed by two objects, the former one usually referring to persons and the later one to things. 教 is such a verb. The number of verbs of this type is quite limited. The main ones are 教,给,送,告诉,还,借,问,回答,etc. For example:

1. 张老师教我们物理。

2. 小文给弟弟一支钢笔。

3. 他告诉我一件事。

4. 她送新同学一张功课表。

一　替换练习：

Substitution drills：

1. 给你一张功课表。

封	信
本	杂志
支	铅笔
瓶	汽水

2. 王老师教得真好。

李老师	讲	清楚
他	写	整齐
小丽	长	漂亮
李明	跑	快

3. 王老师教我们语文。

他们	历史
他们	地理
学生	英文
小朋友	音乐

二　阅读下列短文：

Read the following short passage：

jīng yàn

　　张老师是我们的老师。她今年五十岁了，是一位很有经验的老教师。

　　张老师教我们数学，她讲得很好，很生动。同学们很喜欢数学课。

　　上课的时候，她要求得很严格，平时她很和气，对我们很关心。我和同学们都很尊敬她。张老师是我们的好老师。

三 完成下列各句：

Complete the following sentences：

1. 王老师给_____一张功课表。

2. 妈妈送我_____。

3. _____给弟弟一本书。

4. 李老师教_____语文。

5. 赵老师教我们_____。

补 充 生 词　　Bǔchōng shēngcí
Suplementary Words

1.	封	（量）	fēng	measure word (for letters)
2.	铅笔	（名）	qiānbǐ	pencil
3.	瓶	（量）	píng	measure word：bottle
4.	汽水	（名）	qìshuǐ	soda-water; soda pop
5.	长	（动）	zhǎng	long
6.	跑	（动）	pǎo	to run
7.	地理	（名）	dìlǐ	geography
8.	音乐	（名）	yīnyuè	music
9.	岁	（量）	suì	measure word：(of age) year
10.	时候	（名）	shíhou	time
11.	要求	（动）	yāoqiú	to demand; to require
12.	严格	（形）	yángé	strict
13.	平时	（名）	píngshí	at usual times

第十七课　　　在课堂上
Dì-shíqī kè　　　Zài kètáng shang
Lesson Seventeen　　In the Classroom

课　文　Kèwén
Text

一　Yī
Part　One

A　起立!
　　Qǐlì!

B　(全体同学)老师好!
　　(Quántǐtóngxué) Lǎoshī hǎo!

C　同学们好! 请坐。今天有缺席的吗? *absent*
　　Tóngxuémen hǎo! Qǐngzuò. Jīntiān yǒu quēxí de ma?

A　老师, 王芳没来, 她请病假了。其他同学都到了。
　　Lǎoshī, Wáng Fāng méi lái, tā qǐng bìngjiàle. Qítā
　　tóngxué dōu dào le. *(late)* *ask*

C　好。今天没有迟到的, 很好。
　　Hǎo. Jīntiān méi yǒu chídào de, hěn hǎo.
　　昨天的作业你们完成得怎么样? 现在我检查一下。
　　Zuótiān de zuòyè nǐmen wánchéng de zěnmeyàng?
　　Xiànzài wǒ jiǎnchá yíxià. *to check*
　　请你们打开作业本。
　　Qǐng nǐmen dǎ kāi zuòyèběn.
　　现在我们开始上新课。

Xiànzài wǒmen kāishǐ shàng xīn kè.

……

C 今天的课讲完了，你们听懂了吗？

Jīntiān de kè jiǎng wán le, nǐmen tīng dǒng le ma?

D 老师，课文我懂了，语法有点儿不明白。

Lǎoshī, kèwén wǒ dǒng le, yǔfǎ yǒu diǎnr bù míngbai.

C 好，别的同学有问题吗！

Hǎo, biéde tóngxué yǒu wèntí ma!

B 没有。

Méi yǒu.

C 现在留作业:第17页第一、二题。

Xiànzài liú zuòyè: Dì-shíqī yè dì-yī, èr tí.

A 老师，现在可以做题吗？

Lǎoshī, xiànzài kěyǐ zuò tí ma?

C 可以。没有问题的同学做作业吧！

Kěyǐ. Méi yǒu wèntí de tóngxué zuò zuòyè ba!

小丽，你哪儿不明白？我给你讲讲。

Xiǎo Lì, nǐ nǎr bù míngbai? Wǒ gěi nǐ jiǎngjiang.

二　　　Èr
Part　Two
一封信　　Yì fēng xìn
A Letter

李明: 你好!

你学习忙吗？身体好吗？

现在我在北京中国语言文化学校学习汉语。我学习很努力。早上起床以后，我念生词。写生词。晚上，我复习课文。我生词和课文念得很熟。汉字很难，我写汉字写得不太好。

　　上课的时候，老师们要求得很严格。他们说，我发音的声调不太准，下课以后，他们热情地帮助我。现在，老师们都说，我进步很大。我很高兴。

　　你看，这封信我写得好不好？我等待你的回信。不多写了。

　　祝你
学习进步！

你的朋友　　小丽

1988 年 10 月 15 日晚

Lǐ Míng: Nǐ hǎo!

　　Nǐ xuéxí máng ma? Shēntǐ hǎo ma?

　　Xiànzài wǒ zài Běijīng Zhōngguó Yǔyán Wénhuà Xuéxiào xuéxí Hànyǔ. Wǒ xuéxí hěn nǔlì. Zǎoshang qǐ chuáng yǐ hòu, wǒ niàn shēngcí, xiě shēngcí. Wǎnshang, wǒ fùxí kèwén. Wǒ shēngcí hé kèwén niàn de hěn shóu. Hànzì hěn nán, wǒ xiě Hànzì xiě de bú tài hǎo.

　　Shàngkè de shíhou, lǎoshīmen yāoqiú de hěn yángé. Tāmen shuō, wǒ fā yīn de shēngdiào bú tài zhǔn. Xiàkè yǐhòu, tāmen rèqíng de bāngzhù wǒ. Xiànzài, lǎoshīmen dōu shuō, wǒ jìnbù hěn dà. Wǒ hěn gāoxìng.

　　Nǐ kàn, zhè fēng xìn wǒ xiě de hǎo bu hǎo? Wǒ děngdài nǐ de huí xìn. Bù duō xiě le.

　　Zhù nǐ
Xuéxí jìnbù!

Nǐ de péngyou　　Xiǎo Lì

Yījiǔbābā nián Shíyuè shíwǔ rì wǎn

生 词　Shēngcí
New Words

1. 十七　（数）　shíqī　seventeen
2. 起立　（动）　qǐlì　to stand up
3. 课堂　（名）　kètáng　classroom
4. 缺席　（动）　quēxí　to be absent
5. 病假　（名）　bìngjià　sick leave
6. 其他　（代）　qítā　other
7. 作业　（名）　zuòyè　homework
8. 完成　（动）　wánchéng　to finish
9. 检查　（动）　jiǎnchá　to check
10. 开　（动）　kāi　to open
11. 本　（名）　běn　book
12. 完　（动）　wán　to end; to complete
13. 懂　（动）　dǒng　to understand
14. 语法　（名）　yǔfǎ　grammar
15. 明白　（形）　míngbai　clear; obvious
16. 别的　（代）　biéde　other
17. 问题　（名）　wèntí　question
18. 留　（动）　liú　to keep
19. 发音　（名）　fāyīn　pronunciation
20. 声调　（名）　shēngdiào　tone
21. 热情　（形）　rèqíng　warm
22. 进步　（动、名)jìnbù　to progress; improvement
23. 等待　（动）　děngdài　to wait

词 语 例 释　Cíyǔ lìshì
Notes on Words and Expressions

一　今天有缺席的吗？

　　"的"最常见的用法已在前面许多课文中出现过，即用在名词、代词、形容词与名词中间，表示前者对后者是领属或修饰关系。例如：

The most common usage of 的 has already occurred in many previous lessons; that is, it is often used between a noun, pronoun, or adjective and another noun to express a modifier / modified relationship. For example:

　　1. 美丽的春天。

　　2. 这是我的报纸。

　　3. 她是学校的老师。

　　"的"还可以用在词或词组后面，组成名词性的"的"字结构，常做句子的主语或宾语。例如：

的 can be placed after a word or phrase to form a nominal 的-construction. This construction is often used as the subject or object of a sentence. For example:

　　1. 今天有缺席的吗？

　　2. 今天没有迟到的。

　　3. 念英文的是我弟弟。

　　4. 有问题的请举手。

二　我写汉字写得不太好。

　　句子中，动词后面有它涉及的对象（一般是名词或代词），又有补充说明动词程度的形容词时，词序是这样的：

　　动词——涉及对象——动词——得——形容词　　例如：

In a sentence, if there is a related object after the verb

(generally a noun or pronoun), and also an adjective showing the degree of the verb, then the word order is: verb–related object–verb–得–adjective. For example:

1. 我念课文念得很熟。

2. 李明写字写得真漂亮。

如果为了强调动词涉及的对象，可以将句子变成另外的形式。例如：

If the related object is to be stressed, then an alteration can be made to the form of the sentence. For example:

1. 我课文念得很熟。

　　课文我念得很熟。

2. 张老师物理教得很好。

　　物理张老师教得很好。

练　习　Liànxí
Exercises

一　替换练习：

Substitution drills:

1. 今天没有迟到的。

缺席的　chùexí (to be absent)
请假的
上班的
旅游的　lǚyóu

2. 我写汉字写得不太好。

讲 jiǎng	故事	讲
画	画儿	画
发	音	发
骑 chí	自行车	骑 chí

二 熟读下列词组：

Read the following phrases fluently：

说得很对　　　　讲得很明白

读得很熟 *shóu*　　回答得很清楚

画得很好　　　　写得很认真

三 请按例句改写句子：

Please revise the following sentences according to the given example：

例: 他写汉字写得很好。

他汉字写得很好。

1. 李老师讲课讲得很明白。
2. 林平做作业做得很认真。
3. 他说汉语说得真好。 *rèn zhēn*
4. 小丽跳舞跳得很好。

补 充 生 词　　Bǔchōng shēngcí
Supplementary Words

1.	请假	qǐngjià	to ask for leave
2.	旅游 （动）	lǚyóu	to travel
3.	骑 （动）	qí	to ride
4.	自行车 （名）	zìxíngchē	bicycle
5.	熟 （形）	(shóu)shú	ripe; familiar; fluent
6.	回答 （动）	huídá	to answer
7.	认真 （形）	rènzhēn	earnest

第十八课　　　　课外活动
Dì-shíbā kè　　　Kè wài huódòng
Lesson Eighteen　　Extracurricular Activities

课　文　　Kèwén
Text

一　　Yī

Part One

A　王芳，你参加课外小组了吗？

　　Wáng Fāng, nǐ cānjiā kè wài xiǎo zǔ le ma?

B　没有。你参加了吗？

　　Méiyǒu. Nǐ cānjiā le ma?

A　我参加美术组了。我喜欢画画儿。

　　Wǒ cānjiā měishù zǔ le. Wǒ xǐhuan huà huàr.

B　噢，都有哪些组？

　　O, dōu yǒu nǎxiē zǔ?

A　有美术组、乐器组、棒球队、舞蹈队、合唱团……

　　Yǒu měishù zǔ, yuèqì zǔ, bàngqiú duì, wǔdǎo duì, héchàng tuán...

B　什么时候活动？

　　Shénme shíhou huódòng?

A　每星期六下午两点至四点活动。

　　Měi Xīngqīliù xiàwǔ liǎng diǎn zhì sì diǎn huódòng.

B　有老师辅导吗？

　　Yǒu lǎoshī fǔdǎo ma?

A　有。

　　Yǒu.

B　我会弹钢琴，我可以参加乐器组吗？

　　Wǒ huì tán gāngqín, wǒ kěyǐ cānjiā yuèqì zǔ ma?

A　我想可以。

　　Wǒ xiǎng kěyǐ.

A　王芳，今天下午没课，我们去看电影，好吗？

　　Wáng Fāng, jīntiān xiàwǔ méi kè, wǒmen qù kàn diànyǐng, hǎo ma?

B　对不起，我不能去。

　　Duìbuqǐ, wǒ bù néng qù.

A　为什么？

　　Wèi shénme?

B　我问你，今天(是)星期几？

　　Wǒ wèn nǐ, jīntiān (shì) xīngqī jǐ?

A　今天(是)星期六啊。

　　Jīntiān (shì) Xīngqīliù a.

B　对！星期六下午我们乐器组活动。

　　Duì! Xīngqīliù xiàwǔ wǒmen yuèqì zǔ huódòng.

A　哦，真糟糕！我忘了，我们美术组也要活动呢。

　　O, zhēn zāogāo! Wǒ wàng le, wǒmen měishù zǔ yě yào huódòng ne.

二　　Èr

Part　Two

　　王芳是新同学，没参加课外小组。她很想参加，小丽和她一起去问老师。

　　王芳问："老师，我能参加课外小组吗？"

—125—

老师说:"你想参加哪个小组?"

王芳说:"我会弹钢琴,可以参加乐器组吗?"

小丽说:"王芳弹得很好。"

王芳说:"不,我弹得不太好,我想多学学。"

老师说:"好。欢迎你参加乐器组。"

王芳高兴地说:"谢谢老师。"

Wáng Fāng shì xīn tóngxué, méi cānjiā kè wài xiǎozǔ. Tā hěn xiǎng cānjiā, Xiǎo Lì hé tā yìqǐ qù wèn lǎoshī.

Wáng Fāng wèn:"Lǎoshī, wǒ néng cānjiā kè wài xiǎozǔ ma?"

Lǎoshī shuō:"Nǐ xiǎng cānjiā nǎige xiozǔ?"

Wáng Fāng shuō:"Wǒ huì tán gāngqín, kěyǐ cānjiā yuèqìzǔ ma?"

Xiǎo Lì shuō:"Wáng Fāng tán de hěn hǎo."

Wáng Fāng shuō:"Bù, wǒ tán de bú tài hǎo, wǒ xiǎng duō xuéxue."

Lǎoshī shuō:"Hǎo. Huānyíng nǐ cānjiā yuèqì zǔ."

Wáng Fāng gāoxìng de shuō:"Xièxie lǎoshī."

生　词　Shēngcí
New Words

1. 十八　(数)　shíbā　　eighteen
2. 课外　　　　kèwài　　extracurricular
3. 参加　(动)　cānjiā　　to take part in, to join
4. 小组　(名)　xiǎozǔ　　group, team
5. 美术　(名)　měishù　　art

6.	哪些	(代)	nǎxiē	which (pl.)
7.	乐器	(名)	yuèqì	musical instrument
8.	棒球	(名)	bàngqiú	baseball
9.	队	(名)	duì	team
10.	合唱团	(名)	héchàngtuán	chorus
11.	至	(动)	zhì	to; until
12.	辅导	(动)	fǔdǎo	to give guidance in study or training
13.	弹	(动)	tán	to play
14.	钢琴	(名)	gāngqín	piano
15.	对不起		duìbuqǐ	sorry
16.	能	(动)	néng	can; to be able to
17.	糟糕		zāogāo	bad; terrible

词语例释　Cíyǔ lìshì
Notes on Words and Expressions

一　我会弹钢琴，我可以参加乐器组吗？

　　"会"、"可以"是能愿动词，能愿动词是动词中的一类。这些词经常用在动词、形容词前边表示愿望、要求、可能、必要等意思。

　　常用的能愿动词有："要"、"会"、"可以"、"能"、"想"、"应该"等。例如：

　　会 and 可以 are modal verbs, one of the verb categories. A modal verb is often used before verbs and adjectives to express desire, demand, possibility, necessity, etc.

Commonly used modal verbs are：要，会，可以，能，想，应该，etc. For example：

1. 小丽想买一本书。
2. 我应该参加棒球队。
3. 你能帮助我吗?
4. 我想要去旅游。
5. 我会弹钢琴。

二　我参加美术组了。

"了"，语气助词。这里的"了"是表示某事件或某种情况肯定已经发生。例如：

了 is a modal particle. Here it implies that something or some situation has definitely already occurred. For Example：

1. 她参加课外小组了。
2. 我吃饭了。
3. 今天作业我做了。
4. 他昨天来了。

否定时，在动词前边加上"没有"或"没"，去掉"了"。例如：

When negating this type of sentence, add 没有 or 没 before the verb and drop 了.　For example：

1. 她没参加课外小组。
2. 我没吃饭。
3. 今天的练习我没做。
4. 昨天没来。

三　真糟糕!

"糟糕"多用于口语。指事情、情况不好，往往指说错了话、办错了事或错过了机会。例如：

糟糕 is usually used in spoken language to indicate that a

matter or situation is in a bad state. It is often used to point to a mistake made in speech or action, or to a missed opportunity. For example:

1. 真糟糕！今天是妈妈生日，我忘了。
2. 今天又没给王芳打电话，真糟糕！
3. 糟糕，要迟到了。

练 习　Liànxí
Exercises

一　替换练习：
Substitution drills:

1. 我参加<u>美术组</u>了。

　　　　　　足球队
　　　　　　生物组
　　　　　　舞蹈队
　　　　　　合唱团

2. <u>什么时候</u>活动？

　　　　　　哪天
　　　　　　星期几
　　　　　　什么时间
　　　　　　几点

3. 你<u>想</u>参加哪个小组？

　　　　　　要
　　　　　　能
　　　　　　愿意
　　　　　　应该

二 根据下列句子，用"什么时候"、"星期几"、"哪天"、"几点"提问：

Based on the following sentences, make questions using 什么时候，星期几，哪天，or 几点：

1. 星期六我去叔叔家。
2. 爸爸明天去上海。
3. 我们星期日晚上去看电影。
4. 弟弟下午四点去同学家。
5. 明天上午他在家。

三 用"糟糕"完成下列对话：

Use 糟糕 to complete the following dialogue：

A. 小丽，今天下午看电影，你忘了？
B. _____
A. 昨天的作业，你完成了吗？
B. _____
A. 你看几点了？
B. _____

四 选词填空： （用"要"、"会"、"想"、"可以"、"能"）

Select the words and fill in the blanks (use 要，会，想，可以，or 能)：

1. 星期日我___去朋友家，不___去公园。
2. 我___弹钢琴，我妹妹也___弹，我弟弟不___弹。
3. 我是新同学，我___参加课外小组吗？
4. 你___什么时候来北京？
5. 我___提一个问题吗？
6. 你们___努力学习。

补 充 生 词　　Bǔchōng shēngcí
Supplementary Words

1.	生物	（名）	shēngwù	living things
2.	愿意	（动）	yuànyì	to wish to; to be willing to
3.	应该	（动）	yīnggāi	should; ought to
4.	上海	（专）	Shànghǎi	Shanghai
5.	昨天	（名）	zuótiān	yesterday
6.	公园	（名）	gōngyuán	park
7.	提	（动）	tí	to carry in the hand

第十九课　　　　　校　园
Dì-shíjiǔ kè　　　　　Xiàoyuán
Lesson Nineteen　　　The School Yard

课　文　Kèwén
Text

一　Yī
Part　One

A　哥哥，我要上中学了，给我讲讲你们学校吧。
　　Gēge, wǒ yào shàng zhōngxué le, gěi wǒ jiǎngjiang
　　nǐmen xuéxiào ba.

B　好吧。你想知道什么?
　　Hǎo ba. Nǐ xiǎng zhīdào shénme?

A　你们的校园怎么样? 大吗? 美吗?
　　Nǐmen de xiàoyuán zěnmeyàng? Dà ma? Měi ma?

B　我们的校园很大，也很美。校园里边有一个大花坛，
　　花坛后边是教学楼。楼里有很多教室。
　　Wǒmen de xiàoyuán hěn dà, yě hěn měi. Xiàoyuán
　　lǐbian yǒu yí ge dà huātán, huātán hòubian shì
　　jiàoxuélóu. Lóu li yǒu hěn duō jiàoshì.

A　你的教室在哪儿?
　　Nǐ de jiàoshì zài nǎr?

B　我的教室在三层302号房间。
　　Wǒ de jiàoshì zài sān céng sān líng èr hào fángjiān.

A　你们有大礼堂吗?

Nǐmen yǒu dà lǐtáng ma?

B 有。教学楼后边是大礼堂。
Yǒu. Jiàoxuélóu hòubian shì dà lǐtáng.

A 图书馆和阅览室呢?
Túshūguǎn hé yuèlǎnshì ne?

B 礼堂左边是图书馆。图书馆里有很多书架,书架上边
有很多书。阅览室在礼堂右边,里边有很多杂志,你
一定喜欢看。
Lǐtáng zuǒbian shì túshūguǎn. Túshūguǎn li yǒu hěn
duō shūjià, shūjià shàngbian yǒu hěn duō shū.
Yuèlǎnshì zài lǐtáng yòubian, lǐbian yǒu hěn duō
zázhì, nǐ yídìng xǐhuan kàn.

A 操场在什么地方?
Cāochǎng zài shénme dìfang?

B 操场在礼堂后边,旁边还有一个游泳池呢!
Cāochǎng zài lǐtáng hòubian, pángbiān háiyǒu yí ge
yóuyǒngchí ne!

A 太好了! 我喜欢这样的学校,我要在你们学校上学!
Tài hǎo le! Wǒ xǐhuan zhèiyàng de xuéxiào, wǒ yào
zài nǐmen xuéxiào shàngxué!

※   ※

A 请问,图书馆在什么地方?
Qǐng wèn, túshūguǎn zài shénme dìfang?

C 你看,一直向前走,过了教学楼,向右拐就是。
Nǐ kàn, yìzhí xiàng qián zǒu, guò le jiàoxuélóu,
xiàng yòu guǎi jiù shì.

A 阅览室呢?

Yuèlǎnshì ne?

C 向左拐是阅览室。

Xiàng zuǒ guǎi shì yuèlǎnshì.

A 谢谢您。

Xièxie nín.

C 没什么。

Méi shénme.

二　Èr
Part　Two

小丽的学校很大，设施很齐全。校园里整齐干净，还有很多树木和花草。

校园的中间有一个漂亮的大花坛，花坛的后边是教学楼。教学楼里有很多教室，还有三个实验室和一个录像室。花坛左边是大礼堂，右边是办公楼。图书馆在办公楼的二层，里边有很多高大的书架，上边有很多书。阅览室在办公楼的三层，里边有很多报刊和杂志。教学楼的后边是大操场。

小丽很喜欢她的学校。

Xiǎo Lì de xuéxiào hěn dà, shèshī hěn qíquán. Xiàoyuán li zhěngqí gānjìng, hái yǒu hěn duō shùmù hé huācǎo.

Xiàoyuán de zhōngjiān yǒu yí ge piàoliang de dà huātán, huātán de hòubian shì jiàoxuélóu. Jiàoxuélóu lǐ yǒu hěn duō jiàoshì, hái yǒu sān ge shíyànshì hé yí ge lùxiàngshì. Huātán zuǒbian shì dà lǐtáng, yòubian shì bàngōnglóu. Túshūguǎn zài bàngōnglóu de èr céng, lǐbian

yǒu hěn duō gāodà de shūjià, shàngbian yǒu hěn duō shū.
Yuèlǎnshì zài bàngōnglóu de sān céng, lǐbian yǒu hěn duō
bàokān hé zázhì. Jiàoxuélóu de hòubian shì dà cāochǎng.

Xiǎo Lì hěn xǐhuan tā de xuéxiào.

生　词　Shēngcí
New Words

1.	里边	（名）	lǐbian	inside
2.	花坛	（名）	huātán	flower bed
3.	后边	（名）	hòubian	behind
4.	教室	（名）	jiàoshì	classroom
5.	礼堂	（名）	lǐtáng	assembly hall
6.	阅览室	（名）	yuèlǎnshì	reading room
7.	左边	（名）	zuǒ bian	left side
8.	上边	（名）	shàngbian	above
9.	右边	（名）	yòu bian	right side
10.	操场	（名）	cāochǎng	sports ground
11.	旁边	（名）	pángbiān	besides
12.	向	（介）	xiàng	to, toward
13.	拐	（动）	guǎi	to turn
14.	设施	（名）	shèshī	facilities
15.	中间	（名）	zhōngjiān	middle
16.	办公楼	（名）	bàngōnglóu	office building

17. 高大　（形）gāodà　tall
18. 报刊　（名）bàokān　newspapers and
　　　　　　　　　　　　magazines

词语例释　Cíyǔ lìshì
Notes on Words and Expressions

一　校园里边有一个大花坛。
　　花坛后边是教学楼。
　　　　动词"是"和"有"都可以表示存在。用"有"时只表示在某处
　　存在着事物；用"是"时，表示说话人已知在某处存在着某事
　　物，而要进一步说明这事物是什么。例如：

　　Both the verbs 是 and 有 indicate existence. Using 有 only
　　shows that in a certain place something exists; using 是, shows
　　that the speaker already knows that something exists in a cer-
　　tain place, and goes further to explain what it is. For example:

　　　　1. 桌子上有一本画报。
　　　　2. 桌子上是一本词典。

二　前边、后边、里边、外边、上边、下边、中间，这些表示方向
　　和位置的词叫方位词。它们和前边的名词结合在一起用时，
　　"边"常常省略。例如：

　　Nouns relating to location and direction such as 前边，后
　　边，里边，外边，上边，下边，and 中间，are called nouns of
　　locality. When joined together with a noun proceding it，边 is
　　usually omitted. For example:

　　　　1. 教室里很干净。
　　　　2. 书架上有很多书。

一　替换练习:

Substitution drills:

1. <u>学校里边</u>有一个<u>大花坛</u>。

外边	商店
旁边	书店
后边	邮局
右边	电影院

2. <u>操场</u>在<u>礼堂后边</u>。

游泳池	操场旁边
礼堂	校园中间
教学楼	礼堂前边
图书馆	礼堂左边

3. <u>书架上边</u>有<u>很多书</u>。

床下边	一只皮箱
桌子上边	两盆花
柜子里边	很多衣服
柜子下边	一双鞋

二　按图所示，用"前边"、"后边"、"左边"、"右边"、"旁边"、"中间"
　　等词说明校园各部门的位置:

According to the map, use 前边, 后边, 左边, 右边, 旁边,
and 中间 to clarify the position of each part of the campus:

操场　　游泳池　　操场

办　公　楼

花　坛

教　学　楼

花　坛

校　门

阅览室

图书馆

三　按照课文"二"的叙述，画出小丽学校建筑的平面图。

According to the description in Text Two，draw a plan of the buildings in Xiao Li's school yard.

补 充 生 词　　Bǔchōng shēngcí
Supplementary Words

1.	书店	（名）	shūdiàn	bookstore
2.	邮局	（名）	yóujú	post office
3.	电影院	（名）	diànyǐngyuàn	cinema
4.	双	（量）	shuāng	measure word: pair
5.	鞋	（名）	xié	shoe
6.	皮箱	（名）	píxiāng	suitcase
7.	盆	（量）	pén	measure word (for potted plants)

第二十课　　在运动场上
Dì-èrshí kè　　Zài yùndòngchǎng shang
Lesson Twenty　　On the Athletic field

课　文　　Kèwén
Text

一　Yī
Part One

A 下课了。王芳，咱们打网球去，好吗?

　　Xià kè le. Wáng Fāng, zánmen dǎ wǎngqiú qù, hǎo ma?

B 好。你每天都打网球吗?

　　Hǎo. Nǐ měitiān dōu dǎ wǎngqiú ma?

A 对。

　　Duì.

B 听说你打得很好。

　　Tīngshuō nǐ dǎ de hěn hǎo.

A 我打得不太好。你打得怎么样?

　　Wǒ dǎ de bú tài hǎo. Nǐ dǎ de zěnmeyàng?

B 我会一点儿。今天打球，你别客气。输了，我不会生气的。

　　Wǒ huì yìdiǎnr. Jīntiān dǎ qiú, nǐ bié kèqi. Shū le, wǒ bú huì shēngqì de.

A 好，开始吧! 你发球!

　　Hǎo, kāishǐ ba! Nǐ fā qiú!

B　球高了，对不起!
　　Qiú gāo le, duìbùqǐ!
A　没关系。
　　Méiguānxi.

　　　　　　　　※　　　　　　　　※

A　王芳，今天有足球赛。咱们去看看。
　　Wáng Fāng, jīntiān yǒu zúqiú sài. Zánmen qù
　　kànkan.
B　谁和谁赛?
　　Shuí hé shuí sài?
A　是咱们学校和汇文中学比赛。比赛开始了，快点儿!
　　Shì zánmen xuéxiào hé Huìwén Zhōngxué bǐsài. Bǐsài
　　kāishǐ le, kuài diǎnr!
B　你看，穿白色运动衣的是咱们学校的。
　　Nǐ kàn, chuān báisè yùndòngyī de shì zánmen
　　xuéxiào de.
A　对! 他们踢得真不错。射门!
　　Duì! Tāmen tī de zhēn búcuò. Shèmén!
B　进了! 太好了! 一比零，咱们赢了。
　　Jìn le! Tài hǎo le! Yī bǐ líng, zánmen yíng le.
A　咱们给他们加油儿吧! 来，一! 二!
　　Zánmen gěi tāmen jiāyóur ba! Lái, Yī! Èr!
B　加油儿! 加油儿!
　　Jiāyóur! Jiāyóur!

二 Èr
Part Two

今年五月，学校开了一个运动会，很多同学都参加比赛了。

王芳参加了赛跑，她第一次参加比赛，有点儿害怕。小丽鼓励她，说："不要害怕，我们给你加油儿，你不会落后的。"同学们也热情地说："王芳，我们祝你成功。"

比赛开始了。同学们喊："王芳，加油儿！"王芳跑得很快，追上了前边的同学，取得了第一名。

比赛完了，小丽问王芳："你还害怕吗？"王芳笑了，她说："不害怕了，谢谢你和同学们。"

Jīnnián Wǔyuè, xuéxiào kāile yí ge yùndònghuì, hěn duō tóngxué dōu cānjiā bǐsài le.

Wáng Fāng cānjiā le sàipǎo, tā dì-yī cì cānjiā bǐsài, yǒudiǎnr hàipà. Xiǎo Lì gǔlì tā, shuō:"Bú yào hàipà, wǒmen gěi nǐ jiāyóur, nǐ bú huì luòhòu de." Tóngxuémen yě rèqíng de shuō:" Wáng Fāng, wǒmen zhù nǐ chénggōng."

Bǐsài kāishǐ le. Tóngxuémen hǎn:"Wáng Fāng, jiāyóur!"Wáng Fāng pǎo de hěn kuài, zhuī shàng le qiánbian de tóngxué, qǔdé le dì-yī míng.

Bǐsài wánle, Xiǎo Lì wèn Wáng Fāng:"Nǐ hái hàipà ma?"Wáng Fāng xiào le, tā shuō:"Bú hàipà le, xièxie nǐ hé tóngxuémen."

生　词　Shēngcí
New Words

1.	听说		tīngshuō	to hear of or about
2.	别	（副）	bié	don't
3.	客气	（形）	kèqi	polite
4.	输	（动）	shū	to lose
5.	发	（动）	fā	to start
6.	没关系		méiguānxi	never mind; It doesn't matter.
7.	比赛	（动）	bǐsài	to compete; match
8.	色	（名）	sè	colour
9.	射门		shèmén	to shoot (at the goal)
10.	比	（动）	bǐ	to compare; to (in a score)
11.	赢	（动）	yíng	to win
12.	加油儿		jiāyóur	(lit. to refuel), a cheer equiv. to "Go team, Go!" or " Come on!"
13.	次	（量）	cì	measure word (for number of times)
14.	害怕	（动）	hàipà	to be afraid
15.	鼓励	（动）	gǔlì	to encourage
16.	落后	（动）	luòhòu	to fall behind
17.	成功	（动）	chénggōng	to succeed
18.	追	（动）	zhuī	to chase

19.	前边	（名）	qiánbian	front
20.	取得	（动）	qǔdé	to gain; to get
21.	名	（量）	míng	measure word (for persons); a place received in a competition, etc.

词 语 例 释　Cíyǔ lìshì
Notes on Words and Expressions

一　咱们打网球去。

　　"咱们"的意义就是"我们"，但包括听话人在内；"我们"则可以包括听话人，也可以不包括。例如：

　　咱们 means 我们，but it includes both the speaker and the person(s) spoken to，while 我们 may or may not include the listener. For example：

　　1. 今天有球赛，咱们去看看。

　　2. 他们走了，咱们也走吧。

　　3. 今天我们学习第十课，你们呢？

二　加油儿!

　　比喻进一步努力；加劲儿。常用于在观看比赛时鼓舞士气。例如：

　　加油儿 is used metaphorically for "Step up efforts" or "Put some spirit into it". It is often used to boost morale at sports matches. For example：

　　1. 中国队，加油儿!

　　2. 加油儿啊! 前边就是终点了!

三　我不会生气的。

"的"有时用在陈述句的末尾，表示肯定语气，常和"是"相呼应，形式是："是……的"。例如：

的 is sometimes used at the end of a declarative sentence to show an affirmative mood. It is often used together with 是; the form is 是...的.　For example：

　　1. 他（是）从日本来的。

　　2. 这件事我（是）知道的。

　　3. 输了，他会不高兴的。

练　习　Liànxí
Exercises

一　替换练习：
Substitution drills：

1. 你每天都打<u>网球</u>吗？

打篮球

打棒球

踢足球

游泳

2. 听说你打得<u>很好</u>。

挺好

非常好

特别好

不错

3. <u>穿白色运动衣的</u>是<u>咱们学校的</u>同学。

说汉语的　　　我们班

打棒球的　　　他们班

　　　　　　　穿兰色上衣的　　　　别的学校
　　　　　　　回答问题的　　　　　一班

二　请你用一段连贯的话，回答下列问题:

Please write a short paragraph answering these questions:

　　1. 你喜欢哪些体育活动?

　　2. 哪个体育项目你最喜爱?

　　3. 你每天都锻炼身体吗?

　　4. 你身体怎么样?

三　阅读短文:

Read the following passage:

　　　　我非常喜欢体育运动，每天早晨起床后要到体育馆进行锻
炼。一个小时后跑步上学，下午放学后都要参加棒球俱乐部活
动，每个月都要参加比赛。

　　　　我的身体非常健壮。

补 充 生 词　　**Bǔchōng shēngcí**
Supplementary Words

1.	游泳		yóuyǒng	to swim
2.	踢	(动)	tī	to tick
3.	非常	(副)	fēicháng	very
4.	蓝色	(名)	lánsè	blue
5.	上衣	(名)	shàngyī	coat
6.	项目	(名)	xiàngmù	project
7.	最	(副)	zuì	most
8.	喜爱	(动)	xǐ'ai	to like
9.	小时	(名)	xiǎoshí	hour

10. 锻炼 （动） duànliàn to exercise
11. 俱乐部（名） jùlèbù club
12. 健壮 （形） jiànzhuàng healthy and strong,

第二十一课　　在图书馆
Dì-èrshíyī kè　　Zài túshūguǎn
Lesson Twenty-one　　In the library

课　文　Kèwén
Text

一　Yī
Part　One

A 王芳，你去哪儿？
　　Wáng Fāng, nǐ qù nǎr?

B 我去图书馆。
　　Wǒ qù túshūguǎn.

A 你借书还是还书？
　　Nǐ jiè shū háishì huán shū?

B 借书，也还书。你呢？
　　Jièshū, yě huán shū. Nǐ ne?

A 我也去图书馆。我想借一本科学幻想小说。
　　Wǒ yě qù túshūguǎn. Wǒ xiǎng jiè yì běn kēxué
　　huànxiǎng xiǎoshuō.

B 你常借小说吗？
　　Nǐ cháng jiè xiǎoshuō ma?

A 常借。我很喜欢看小说。
　　Cháng jiè. Wǒ hěn xǐhuan kàn xiǎoshuō.

B 你喜欢看中国古典小说吗？
　　Nǐ xǐhuan kàn Zhōngguó gǔdiǎn xiǎoshuō ma?

A 很喜欢。
　　Hěn xǐhuan.

B 我从朋友那儿借了一本《西游记》，很有意思。你想看吗？
　　Wǒ cóng péngyou nàr jièle yì běn 《Xīyóuji》, hěn yǒu yìsi. Nǐ xiǎng kàn ma?

A 想看！借我看看吧。
　　Xiǎng kàn! Jiè wǒ kànkan ba.

B 好。明天我给你带来。
　　Hǎo. Míngtiān wǒ gěi nǐ dài lai.

　　　　　　　　　※　　　　　　　　　　※

A 老师，我借一本书。
　　Lǎoshī, wǒ jiè yì běn shū.

B 好。你带借书证了吗？
　　Hǎo. Nǐ dài jièshūzhèng le ma?

A 带了，给您。
　　Dàile, gěi nín.

B 你借什么书？
　　Nǐ jiè shénme shū?

A 我借《中学物理参考书》，有吗？
　　Wǒ jiè 《Zhōngxué Wùlǐ Cānkǎn Shū》, yǒu ma?

B 有，给你。
　　Yǒu, gěi nǐ.

A 谢谢。
　　Xièxie.

C 老师，我还这本书。
　　Lǎoshī, wǒ huán zhèi běn shū.

B 好，还借吗？
  Hǎo, hái jiè ma?
C 我想借《西游记》，有吗？
  Wǒ xiǎng jiè 《Xīyóujì》, yǒu ma?
B 对不起，借出去了。换一本，好吗？
  Duìbuqǐ, jiè chūqu le. Huàn yì běn, hǎo ma?
C 不了。我以后再借吧。再见。
  Bù le. Wǒ yǐhòu zài jiè ba. Zàijiàn.
B 再见。
  Zàijiàn.

二　Èr
Part　Two

　　我们学校的图书馆很大，里面有很多书。同学们常到图书馆借书。

　　我很想看中国古典故事书，图书馆的李老师给我介绍了很多本。我说："对不起，李老师，我的汉语程度不高，我能看哪本书呢？"他说："你看《成语故事选》吧。这本书里有很多有趣的故事，你还可以学习成语。"我说："谢谢老师，我借这本书吧。"

　　这本书确实很好，我很喜欢看。

　　Wǒmen xuéxiào de túshūguǎn hěn dà, lǐmiàn yǒu hěn duō shū. Tóngxuémen cháng dào túshūguǎn jiè shū.

　　Wǒ hěn xiǎng kàn Zhōngguó gǔdiǎn gùshi shū, túshūguǎn de Lǐ lǎoshī gěi wǒ jièshào le hěn duō běn. Wǒ shuō: "Duìbuqǐ, Lǐ lǎoshī, wǒ de Hànyǔ chéngdù bù gāo, wǒ néng kàn nǎ běn shū ne?" Tā shuō: "Nǐ kàn

《Chéngyǔ Gùshì Xuǎn》 ba. Zhè běn shū lǐ yǒu hěn duō
yǒu qù de gùshì， nǐ hái kěyǐ xuéxí chéngyǔ." Wǒ shuō：
"Xièxie lǎoshī， wǒ jiè zhèi běn shū ba."

Zhèi běn shū quèshí hěn hǎo， wǒ hěn xǐhuan kàn.

生　词　　　Shēngcí
New Words

1.	借	（动）	jiè	to borrow
2.	还	（动）	huán	to return
3.	科学幻想		kēxué huànxiǎng	science fiction
4.	小说	（名）	xiǎoshuō	novel
5.	常	（副）	cháng	often
6.	古典	（名）	gǔdiǎn	classical
7.	《西游记》	（专）	《Xīyóu jì》	*Journey to the West*
8.	从	（介）	cóng	from
9.	带	（动）	dài	to bring
10.	借书证	（名）	jièshūzhèng	library card
11.	参考书	（名）	cānkǎoshū	reference book
12.	《中学物理参考书》	（专）	《Zhōngxué Wùlǐ Cānkǎo Shū》	*A Reference Book of Middle School Physics*
13.	换	（动）	huàn	to change

14.	介绍	（动）	jièshào	to introduce
15.	《成语故 事选》	（专）	《Chéngyǔ Gù shì Xuǎn》	*Selections from Proverbial Stories*
16.	确实	（副）	quèshí	indeed

词 语 例 释　Cíyǔ lìshì

Notes on Words and Expressions

一　不了。

可以表示不想做某件事，或表示不想继续做某件事。委婉
拒绝对方的请求时常用。例如：

It may indicate that one doesn't want to do something or
that one doesn't want to continue doing something. It is often
used in the case of refusing requests obliquely. For example：

　　1. 到我家坐一会儿吧？

　　　　不了，谢谢。

　　2. 再看看别的书吧！

　　　　不了。

　　3. 请再吃点吧！

　　　　不了，我已经够了。

二　我从朋友那儿借了一本《西游记》。

在名词或人称代词的后边加上"这儿"或"那儿"就表示处所
了。例如：

If a noun or personal pronoun is followed by 这儿 or 那
儿，then it indicates place or location. For example：

　　1. 下午，我去老师那儿了。

2. 明天我从朋友那儿去公园。

3. 晚上，我在小丽这儿做功课。

4. 桌子那儿有一把椅子。

练 习　Liànxí
Exercises

一　替换练习：

Substitution drills：

1. 你常借小说吗?

看电视
踢足球
听录音
说汉语

2. 我从朋友那儿借了一本小说。

他	张老师那儿	杂志
她	我这儿	画报
小文	小丽那儿	词典
小丽	哥哥那儿	书

3. 我想借《西游记》

看	电影
买	东西
去	公园
做	作业

二　熟读下列词组，记住量词：

Read the following phrases fluently, memorize the measure words：

一所学校	一间实验室	一件事
一支笔	一个游泳池	一堂课
一个问题	一个书架	一道题
一本小说	一场球赛	一瓶墨水
一本画报	一张桌子	一把椅子
一位教师	一个朋友	一个同学

三 用指人的名词或代词加上"这儿"或者"那儿"填空，完成下列句子：

Complete the following sentences by filling in the blanks with a noun referring to a person or a pronoun plus 这儿 or 那儿：

1. 明天，我从＿＿＿＿＿＿去公园，你呢？

2. 昨天，我在＿＿＿＿＿＿复习功课了。

3. 我想，星期六去＿＿＿＿＿＿玩儿。

4. 今天中午我在＿＿＿＿＿＿吃饭。

5. 我这本杂志是从＿＿＿＿＿＿借来的。

补 充 生 词　　Bǔchōng shēngcí
Supplementary Words

1. 词典　（名）　cídiǎn　　dictionary

2. 东四　（专）　Dōngsì　　Dongsi（a place in Beijing）

第二十二课　　　郊游
Dì-èrshí'èr kè
Lesson Twenty-two

郊游
Jiāo yóu
An Outing

课　文　　Kèwén
Text

一　　Yī
Part One

A　你们看，这座山真高!
　　Nǐmen kàn, zhèi zuò shān zhēn gāo!

B　是啊，登这样的高山，最有意思。
　　Shì a, dēng zhèyàng de gāo shān, zuì yǒu yìsi.

C　喂! 咱们登上山顶，在上边会餐，好不好?
　　Wèi! Zánmen dēng shang shāndǐng, zài shàngbian
　　huìcān, hǎo bu hǎo?

A　好，上吧!
　　Hǎo, shàng ba!

C　小心点儿!
　　Xiǎoxīn diǎnr!

B　来，从我这儿上，这里的路好走一点儿。
　　Lái, cóng wǒ zhèr shàng, zhèli de lù hǎo zǒu yìdiǎnr.

A　看! 这儿的景色真美!
　　Kàn! Zhèr de jǐngsè zhēn měi!

B　到山顶上风景一定更美!
　　Dào shāndǐng shang fēngjǐng yídìng gèng měi!

C 好。同学们，加油儿，登上山顶!
Hǎo. Tóngxuémen, jiāyóur, dēngshang shāndǐng!

A 咱们全上来了。
Zánmen quán shàng lai le.

B 这里的风景美，空气也新鲜。
Zhèli de fēngjǐng měi, kōngqì yě xīnxian.

C 真舒服。
Zhēn shūfu.

B 我饿了。你们呢?
Wǒ è le. Nǐmen ne?

A 我也饿了。
Wǒ yě è le.

B 咱们一边欣赏风景，一边会餐，好不好?
Zánmen yìbiān xīnshǎng fēngjǐng, yìbiān huìcān,
hǎo bu hǎo?

C 当然好了。
Dāngrán hǎo le.

A 在什么地方呢?
Zài shénme dìfang ne?

B 在那儿! 那棵松树下边，又凉快又干净。
Zài nàr! Nà kē sōngshù xiàbian, yòu liángkuai yòu
gānjìng.

A
C 好!

Hǎo!

二　Er
Part Two

四月六号早上七点，三年级一班的同学出发了。他们要去郊外登山。同学们都喜欢这个活动。

八点开始登山了，他们互相帮助，又说又笑，兴致很高。王芳和小丽在一起，一边登山，一边采集标本。

两小时以后，全班同学都登上了山顶。在一棵松树下，他们一边欣赏风景，一边会餐。吃完饭，他们唱歌跳舞，玩儿得很高兴。

下午三点，他们一起回学校了。

同学们都说，这一天过得很有意思。

Sìyuè liù hào zǎoshang qī diǎn, sān niánjí yī bān de tóngxué chūfā le. Tāmen yào qù jiàowài dēng shān. Tóngxuémen dōu xǐhuan zhè ge huódòng.

Bā diǎn kāishǐ dēng shān le, tāmen hùxiāng bāngzhù, yòu shuō yòu xiào, xìngzhì hěn gāo. Wáng Fāng hé Xiǎo Lì zài yìqǐ,yìbiān dēng shān, yìbiān cǎijí biāo běn.

Liǎng xiǎoshí yǐhòu, quán bān tóngxué dōu dēng shàng le shāndǐng. Zài yìkē sōngshù xià, tāmen yìbiān xīnshǎng fēngjǐng, yìbiān huìcān. Chī wán fàn, tāmen chànggē tiàowǔ, wánr de hěn gāoxìng.

Xiàwǔ sān diǎn, tāmen yìqǐ huí xuéxiào le.

Tóngxuémen dōu shuō, zhè yì tiān guò de hěn yǒu yìsi.

生　词　　**Shēngcí**
New Words

1.	郊游	（动）	jiāoyóu	to go on an outing
2.	山	（名）	shān	mountain
3.	登	（动）	dēng	to climb
4.	喂	（叹）	wèi	interjection (to attract attention)
5.	山顶	（名）	shāndǐng	peak
6.	会餐	（名）	huìcān	picnic
7.	小心	（形）	xiǎoxīn	to be careful
8.	路	（名）	lù	road
9.	景色	（名）	jǐngsè	scenery
10.	更	（副）	gèng	more
11.	当然	（副）	dāngrán	certainly
12.	凉快	（形）	liángkuài	cool
13.	兴致	（名）	xìngzhì	interest
14.	采集	（动）	cǎijí	to collect
15.	标本	（名）	biāoběn	sample; specimen
16.	玩儿	（动）	wánr	to play

词语例释　　**Cíyǔ lìshì**
Notes on Words and Expressions

当然好了。

"当然"表示对事理上或情理上的肯定，没有疑问。在口语中常用。例如：

当然 expresses certainty with respect to the logic or sense of something. It is often used in spoken language to convey the absence of doubt. For example：

1. 今天下午你去机场送小丽吗？

   当然去，小丽是我的好朋友。

2. 妈妈，我去中国学习汉语好不好？

   当然好，你应该去学。

练 习　Liànxí
Exercises

一　替换练习：

Substitution drills：

1. <u>登</u>这样的<u>高山</u>，最有意思。

看	电影
玩	游戏
参加	活动
学	语文

2. 咱们全<u>上来</u>了。

他们	下去
你们	回来
他们	回去
我们	进来
她们	进去

3. 这里的<u>风景美，空气也新鲜</u>。

気候好　　　　環境也美
街道干净　　　房屋也整齐
东西好　　　　价钱也便宜
学校多　　　　设备也齐全

二　仿照例句，用"当然"回答下列问题:
Follow the given example，and use 当然 to answer the following questions:
例:　李明病了，我们下午去看看他吧。你去吗?
　　　当然去，应该去看看他。

1. 小丽有困难，我们应该帮助她，对吗?

_____

2. 明天是星期天，我们去玩儿好吗?

_____

3. 春节到了，年初一咱们去给老师拜年去，好吗?

_____

4. 明天是小文的生日，我们庆贺一下儿，好不好?

三　用带"全"或"都"的句子表达下列句子的意思:
Use sentences containing 全 or 都 to express the ideas in the following sentences:
例:　三班有三十二个同学，三十二个同学登上了山顶。
　　　三班三十二个同学全都登上了山顶。

1. 林平家有五口人，五口人去看电影了。

_____

2. 今天上午上了四节课，四节课我听懂了。

_____

3. 今天作业有十道题，小华作对了十道题。

—159—

4. 王芳喜欢弹钢琴，小丽喜欢弹钢琴。

补 充 生 词　　**Bǔchōng shēngcí**
Supplementary Words

1. 游戏　（名）　yóuxì　　　　game
2. 气候　（名）　qìhòu　　　　climate
3. 环境　（名）　huánjìng　　environment
4. 进　　（动）　jìn　　　　　to enter
5. 街道　（名）　jiēdào　　　street
6. 房屋　（名）　fángwū　　　houses; buildings
7. 东西　（名）　dōngxi　　　things
8. 价钱　（名）　jiàqián　　　price
9. 便宜　（形）　piányi　　　cheap
10. 困难　（形）　kùnnan　　　difficult
11. 道　　（量）　dào　　　　measure word (used for questions on examinations or homework)

第二十三课　　复习和考试

Dì-èrshísān kè

Lesson Twenty-three　Review and Examination

课　文　Kèwén
Text

一　　Yī
Part　One

A 快考试了，你复习得怎么样？

　Kuài kǎoshì le, nǐ fùxí de zěnmeyàng?

B 差不多了。你觉得紧张吗？

　Chàbuduō le. Nǐ juéde jǐnzhāng ma?

A 有点儿。我觉得很累。

　Yǒu diǎnr. Wǒ juéde hěn lèi.

B 考完试，我们再好好儿休息吧。

　Kǎo wán shì, wǒmen zài hǎohāor xiūxi ba.

A 对，现在要坚持一下。

　Duì, xiànzài yào jiānchí yíxià.

B 来，我这儿有几道数学题，咱们研究研究，好不好？

　Lái, wǒ zhèr yǒu jǐ dào shùxué tí, zánmen yánjiū yánjiū, hǎo bu hǎo?

A 好啊。

　Hǎo a.

(考试后)

(Kǎoshì hòu)

A 成绩快公布了，你考得怎么样?

Chéngjī kuài gōngbù le, nǐ kǎo de zěnmeyàng?

B 还可以，你呢?

Hái kěyǐ, nǐ ne?

A 别的还可以，英语不太理想。

Bié de hái kěyǐ, Yīngyǔ bú tài lǐxiǎng.

B 你觉得题目难吗?

Nǐ juéde tímù nán ma?

A 题目倒不难。主要是句型，我平时练习得不够，造句
造得不太好。

Tímù dào bù nán. Zhǔyào shì jùxíng, wǒ píngshí
liànxí de búgòu, zàojù zào de bú tài hǎo.

B 你的标准真高。哟，老师来了。

Nǐ de biānzhǔn zhēn gāo. Yo, lǎoshī láile.

A
B 老师好!

Lǎoshī hǎo!

C 你们好。你们考得不错呀。祝贺你们取得了好成绩!

Nǐmen hǎo. Nǐmen kǎode bú cuò ya. Zhùhè nǐmen
qǔdé le hǎo chéngjī!

A
B 谢谢老师! 我们还要再努力。

Xièxie lǎoshī! Wǒmen hái yào zài nǔlì.

二　Èr
Part Two

　　快考试了，小丽每天都复习功课，她很累。一次下课以后，老师问她："小丽，你觉得紧张吗？"小丽点点头，说："很紧张。"老师说："平时，你学习很勤奋，现在，对考试应该有信心，不要太紧张。你订一个复习计划，保证睡眠，注意锻炼身体。现在你还打网球吗？"小丽说："不打了。"老师说："你应该打，这是一种很好的休息。"老师这样关心小丽，小丽很感谢老师。

　　Kuài kǎoshì le, Xiǎo Lì měitiān dōu fùxí gōngkè, tā hěn lèi. Yícì xià kè yǐhòu, lǎoshī wèn tā: "Xiǎo Lì, nǐ juéde jǐnzhāng ma?" Xiǎo Lì diǎndian tóu, shuō: "Hěn jǐnzhāng." Lǎoshī shuō: "Píngshí, nǐ xuéxí hěn qínfèn, xiànzài, duì kǎoshì yīnggāi yǒu xìnxīn, bú yào tài jǐnzhāng. Nǐ dìng yí gè fùxí jìhuà, bǎozhèng shuìmián, zhùyì duànliàn shēntǐ. Xiànzài nǐ hái dǎ wǎngqiú ma?" Xiǎo Lì shuō: "Bù dǎ le." Lǎoshī shuō: "Nǐ yīnggāi dǎ, zhè shì yì zhǒng hěn hǎo de xiūxi." Lǎoshī zhèyàng guānxīn Xiǎo Lì, Xiǎo Lì hěn gǎnxiè lǎoshī.

生　词　Shēngcí
New Words

1. 考试　（名）　kǎoshì　　examination
2. 差不多　　　　chàbuduō　nearly
3. 觉得　（动）　juéde　　　to feel
4. 紧张　（形）　jǐnzhāng　nervous

5.	累	（形）	lèi	tired
6.	坚持	（动）	jiānchí	to persist; to persevere in
7.	研究	（动）	yánjiū	to study; to research
8.	成绩	（名）	chéngjī	mark; result
9.	公布	（动）	gōngbù	to announce; to post
10.	英语	（名）	Yīngyǔ	English
11.	理想		lǐxiǎng	ideal
12.	题目	（名）	tímù	exam question
13.	难	（形）	nán	difficult
14.	倒	（副）	dào	indicates the notion that a matter is not as one thinks
15.	主要		zhǔyào	mainly
16.	句型	（名）	jùxíng	sentence pattern
17.	练习	（动）	liànxí	to practice
18.	不够		bù gòu	not enough
19.	造句		zàojù	to make a sentence
20.	造	（动）	zào	to make
21.	标准		biāozhǔn	standard
22.	哟	（叹）	yo	interjection; oh
23.	勤奋	（形）	qínfèn	diligent
24.	信心	（名）	xìnxīn	confidence
25.	订	（动）	dìng	to make; to draw up

26.	计划	（名）	jìhuà	plan
27.	保证	（动）	bǎozhèng	to ensure; to guarantee
28.	睡眠	（名）	shuìmián	sleep
29.	感谢	（动）	gǎnxiè	to thank

词 语 例 释　　Cíyǔ lìshì
Notes on Words and Expressions

一　差不多。

表示在程度、时间、距离等方面相差很少或接近。例如：

差不多 expresses the idea "just falling short of" or "nearly" with respect to degree, time, distance, etc. For example:

1. 小弟，你功课作完了吗？

差不多了。

2. 你每天都锻炼身体吗？

差不多。

3. 再走一会差不多就到我们学校了。

二　还可以。

"还可以"表示说话人对某种情况比较满意；有时也有谦虚的意思。在本课课文里表示"好"或"不坏"、"过得去"的意思。例如：

还可以 implies that the speaker is quite satisfied with something. It can also imply modesty. In this text it means "good" or "not bad". For example:

1. 你物理考得怎么样？

还可以。

2. 你今年的成绩好吗？

还可以。

3. 你在那个地方生活得不错吧？

还可以。

练　习　Liànxí
Exercises

一　替换练习：

Substitution drills：

1. 快考试了。

下雨

放假

下课

上班

2. 你觉得紧张吗？

累

饿

有意思

有趣

3. 考完试，我们再好好休息吧。

吃　　饭

做　　功课

写　　作业

打　　球

二　小会话：

Short dialogue：

A. 好久没见面了，你怎么了？

B. 我在家复习功课呢，没有时间出来。

A. 快考试了吗？

B. 今天上午已经考完了。

A. 你考得怎么样？

B. 还不知道成绩。我想还可以吧。

A. 你觉得紧张吗？

B. 挺紧张的。

A. 现在考完了，你应该好好休息一下。

B. 是啊，就要放假了，我想去旅行。

A. 去哪儿呀？

B. 去上海。

A. 咱们一起去，怎么样？

B. 好极了！一起去吧。

三　仿照例句，请用"还可以"回答下列问题：

According to the given example, please use 还可以 to answer the following questions:

例：　现在你工作忙不忙？

　　　还可以，不太忙。

1. 星期日你们去颐和园，玩儿得怎么样？

_____

2. 这学期你考试成绩怎么样？

_____

3. 你身体好吗？

_____

4. 现在你生活得愉快吗？

_____

—167—

补 充 生 词　　Bǔchōng shēngcí
Supplementary Words

1. 下雨　　　　xiàyǔ　　　　to rain
2. 放假　　　　fàngjià　　　to go on vacation
3. 旅行　（动）　lǚxíng　　　to travel
4. 颐和园（专）　Yíhéyuán　　Summer Palace

第二十四课　　　谈理想
Dì-èrshísì kè　　　Tán lǐxiǎng
Lesson Twenty-four　　Talking About Ideals

课　文　　Kèwén
Text

一　　Yī
Part　One

A 爱华，你快毕业了吧？
　　Ài Huá, nǐ kuài bìyè le ba?

B 嗯，七月份就毕业了。
　　Ng, Qīyuèfèn jiù bìyè le.

A 毕业以后，你升学还是工作？
　　Bìyè yǐhòu, nǐ shēngxué háishi gōngzuò?

B 我升学。
　　Wǒ shēngxué.

A 你想学什么专业？
　　Nǐ xiǎng xué shénme zhuānyè?

B 我想学计算机专业。
　　Wǒ xiǎng xué jìsuànjī zhuānyè.

A 你准备报考哪个大学？
　　Nǐ zhǔnbèi bàokǎo nǎge dàxué?

B 我正在考虑，还没决定。
　　Wǒ zhèngzài kǎolǜ, hái méi juédìng.

A 你家长的意见呢？

Nǐ jiāzhǎng de yìjiàn na?

B 爸爸、妈妈尊重我的意见，不过他们要我学好汉语。
Bàba, māma zūnzhòng wǒ de yìjiàn, búguò tāmen yào wǒ xué hǎo Hànyǔ.

A 你认为怎么样？
Nǐ rènwéi zěnmeyàng?

B 我同意。因为我是炎黄子孙，应该学好汉语，应该了解中国。今年暑假我就去中国。
Wǒ tóngyì. Yīnwei wǒ shì Yán Huáng zǐsūn, yīnggāi xué hǎo Hànyǔ, yīnggāi liǎojiě Zhōngguó. Jīnnián shǔjià wǒ jiù qù Zhōngguó.

※   ※

C 同学们，你们快毕业了，谈谈自己的理想，好吗？
Tóngxuémen, nǐmen kuài bìyè le, tántan zìjǐ de lǐxiǎng, hǎo ma?

B 好。老师，我要做个工程师。
Hǎo. Lǎoshī, wǒ yào zuò ge gōngchéngshī.

D 我想当老师，和您一样。
Wǒ xiǎng dāng lǎoshī, hé nín yíyàng.

C 好啊。你呢？刘云？
Hǎo a. Nǐ ne? Liú Yún?

E 我要做个医生。
Wǒ yào zuò ge yīshēng.

C 小强呢？
Xiǎo Qiáng ne?

F 你们别笑我，我想当个外交家。
Nǐmen bié xiào wǒ, wǒ xiǎng dāng ge wàijiāojiā.

B　你的理想很好嘛。

　　Nǐ de lǐxiǎng hěn hǎo ma.

C　是啊！同学们，你们的理想都很好，不过你们要记
　　住，最重要的是，我们都要做个品德高尚的人。

　　Shì a! Tóngxuémen, nǐmen de lǐxiǎng dōu hěn hǎo,
　　búguò nǐmen yào jìzhù, zuì zhòngyào de shì, wǒmen
　　dōu yào zuò ge pǐndé gāoshàng de rén.

B　老师，您说得很对。我们一定记住这一点。

　　Lǎoshī, nín shuō de hěn duì. Wǒmen yídìng jìzhù zhè
　　yì diǎn.

C　祝你们早日实现美好的理想。

　　Zhù nǐmen zǎo rì shíxiàn měihǎo de lǐxiǎng.

二　Èr
Part　Two

　　小文的理想是什么呢？他常考虑这个问题。

　　一天，他又在考虑：做个数学家吧。这时候妈妈说：
"小文，你的数学题错了，改一下吧。"小文说："妈妈，您
别打扰我，我正在考虑理想呢。"他想：不做数学家了，不
小心，做题就会错。做个工程师吧。这时候奶奶又叫小
文："来，帮帮忙，我的收音机坏了。"小文生气了："奶奶，
我没时间，现在我正想大事呢！"他想：不行，工程师的事
太多了；做医生呢，自己很粗心；做外交家吧，外语又太
难了……唉，算了，明天再考虑吧。就这样，时间一天天
过去了，小文总也想不好自己将来做什么。

　　Xiǎo Wén de lǐxiǎng shì shénme ne? Tā cháng kǎolǜ
zhègè wèntí.

Yìtiān, ta yòuzài kǎolǜ: Zuò ge shùxuéjiā ba.
Zhèshíhou māma shuō:"Xiǎo Wén, nǐ de shùxuétí cuò
le, gǎi yí xià ba." Xiǎo Wén shuō:" Māma, nín bié dǎrǎo
wǒ, wǒ zhèngzài kǎolǜ lǐxiǎng ne." Tā xiǎng: Bú zuò
shùxuéjiā le, bù xiǎoxīn, zuò tí jiù huì cuò. Zuò ge
gōngchéngshī ba. Zhèshíhou nǎinai yòu jiào Xiǎo Wén:
" Lái, bāngbang máng, wǒ de shōuyīnjī huài le." Xiǎo
Wén shēngqì le: "Nǎinai, wǒ méi shíjiān, xiànzài wǒ
zhèng xiǎng dà shì ne!" Tā xiǎng: Bùxíng, gōngchéngshī
de shì tài duō le; zuò yīshēng ne, zìjǐ hěn cūxīn; zuò
wàijiāojiā ba, wàiyǔ yòu tài nán le ... Ai, suànle,
míngtiān zài kǎolǜ ba. Jiù zhèyàng, shíjiān yì tiān tiān guò
qù le, Xiǎo Wén zǒng yě xiǎng bù hǎo zìjǐ jiānglái zuò
shénme.

生　词　　　Shēngcí
New Words

1. 爱华　（专）　Ai Huá　　Aihua
2. 毕业　　　　bìyè　　　to graduate
3. 升学　　　　shēngxué　to enter a higher school
4. 专业　（名）　zhuānyè　　major; speciality
5. 计算机（名）　jìsuànjī　　computer(s)
6. 准备　（动）　zhǔnbèi　　to get ready
7. 报考　（动）　bàokǎo　　to enter oneself for an
　　　　　　　　　　　　　examination

8. 正在	（副）	zhèngzài	to be in the proccess of; in the course of
9. 考虑	（动）	kǎolǜ	to consider
10. 决定	（动）	juédìng	to decide
11. 家长	（名）	jiāzhǎng	parents
12. 意见	（名）	yìjiàn	opinion
13. 尊重	（动）	zūnzhòng	to respect
14. 不过	（连）	bùguò	however
15. 炎黄 子孙	（专）	Yán Huáng zǐsūn	the descendants of emperors Yan and Huang (the legendary God of Agriculture and the Yellow Lord respectively)
16. 了解	（动）	liǎojiě	to understand
17. 暑假	（名）	shǔjià	summer vacation
18. 工程师	（名）	gōngchéngshī	engineer
19. 刘云	（专）	Liú Yún	Liu Yun
20. 医生	（名）	yīshēng	doctor
21. 小强	（专）	Xiǎo Qiáng	Xiao Qiang
22. 当	（动）	dāng	to be; to work as; to serve as
23. 外交家	（名）	wàijiāojiā	diplomat
24. 重要	（形）	zhòngyào	important
25. 品德	（名）	pǐndé	moral character

26. 高尚	（形）	gāoshàng	noble; lofty
27. 记住		jìzhù	to remember
28. 实现	（动）	shíxiàn	to come true; to realize
29. 美好	（形）	měihǎo	fine; happy
30. 改	（动）	gǎi	to correct
31. 收音机	（名）	shōuyīnjī	radio
32. 生气		shēngqì	to be angry
33. 粗心	（形）	cūxīn	careless
34. 算了		suànle	Forget it; Leave it be.
35. 总	（副）	zǒng	always
36. 将来	（名）	jiānglái	the future; in the future

词 语 例 释　　Cíyǔ lìshì
Notes on Words and Expressions

一　我要做个工程师。

在这类"动词＋一＋名量词＋名词"的格式中，数词"一"常可省略。例如：

In this form "verb ＋ 一 ＋ measure word for noun ＋ noun", the numeral 一 is often omitted. For example:

1. 我买了（一）个书包。

2. 我朋友有（一）件红衣服。

3. 他吃了（一）块月饼。

4. 我有（一）位朋友想学汉语。

二　不过他们要我学好汉语。

—174—

"不过"有"但是"、"只是"的意思，表示前后意思转折。语气比"但是"轻些。例如：

不过 has the meaning of 但是 and 只是，showing a turning in meaning.But the tone of 不过 is milder than that of 但是. For example:

1. 这本书很好，不过现在我还看不太懂。
2. 听说小丽已经来北京了，不过我还没有见到她。

练 习　　**Liànxí**

Exercises

一　替换练习：

Substitution drills:

1. 他<u>七月份</u>就毕业了。

今年
年底
这学期
明年

2. 你准备<u>报考</u>哪个大学？

打算
想
计划
要

3. 我要做个<u>工程师</u>。

医生
教师
外交家

数学家

4. 算了，明天再考虑吧。

说
做
想
去
玩

二 请用下列词造句:

Please use the following words to make sentences:

准备   尊重   决定   因为
认为   记住   实现   了解

三 请谈谈你们的学校生活（某一方面）和你毕业后的打算。

Please discuss your life at school (any certain aspect) and your
plans for after graduation.

补 充 生 词　　**Bǔchōng shēngcí**
Supplementary Words

1. 年底　（名）　niándǐ　　　end of a (the) year

2. 学期　（名）　xuéqī　　　semester

3. 打算　（动）　dǎsuàn　　　to plan

三　　　社　交
Sān　　　Shèjiāo

第二十五课　　　问　好
Dì-èrshíwǔ kè　　　Wènhǎo
Lesson Twenty-five　　Greetings

课　文　Kèwén
Text

一　　Yī
Part　One

A　你好，你是王芳吗？

　　Nǐ hǎo, nǐ shì Wáng Fāng ma?

B　你好。我是王芳。你是——

　　Nǐ hǎo. Wǒ shì Wáng Fāng. Nǐ shì——

A　我是王丽的朋友刘云。今年开学的时候，我去过你们
的学校。

　　Wǒ shì Wáng Lì de péngyou Liú Yún. Jīnnián kāi xué
de shíhou, wǒ qù guò nǐmen de xuéxiào.

B　啊，对！我们见过面。见到你很高兴。

　　À, duì! Wǒmen jiàn guò miàn. Jiàn dào nǐ hěn
gāoxìng.

A 谢谢，王丽最近好吗?
Xièxie, Wáng Lì zuì jìn hǎo ma?

B 她很好。
Tā hěn hǎo.

A 请替我问候她。星期天我去看她。
Qǐng tì wǒ wènhòu tā. Xīngqītiān wǒ qù kàn tā.

B 我一定替你问候。你有时间来我们学校玩儿吧!
Wǒ yídìng tì nǐ wènhòu. Nǐ yǒu shíjiān lái wǒmen xuéxiào wánr ba!

A 谢谢，我会去的。再见。
Xièxie, wǒ huì qù de. Zàijiàn.

B 小丽，我在王府井遇到了你的朋友!
Xiǎo Lì, wǒ zài Wángfǔjǐng yù dào le nǐ de péngyou!

C 谁?
Shuí?

B 刘云，她向你问好。
Liú Yún, tā xiàng nǐ wèn hǎo.

C 她怎么样? 好吗?
Tā zěnmeyàng? Hǎo ma?

B 我看她很好。她还是那么漂亮。她很忙，星期天她来
看你。
Wǒ kàn tā hěn hǎo. Tā háishì nàme piàoliang. Tā hěn
máng, Xīngqītiān tā lái kàn nǐ.

C 太好了。后天我和她好好儿聊聊。
Tài hǎo le. Hòutiān wǒ hé tā hǎohao liáoliao.

二　Èr
Part Two

下午，我去王府井买东西。我买了水果、点心和咖啡，还买了一本《现代汉语八百词》。我买了书就往车站走，路上遇见了王丽的朋友刘云。我们都很高兴能够见面。我向她介绍了王丽的近况，还邀请她到学校来玩儿。她答应星期天来看王丽。

快七点了，我才到学校。

Xiàwǔ, wǒ qù Wángfǔjǐng mǎi dōngxi. Wǒ mǎile shuǐguǒ, diǎnxin hé kāfēi. Hái mǎile yì běn 《Xiàndài Hànyǔ Bābǎi Cí》. Wǒ mǎile shū jiù wàng chēzhàn zǒu. Lùshang yùjiàn le Wáng Lì de péngyou Liú Yún. Wǒmen dōu hěn gāoxìng nénggòu jiànmiàn. Wǒ xiàng tā jièshào le Wáng Lì de jìnkuàng, hái yāoqǐng tā dào xuéxiào lái wánr. Tā dāyìng Xīngqītiān lái kàn Wáng Lì.

Kuài qī diǎn le, wǒ cái dào xuéxiào.

生　词　Shēngcí
New Words

1. 最近　（名）　zuìjìn　　　　recently
2. 问候　（动）　wènhòu　　　to greet
3. 王府井（专）　Wángfǔjǐng　Wangfujing, busy shopping street in Beijing
4. 后天　（名）　hòutiān　　　the day after tomorrow
5. 聊　　（动）　liáo　　　　　to chat
6. 水果　（名）　shuǐguǒ　　　fruit

7. 点心	（名）	diǎnxīn	pastry
8. 《现代 汉语八 百词》	（专）	《Xiàndài Hànyǔ Bā bǎi Cí》	*Modern Chinese: 800*
9. 近况	（名）	jìnkuàng	recent developments; how things stand
10. 邀请	（动）	yāoqǐng	to invite
11. 答应	（动）	dāyìng	to accept an invitation; to agree

词 语 例 释　Cíyǔ lìshì
Notes on Words and Expressions

一　我买了水果、点心和咖啡。

"了"用在动词后，表示动作的实现或完成。例如：

了 placed after a verb indicates that the action has already been actualized or completed. For example:

1. 我买了三本书。
2. 她今天看了一场电影。
3. 我在车站遇到了一个老朋友。

二　我买了书就往车站走。

快七点了，我才回到学校。

"就"和"才"都是副词，表示事情发生或结束快或慢、早或晚、顺利或不顺利。例如：

Both 就 and 才 are adverbs indicating that something oc-

curs or concludes quickly or slowly, early or late, smoothly
or unsmoothly. For example:

    1. 我昨天晚上八点就睡觉了。

    2. 十分钟我们就到了动物园。

    3. 作业我一会儿就做完了。

    4. 昨天晚上十二点我才睡觉。

    5. 从王府井回来，七点才到家。

    6. 作业做了一个多小时才做完。

练 习　　**Liànxí**

Exercises

一　替换练习：

Substitution drills:

1. 我<u>买</u>了<u>水果</u>、<u>点心和咖啡</u>。

吃	面包	鸡蛋和牛奶
画	山	水和树
学	会话	听力和写字
带	书	本和铅笔

2. 我<u>买</u>了<u>书</u>就往<u>车站</u>走。

下	课	宿舍
吃	饭	教室
打	电话	电影院
写	信	邮局

3. <u>七点</u>了，我才<u>到学校</u>。

九点	起床
天黑了	到家
半夜	回宿舍

二　用副词"才"或"就"填空：

Fill in the blanks with the adverbs 才or 就：

1. 今晚学校看电影，七点开演，她六点半＿＿来了。

2. 他晚上十二点＿＿睡觉，第二天早晨起不来了。

3. 昨天晚上他头疼，不到八点＿＿休息了。

4. 一会儿时间，她＿＿做了这么多菜。

三　改正下列病句，注意"了"的用法：

Correct the following sentences，paying attention to the usage of 了：

1. 昨天我们参观一个学校。

2. 已经十二点，他怎么还不来？

3. 昨天我进了城买一本新书。

4. 我买了东西，六点多了就回来。

补 充 生 词　　**Bǔchōng shēngcí**
Supplementary Words

1.	会话	（名）	huìhuà	conversation
2.	听力	（名）	tīnglì	hearing; aural comprehension
3.	电话	（名）	diànhuà	telephone
4.	黑	（形）	hēi	black
5.	头	（名）	tóu	head
6.	疼	（形）	téng	ache; painful
7.	参观	（动）	cānguān	visit
8.	城	（名）	chéng	city

第二十六课　　　访　友

Dì-èrshíliù kè　　　Fǎngyǒu

Lesson Twenty-six　　Visiting a Friend

课　文　Kèwén

Text

一　Yī

Part　One

A （敲门）

　　(Qiāomén)

B 谁? 请进。

　　Shuí? Qǐngjìn.

A 你好!

　　Nǐ hǎo!

B 啊! 李明，你好! 快请进，这边坐。

　　Ā! Lǐ Míng, nǐ hǎo! Kuài qǐngjìn, zhèbian zuò.

A 谢谢。我在西单办了点儿事，顺路来看看你。

　　Xièxie. Wǒ zài Xīdān bànle diǎnr shì, shùnlù lái
　　kànkan nǐ.

B 我前几天还在想，我们好长时间没见面了，什么时候
　　去看你。请喝茶吧。

　　Wǒ qián jǐ tiān hái zài xiǎng, wǒmen hǎo cháng
　　shíjiān méi jiànmiàn le, shénme shíhòu qù kàn nǐ.
　　Qǐng hē chá ba.

A 谢谢你，别客气。你身体好吗? 工作忙吗?

Xièxie nǐ, bié kèqì. Nǐ shēntǐ hǎo ma? Gōngzuò máng ma?

B 我身体很好，工作不太忙。你的学习忙不忙？
Wǒ shēntǐ hěn hǎo, gōngzuò bú tài máng. Nǐ de xuéxí máng bù máng?

A 嗯，挺忙的，期中考试刚刚结束。
Ǹg, tǐng máng de, qīzhōng kǎoshì gānggāng jiéshù.

B 最近你去哪儿玩儿了？
Zuìjìn nǐ qù nǎr wánr le?

A 我哪儿也没去。我和姐姐看了一个画展。
Wǒ nǎr yě méi qù. Wǒ hé jiějie kàn le yí gè huàzhǎn.

B 怎么样？不错吧？
Zěnmeyàng? Bú cuò ba?

A 非常好。那些画都是青年画家画的。你可以去看看。
Fēicháng hǎo. Nàxiē huà dōushì qīngnián huàjiā huà de. Nǐ kěyǐ qù kànkan.

B 好，我有时间就去看。
Hǎo, wǒ yǒu shíjiān jiù qù kàn.

A 时间不早了。我该走了。打扰你了。
Shíjiān bù zǎo le. Wǒ gāi zǒu le. Dǎrǎo nǐ le.

B 哪儿的话呀，有时间常来玩儿。
Nǎr de huà ya, yǒu shíjiān cháng lái wánr.

A 请回吧，再见。
Qǐng huí ba, zàijiàn.

B 再见。
Zàijiàn.

二　　Èr
Part Two

A　你好，你从哪儿来？我们好久没见了。

　　Nǐ hǎo, nǐ cóng nǎr lái? Wǒmen hǎojiǔ méi jiàn le.

B　是啊！我从学校来。今天特意来看你。

　　Shì a! Wǒ cóng xuéxiào lái. Jīntiān tèyì lái kàn nǐ.

A　谢谢。你来得真巧，我前天刚刚从广州出差回来。

　　Xièxie. Nǐ lái de zhēn qiǎo, wǒ qiántiān gānggāng cóng Guǎngzhōu huílai.

B　噢，现在广州一定很热吧？

　　Ō, xiànzài Guǎngzhōu yídìng hěn rè ba?

A　是的，热极了。我从广州买来一副钓鱼竿，我们去郊外钓鱼好吗？

　　Shì de, rè jí le. Wǒ cóng Guǎngzhōu mǎi lai yí fù diàoyúgān, wǒmen qù jiāo wài diàoyú hǎo ma?

B　好极了。我也喜欢钓鱼。

　　Hǎo jí le. Wǒ yě xǐhuan diàoyú.

A　那我们吃了午饭就去吧。

　　Nà wǒmen chī le wǔfàn jiù qù ba.

B　行。坐车去还是骑自行车去？

　　Xíng. Zuò chē qù háishì qí zìxíngchē qù?

A　我们骑自行车去吧，西郊离这儿不远。

　　Wǒmen qí zìxíngchē qù ba, xījiāo lí zhèr bù yuǎn.

B　好。我们准备午饭吧。

　　Hǎo. Wǒmen zhǔnbèi wǔfàn ba.

A　你是客人，在这里坐着吧。我去厨房做饭。

　　Nǐ shì kèrén, zài zhèli zuòzhe ba. Wǒ qù chúfáng zuòfàn.

生　词　　Shēngcí
New Words

1. 访　　（动）　fǎng　　　　to visit
2. 西单　（专）　Xīdān　　　Xidan，place in Beijing
3. 办　　（动）　bàn　　　　to do; to attend to; to manage
4. 顺路　　　　shùnlù　　　on the way
5. 期中　（名）　qīzhōng　　the middle of a semester; mid−term
6. 刚刚　（副）　gānggāng　just now
7. 结束　（动）　jiéshù　　　to end; to come to a close
8. 画展　（名）　huàzhǎn　　painting exhibition
9. 青年　（名）　qīngnián　　youth
10. 画家　（名）　huàjiā　　　painter
11. 特意　（副）　tèyì　　　　for a special purpose; especially
12. 巧　　（形）　qiǎo　　　　opportunely
13. 前天　（名）　qiántiān　　the day before yesterday
14. 广州　（专）　Guǎngzhōu　Guangzhou
15. 副　　（量）　fù　　　　　measure word (here: for a fishing rod)
16. 钓鱼竿（名）　diàoyúgān　fishing pole or rod
17. 钓　　（动）　diào　　　　to fish

—186—

18. 客人 （名） kèrén guest

词 语 例 释　Cíyǔ lìshì
Notes on Words and Expressions

一　我和姐姐看了一个画展。

"一个画展"，名词的定语是数词时，一定要在数词和名词间加量词。例如：

When the attribute of the noun is a numeral, a measure word must be put between the numeral and the noun. For example:

    1. 我们有三本字典。

    2. 我买了一件衣服。

    3. 他借了两本杂志。

二　我去厨房做饭。

"去……做"，两个或两个以上动词连用，与同一个主语发生主谓关系，这种谓语叫连动式。例如：

When two or more verbs are used consecutively like 去...做 and take one subject, it is called a multi-verbal pattern. For example:

    1. 今天我们去颐和园玩。

    2. 我去王府井买东西。

    3. 他们用汉语谈话。

练习　　　Liànxí

Exercises

一　替换练习:

Substitution drills:

1. 我和姐姐看了一个画展。

去	一趟上海
做	一顿饭
买了	三本小说
画	一幅画

2. 我去厨房做饭。

到中国	旅游
去邮局	寄信
回宿舍	看电视
去图书馆	借书

3. 今天我特意来看你。

拜访

采访

看望

慰问

二　用连动式完成下列各句:

Complete the following sentences using the multi-verbal pattern:

1. 今天下午没课，我＿＿＿王府井＿＿＿东西。

2. 小丽家离这儿很远，我＿＿车＿＿＿她家。

3. 她是＿＿＿中国＿＿＿汉语的。

4. 暑假我们＿＿＿青岛＿＿＿。

5. 我星期天____北大____朋友。

三 根据下面的提示，用"请"造句：

Make sentences with 请 according to the given example：

例：叫别人坐下_____请坐。

1. 叫别人进屋_____

2. 问别人问题_____

3. 叫别人慢点走_____

4. 叫别人帮助寄信_____

补 充 生 词　　Bǔchōng shēngcí
Supplementary Words

1.	趟	（量）	tàng	measure word (for number of times); trip
2.	顿	（量）	dùn	measure word used for meals, scoldings, beatings, etc.
3.	寄	（动）	jì	to post; to mail
4.	拜访		bàifǎng	to pay a visit
5.	看望	（动）	kànwàng	to visit; to call on; to see
6.	慰问	（动）	wèiwèn	to convey greetings to
7.	青岛	（专）	Qīngdǎo	Qingdao
8.	北大	（专）	Běi Dà	Bijing University
9.	慢	（形）	màn	slow

第二十七课　　　约　会
Dì-èrshíqī kè　　　Yuēhuì
Lesson Twenty—seven　Making Appointments

课　文　Kèwén
Text

一　Yī

Part One

A　是北京中国语言文化学校吗?

　　Shì Běijīng Zhōngguó Yǔyán Wénhuà Xuéxiào ma?

B　对，您找谁?

　　Duì，nín zhǎo shuí?

A　请找一下李明同学。

　　Qǐng zhǎo yíxià Lǐ Míng tóngxué.

B　请等一下。李明，你的电话。

　　Qǐng děng yíxià. Lǐ Míng，nǐ de diànhuà.

C　谢谢。喂，我是李明，你是哪位?

　　Xièxie. Wèi，wǒ shì Lǐ Míng，nǐ shì nǎ wèi?

A　李明你好! 我是刘云，我买了两张电影票，明晚七点
　　的，你能去吗?

　　Lǐ Míng nǐ hǎo! Wǒ shì Liú Yún，wǒ mǎile liǎng
　　zhāng diànyǐng piào, míng wǎn qī diǎn de，nǐ néng qù
　　ma?

C　哦，是什么片子? 在哪个影院?

　　Ò，shì shénme piānzi? Zài nǎ ge yǐngyuàn?

A 是新上映的喜剧片。在首都电影院，你有兴趣吗?
Shì xīn shàngyìng de xǐjùpiān. Zài Shǒudū Diàn yǐngyuàn. Nǐ yǒu xìngqù ma?

C 那太好了，我一定去。
Nà tài hǎo le, wǒ yídìng qù.

A 好，明晚六点半在电影院门口见。再见。
Hǎo, míng wǎn liù diǎn bàn zài diànyǐng yuàn ménkǒu jiàn. Zài jiàn.

C 再见。
Zài jiàn.

　　　　　　　※　　　　　　　※

A 小华，你怎么才来? 话剧就要开演了。
Xiǎo Huá, nǐ zěnme cái lái? Huàjù jiù yào kāiyǎn le.

B 对不起。我刚要出发，就来了一个朋友，耽误了时间。
Duìbùqǐ. Wǒ gāng yào chūfā, jiù láile yí ge péngyou, dānwu le shíjiān.

A 好，你坐下吧，马上就开演了。
Hǎo, nǐ zuòxià ba, mǎshàng jiù kāiyǎn le.

B 我还没吃饭呢，去小卖部买点吃的。
Wǒ hái méi chīfàn ne, qù xiǎomàibù mǎi diǎn chī de.

A 我这里有饼干，你吃吧。
Wǒ zhèli yǒu bǐnggān, nǐ chī ba.

B 谢谢。啊，布景真漂亮，你听得懂吗?
Xièxie. À, bùjǐng zhēn piàoliang, nǐ tīng de dǒng ma?

A 大部分能懂，你认真听还是能听懂的。比课堂上语速快一些，生词多。你先看看剧情介绍。

Dà bùfen néng dǒng, nǐ rènzhēn tīng hái shì néng tīng dǒng de. Bǐ kètáng shàng yǔsù kuài yìxiē, shēngcí duō. Nǐ xiān kànkan jùqíng jièshào.

B 谢谢，我能听懂一部分。

Xièxie, wǒ néng tīng dǒng yí bùfen.

二　　Er

Part　Two

一封信　　Yì fēng xìn

刘云：你好!

　　告诉你一个好消息：我们学校在本星期六晚七点在礼堂举行周末晚会。晚会上各班同学演出节目。演出结束后还有舞会。邀请你参加晚会，好吗? 在晚会上我还演节目呢，不过，现在我还没准备好。

　　看完节目，我们一起跳舞，请你一定来。

　　星期六晚六点半我在校门口等你。祝你

快乐!

你的朋友
李明
1987 年 3 月 5 日

Liú Yún: Nǐ hǎo!

　　Gàosu nǐ yí gè hǎo xiāoxi: Wǒmen xuéxiào zài běn Xīngqīliù wǎn qī diǎn zài lǐtáng jǔxíng zhōumò wǎnhuì. Wǎnhuì shang gè bān tóngxué yǎnchū jiémù. Yǎnchū jiéshù hòu hái yǒu wǔhuì. Yāoqǐng nǐ cānjiā wǎnhuì, hǎo ma? Zài wǎnhuì shang wǒ hái yǎn jiémù ne. Bú guò, xiànzài wǒ hái méi zhǔnbèi hǎo.

Kàn wán jiémù, wǒmen yìqǐ tiàowǔ, qǐng nǐ yídìng lái.

Xīngqīliù wǎn liù diǎn bàn wǒ zài xiào ménkǒu děng nǐ. Zhù nǐ

Kuàilè!

Nǐ de péngyou

Lǐ Míng

Yī jiǔ bā qī nián Sānyuè wǔ rì

生　词　　Shēng cí
New Words

1. 约会　（名）　yuēhuì　　　date; appointment
2. 片子　（名）　piānzi　　　film; movie
3. 上映　（动）　shàngyìng　　to show
4. 喜剧　（名）　xǐjù　　　comedy
5. 首都　（专）　Shǒudū　　　Capital Theatre
   电影院　　　　Diànyǐngyuàn
6. 怎么　（代）　zěnme　　　how; why
7. 话剧　（名）　huàjù　　　modern drama; stage play
8. 开演　（动）　kāi yǎn　　（of a movie, performance, etc.) to start
9. 出发　（动）　chūfā　　　to start or set out
10. 耽误　（动）　dānwu　　　to delay

11.	马上	（副）	mǎshàng	immediately
12.	小卖部	（名）	xiǎomàibù	snack counter
13.	饼干	（名）	bǐnggān	biscuit，cracker
14.	啊	（叹）	à	interjection: ah
15.	部分	（名）	bùfen	part
16.	语速		yǔsù	talking speed
17.	剧情	（名）	jùqíng	plot
18.	消息	（名）	xiāoxi	news
19.	本	（代）	běn	this
20.	举行	（动）	jǔxíng	to hold (a meeting, ceremony，etc.)
21.	晚会		wǎnhuì	evening party
22.	演	（动）	yǎn	to perform

词 语 例 释　　Cíyǔ lìshì
Notes on Words and Expressions

一　我还没吃饭呢。

　　"还没……呢"表示尚未完成或尚未开始的动作。例如：

还没…呢 indicates that an action is not yet finished or has not yet started.　For example:

　　1. 今天的课文你复习了吗？

　　　　——还没（有）复习呢。

　　2. 你去医院了吗？

　　　　——还没（有）去呢。

3. 小丽来了吗?

　　——还没（有）来呢。

练　习　　**Liànxí**
Exercises

一　替换练习:

Substitution drills:

1. 我还没吃饭呢。

　　　　　　　　　做作业

　　　　　　　　　写日记

　　　　　　　　　洗手

　　　　　　　　　拜访他

2. 明晚六点半在电影院门口见。

　　　　　　　上午　　　　　　图书馆

　　　　　　　晚七点　　　　　公园门口

　　　　　　　星期天早上　　　张老师家

3. 看完节目，我们一起跳舞。

　　　　　　　做　　作业　　旅游

　　　　　　　吃　　饭　　　散步

　　　　　　　洗　　澡　　　看球赛

　　　　　　　画　　图　　　做功课

二　请用"还没……呢"回答下列各句:

Please answer the following questions using 还没…呢:

1. 给伯父的信你写了没有?

2. 北海公园你去了没有?

3. 今天讲的语法你听懂了吗?

4. 六点半了，小丽来了吗?

三　朗读短文:

Read the passage aloud:

　　有个小伙子和姑娘约会，第二天早晨八点半在北海公园门口见面。他高兴极了，晚上他很早就上床躺下。他想，明天不能迟到，应该早一点去公园，不能让姑娘等我。他上好闹钟就睡了。"叮……"小伙子还没睡着呢，就听见闹钟响了。他抬头看看钟才十点，他又翻身睡了。"叮……"小伙子正作梦呢，听见铃响赶快爬起来。外面天很黑，他一看表才十二点。他又躺下了。"叮……"闹钟又响了，小伙子又从床上跳下来，这时妈妈走进屋问他:"才两点钟，这么早起来干什么去啊?""这铃吵得我半夜都没睡好。"

　　小伙子气极了，想一定是闹钟坏了，真倒霉! 他把闹钟压在枕头下，马上又睡了。

　　"起来! 起来!"妈妈的叫声惊醒了小伙子。"这孩子，到底怎么了? 该睡时不睡，该起床不起。"

　　小伙子赶忙坐起来，一看表:"啊? 九点半了!"

补 充 生 词　　Bǔchōng shēngcí
Supplementary Words

1. 日记	(名)	rìjì	diary
2. 门口		ménkǒu	gate; entrance
3. 洗澡		xǐzǎo	to take a bath
4. 图	(名)	tú	picture; map
5. 散步	(动)	sànbù	to go for a walk
6. 姑娘	(名)	gūniang	girl

7.	小伙子	xiǎohuǒzi	guy
8.	北海 (专) 公园	Běihǎi Gōngyuán	Beihai Park
9.	躺下	tǎngxia	to lie down
10.	让 (动)	ràng	to stand
11.	闹钟 (名)	nàozhōng	alarm clock
12.	叮……	dīng ...	ding—a—ling
13.	着 (动)	zháo	to fall asleep
14.	响 (动)	xiǎng	to ring; to sound
15.	抬头	táitóu	to raise one's head
16.	翻身	fānshēn	to turn over
17.	正 (副)	zhèng	just
18.	作梦	zuòmèng	to dream
19.	铃 (名)	líng	bell
20.	赶快 (副)	gǎnkuài	hurriedly
21.	爬 (动)	pá	to climb
22.	吵 (动)	chǎo	to make a noise
23.	半夜 (名)	bànyè	midnight
24.	气 (动)	qì	to annoy
25.	倒霉 (形)	dǎoméi	to have bad luck
26.	把 (介)	bǎ	a preposition (used to transpose the object in front of the verb)

27.	压	(动)	yā	to press
28.	枕头	(名)	zhěntou	pillow
29.	惊醒	(动)	jīngxǐng	to wake up with a start; rouse suddenly from sleep
30.	孩子	(名)	háizi	child
31.	到底	(副)	dàodǐ	in the end (here: equivalent to "What on earth...?")

第二十八课　　　送朋友

Dì-èrshíbā kè　　　Sòng péngyou

Lesson Twenty-eight　　Seeing off Friends

课　文　Kèwén

Text

一　Yī

Part One

A　小华，你准备好了吗？这儿离火车站不远，半小时就
　　到了。

　　Xiǎo Huá, nǐ zhǔnbèi hǎo le ma? Zhèr lí huǒchē zhàn
　　bù yuǎn, bàn xiǎoshí jiù dào le.

B　刘云，你来送我，太麻烦你了。

　　Liú Yún, nǐ lái sòng wǒ, tài máfan nǐ le.

A　没什么，到家替我问候伯父、伯母好。这盒点心请你
　　带给他们。

　　Méi shénme, dào jiā tì wǒ wènhòu bófù, bómǔ hǎo.
　　Zhèi hé diǎnxīn qǐng nǐ dài gěi tāmen.

B　你太客气了，我替爸爸妈妈谢谢你。

　　Nǐ tài kèqi le, wǒ tì bàba māma xièxie nǐ.

A　我们走吧，拿好车票。

　　Wǒmen zǒu ba, ná hǎo chēpiào.

B　啊！去上海的人真多，我们排队吧。

　　À! Qù Shànghǎi de rén zhēn duō, wǒmen pái duì ba.

A　我们先去办托运行李的手续吧。

Wǒmen xiān qù bàn tuōyùn xíngli de shǒuxù ba.

B 好，我的东西太多了，没有你送我，我真要发愁了。

Hǎo, wǒ de dōngxi tài duō le, méiyǒu nǐ sòng wǒ, wǒ zhēn yào fāchóu le.

A 还有半小时，我们检票进站吧。

Hái yǒu bàn xiǎoshí, wǒmen jiǎnpiào jìn zhàn ba.

B 刘云，我走了，请回吧，再见。

Liú Yún, wǒ zǒu le, qǐng huí ba, zàijiàn.

A 小华，祝你一路平安。再见。

Xiǎo Huá, zhù nǐ yí lù píng'ān. Zàijiàn.

二　Èr
Part Two

今天学校放暑假了。小文一早起来就忙着收拾东西，他要赶下午两点的飞机去广州。他的故乡在广东佛山，假期里，他要回故乡看看亲戚们。

小明叫了一辆出租车，特意送小文去飞机场。机场人真多。小明还买了北京的土特产送给小文，小文带的东西不多，没有超重，很快办好了手续。他们在候机室等了一会儿。小明告诉小文，有事打电报来。小文说："谢谢你的关心。"

小文告别了小明，登上了飞机。

Jīntiān xuéxiào fàng shǔjià le. Xiǎo Wén yìzǎo qǐlai jiù mángzhe shōushi dōngxī, tā yào gǎn xiàwǔ liǎng diǎn de fēijī qù Guǎngzhōu. Tā de gùxiāng zài Guǎngdōng Fóshān, jiàqī li, tā yào huí gùxiāng kànkan qīnqìmen.

Xiǎo Míng jiàole yí liàng chūzūchē, tèyì sòng Xiǎo

Wén qù fēijī chǎng. Jīchǎng rén zhēn duō. Xiǎo Míng hái mǎile Běijīng de tǔtèchǎn sòng gěi Xiǎo Wén, Xiǎo Wén dài de dōngxi bù duō, méiyǒu chāozhòng, hěn kuài bàn hǎo le shǒuxù. Tāmen zài hòujīshì děngle yíhuìr. Xiǎo Míng gàosu Xiǎo Wén, yǒu shì dǎ diànbào lai, Xiǎo Wén shuō:"Xièxie nǐ de guānxīn."

Xiǎo Wén gàobié le Xiǎo Míng, dēngshàng le fēijī.

生　词　Shēngcí
New Words

1. 小华 （专） Xiǎo Huá Xiao Hua
2. 火车 （名） huǒchē train
3. 站 （名） zhàn station
4. 麻烦 （动、形） máfan to trouble; troublesome
5. 盒 （量） hé measure word: a box of
6. 车票 （名） chēpiào train ticket
7. 排队 páiduì to stand on line
8. 先 （副） xiān first
9. 托运 （动） tuōyùn to consign for shipment; to check
10. 行李 （名） xíngli luggage
11. 手续 （名） shǒuxù formalities
12. 发愁 （动） fāchóu to worry
13. 检票 jiǎnpiào ticket checking
14. 一路 yílù Bon voyage!
　　平安 píng'ān

15.	收拾	（动）	shōushi	to pack; to get things ready
16.	赶	（动）	gǎn	to catch
17.	飞机	（名）	fēijī	plane
18.	故乡	（名）	gùxiāng	hometown
19.	假期	（名）	jiàqī	vacation
20.	亲戚	（名）	qīnqì	relative
21.	辆	（量）	liàng	measure word (for cars, buses, etc.)
22.	出租车	（名）	chūzūchē	taxi
23.	飞机场	（名）	fēijīchǎng	airport
24.	土特产	（名）	tǔtèchǎn	local product
25.	超重	（动）	chāozhòng	overweight
26.	候机室	（名）	hòujīshì	waiting room
27.	电报	（名）	diànbào	telegram
28.	告别	（动）	gàobié	to bid farewell

词语例释　　Cíyǔ lìshì
Notes on Words and Expressions

一　去上海的人真多。

　　"去上海的人"，某些动词、动词结构作定语，后面一般要带"的"。例如：

There are some verbs or verb phrases which when forming the attribute should generally be followed by 的 like 去上海的

人。 For example:

1. 那个湖很大，去游泳的人很多。

2. 参观的同学已经走了。

3. 他们演出的节目真好。

二　没什么。

这是回答别人感谢时的常用语。意思是不值得感谢。例如：

没 什 么 is a common expression used when answering someone who has offered words of thanks. It means: it is not worth your thanking. For example:

1. 谢谢你的帮助。

——没什么。

2. 麻烦你，给我带来了那本书。

——没什么。

3. 对不起，让您久等了。

——没什么。

练　习　Liànxí
Exercises

一　替换练习：

Substitution drills:

1. <u>去上海</u>的人真多。

游览北海

参观故宫

借书

买票

2. <u>假期里</u>，他要<u>回故乡</u><u>看看亲戚们</u>。

去中国时　　　　到家乡一趟
观光的时候　　　找找朋友
去清华时　　　　了解了解情况

3. 小文，祝你<u>一路平安</u>。

一路顺风
健康愉快
学习进步

二　请在下列句子合适的地方加上结构助词"的"：
Please add the structural auxiliary 的 in the appropriate places in the following sentences：

1. 九月一日来中国学生已经上课了。
2. 你告诉我那个电影我还没看呢。
3. 城里骑自行车人真多。
4. 车站人太多，挤不过去。

三　把下列每组句子改成一个带定语的句子（按照例句改）：
According to the example，change the following sentences into ones containing attributes：

例：那个同学看书。
　　那个同学是我的朋友。
　　——那个看书的同学是我的朋友。

1. 他买了一本字典。
　　那本字典很好。
2. 他解答了这个问题。
　　这个问题很容易。
3. 那个女孩在种花。
　　那个女孩很漂亮。

补 充 生 词　　Bǔchōng shēngcí
Supplementary Words

1. 故宫　（名）　Gùgōng　　　the Imperial Palace
2. 观光　　　　　guānguāng　　to visit
3. 清华　（专）　Qīnghuá　　　Qinghua University
4. 情况　（名）　qíngkuàng　　state of affairs
5. 一路　　　　　yílù　　　　　Bon voyage!
　 顺风　　　　　shùnfēng
6. 挤　　（动）　jǐ　　　　　　to be crowded
7. 容易　（形）　róngyì　　　　easy

第二十九课　　生日舞会

Dì-èrshíjiǔ kè　　Shēngrì wǔhuì

Lesson Twenty-nine　　A Birthday Party

课　文　Kèwén
Text

一　Yī
Part One

A 李老师，请您等一下，我和你说个事儿。

　Lǐ lǎoshī, qǐng nín děng yíxià, wǒ hé nǐ shuō ge shìr.

B 什么事儿?

　Shénme shìr?

A 后天我就满十六岁了。晚上在我家有个聚会，希望您
　能参加。

　Hòutiān wǒ jiù mǎn shíliù suì le. Wǎnshang zài wǒ jiā
　yǒu ge jùhuì, xīwàng nín néng cānjiā.

B 啊，应该祝贺你。我一定去。

　Ā, yīnggāi zhùhè nǐ. Wǒ yídìng qù.

A 我的同学和朋友也都参加。他们还打算在我家跳舞
　呢!

　Wǒ de tóngxué hé péngyou yě dōu cānjiā. Tāmen hái
　dǎsuàn zài wǒ jiā tiàowǔ ne!

B 哦，那一定是非常热闹的聚会。

　Ò, nà yídìng shì fēicháng rènào de jùhuì.

A 您知道我家的地址吗?

Nín zhīdào wǒ jiā de dìzhǐ ma?

B 知道，我一定按时去。

Zhīdào, wǒ yídìng ànshí qù.

　　　　　　※　　　　　　　　　※

A
B 小丽，祝你生日快乐。这是我们俩送你的礼物。

Xiǎo Lì, zhù nǐ shēngrì kuàilè. Zhè shì wǒmen liǎ sòng nǐ de lǐwù.

C 啊，谢谢你们。小明、小华，快请坐。

À, xièxie nǐmen. Xiǎo Míng, Xiǎo Huá, kuài qǐng zuò.

A 今天来的同学真多，好热闹啊！小丽，你今天特别漂亮。

Jīntiān lái de tóngxué zhēnduō, hǎo rènào a. Xiǎo Lì, nǐ jīntiān tèbié piàoliang.

C 谢谢，今天大家这样热情地祝贺我，我真高兴。

Xièxie, jīntiān dàjiā zhèyàng rèqíng de zhùhè wǒ, wǒ zhēn gāoxìng.

B 小丽，舞会早开始了吧？

Xiǎo Lì, wǔhuì zǎo kāishǐ le ba?

C 从七点起他们就跳舞了。他们跳得真起劲。

Cóng qī diǎn qǐ tāmen jiù tiàowǔ le. Tāmen tiào de zhēn qǐjìn.

A 是啊，舞曲这么好听，太吸引人了。

Shì a. Wǔqǔ zhème hǎotīng, tài xīyǐn rén le.

C 走，咱们也去跳舞吧。我还要给你们介绍几位新朋友。

Zǒu, zánmen yě qù tiàowǔ ba. Wǒ hái yào gěi nǐmen jièshào jǐ wèi xīn péngyou.

B 小丽，有人敲门。

Xiǎo Lì, yǒu rén qiāomén.

C 啊，我猜，一定是李老师来了。

À, wǒ cāi, yídìng shì Lǐ lǎoshī láile.

D 小丽，我来晚了吧？这束鲜花送给你，祝你生日快乐，愿你的生活象花儿一样美好。

Xiǎo Lì, wǒ lái wǎn le ba? Zhè shù xiānhuā sòng gěi nǐ, zhù nǐ shēngrì kuàilè. Yuàn nǐ de shēnghuó xiàng huār yíyàng měihǎo.

C 谢谢，谢谢李老师。请进。

Xièxie, xièxie Lǐ lǎoshī. Qǐngjìn.

二 Èr
Part Two

小文想：姐姐的生日快到了，她喜欢花儿，我买一对花瓶送给她。

商店里的花瓶很多，颜色、式样都挺好看。小文选定了一种红色的花瓶。他问售货员："还有这种花瓶吗？我挑一对。"售货员热情地拿来几个红花瓶。小文觉得颜色深浅不一样。售货员看他不太满意，又拿了几个给他。小文终于挑好了两个花瓶，高兴地说："这对花瓶很漂亮，作生日礼物非常合适。"

Xiǎo Wén xiǎng: Jiějie de shēngrì kuài dào le, tā xǐhuan huar, wǒ mǎi yí duì huāpíng shònggěi tā.

Shāngdiàn li de huāpíng hěnduō, yánsè, shìyàng dōu

tǐng hǎokàn. Xiǎo Wén xuǎndìng le yì zhǒng hóng sè de
huāpíng. Tā wèn shòuhuòyuán:"Hái yǒu zhè zhǒng
huāpíng ma? Wǒ tiāo yí duì." Shòuhuòyuán rèqíng de nálai
jǐ gè hóng huāpíng. Xiǎo Wén juédé yánsè shēn qiǎn bù
yíyàng. Shòuhuòyuán kàn tā bú tài mǎnyì, yòu nále jǐ gè
gěi tā. Xiǎo Wén zhōngyú tiāo hǎo le liǎng ge huāpíng,
gāoxìng de shuō:"Zhè duì huāpíng hěn piàoliang, zuò
shēngrì lǐwù fēicháng héshì."

生　词　Shēngcí
New Words

1. 满	(形)	mǎn	full
2. 聚会	(名)	jùhuì	get—together
3. 希望	(动)	xīwàng	to hope
4. 快乐	(形)	kuàilè	happy; joyful
5. 从…起		cóng...qǐ	since; starting from
6. 起劲		qǐjìn	vigorously; with gusto
7. 舞曲	(名)	wǔqǔ	dance music
8. 吸引	(动)	xīyǐn	to attract
9. 敲	(动)	qiāo	to knock
10. 束	(量)	shù	measure word; a bunch of
11. 鲜花	(名)	xiānhuā	fresh flowers
12. 愿	(动)	yuàn	to wish
13. 象	(动)	xiàng	to be like; to resemble
14. 颜色	(名)	yánsè	colour

15.	式样	（名）	shìyàng	style; type
16.	选定	（动）	xuǎndìng	to choose; to settle on
17.	售货员	（名）	shòuhuòyuán	shop assistant
18.	挑	（动）	tiāo	to select
19.	深	（形）	shēn	deep
20.	浅	（形）	qiǎn	shallow; light (in colour)
21.	满意	（形）	mǎnyì	satisfied
22.	终于	（副）	zhōngyú	finally
23.	合适	（形）	héshì	suitable

词 语 例 释　　Cíyǔ lìshì
Notes on Words and Expressions

一　大家这样热情地祝贺我……

"地"助词。双音节形容词常常修饰动词，作状语，它们中间有时加助词"地"。例如：

地 is an auxiliary particle. Two syllable adjectives often modify verbs forming an adverbial; as such, the auxiliary particle 地 is inserted between the modifier and the verb, for example:

1. 这儿的人热情地给我们介绍情况。
2. 他很清楚地回答了问题。

二　从七点起，他们就跳舞了。

"从……起""从……到……"是汉语中的常用句式。"从"表示起点，指时间，也可以指地点。例如：

Both 从…起 and 从…到 are common patterns in Chinese. 从 indicates the starting point with respect to time or place. For example:

1. 从今天起，我们开始学第七课。
2. 从明天起，开始放暑假。
3. 从学校到火车站很近。

练 习　Liànxí
Exercises

一　替换练习：

Substitution drills：

1. 那一定是非常<u>热闹</u>的聚会。

快乐
有意思
美好

2. 从<u>七点</u>起，他们就<u>跳舞</u>了。

明天　　　放假
早八点　　进图书馆
上周　　　考试
九点　　　看电视

3. 大家这样<u>热情</u>地<u>祝贺</u>我……

亲切　　　　称呼
耐心　　　　帮助
友好　　　　对待
无微不至　　关心

二　选择下列适当的词组填空:

Fill in the blanks with the given phrases:

　　　从我家到学校

　　　从八点到十点

　　　从今天起

　　　从南边起

1. ＿＿＿＿＿＿，第三栋楼是留学生宿舍。

2. ＿＿＿＿＿＿，开始学习语法。

3. ＿＿＿＿＿＿，他一直在看小说。

4. ＿＿＿＿＿＿，不太远。

　　　认真地

　　　高兴地

　　　热情地

　　　着急地

1. 刘云＿＿＿＿说:"老朋友，请尝尝我做的菜。"

2. 大夫＿＿＿＿给他看病。

3. 他＿＿＿＿告诉我，他这次考试成绩很好。

4. 哥哥＿＿＿＿问妹妹:"妈妈来的电报呢? 快给我看看!"

三　用"的"、"地"、"得"填空:

Fill in the blanks with 的, 地, or 得:

1. 我们＿＿＿＿暑假，过＿＿＿＿真快。

2. 她＿＿＿＿衬衣鲜艳＿＿＿＿很。

3. 他很认真＿＿＿＿写汉字。

4. 她弹钢琴弹＿＿＿＿不错。

5. 他热情＿＿＿＿招待朋友们。

补 充 生 词　　Bǔchōng shēngcí
Supplementary Words

1.	称呼	(动)	chēnghu	to address; to call
2.	耐心	(形)	nàixīn	patient
3.	友好	(形)	yǒuhǎo	friendly
4.	对待	(动)	duìdài	to treat
5.	无微		wúwēi	meticulously; in every
	不至		búzhì	possible way
6.	着急	(动)	zháojí	to worry
7.	鲜艳	(形)	xiānyàn	bright-coloured
8.	招待	(动)	zhāodài	to entertain

第三十课
Dì-sānshí kè
Lesson thirty

请人帮忙
Qǐng rén bāngmáng
Asking for Help

课文　Kèwén
Text

一　Yī
Part One

A 李明在家吗？

　Lǐ Míng zài jiā ma?

B 是谁呀？哦，赵强，有什么事吗？

　Shì shuí ya? Ò, Zhào Qiáng, yǒu shénme shì ma?

A 你瞧，我的录音机坏了。我修了一上午，也没修好。你在这方面是内行，还是请你修一下吧。

　Nǐ qiáo, wǒ de lùyīnjī huài le. Wǒ xiū le yí shàngwǔ, yě méi xiū hǎo. Nǐ zài zhèi fāngmiàn shì nèiháng, hái shì qǐng nǐ xiū yíxià ba.

B 噢，我也算不上内行。你放在这儿，我呆会儿看看吧。现在我正在修理林平的收音机。你不急着用吧？

　Ō, wǒ yě suàn bú shàng nèiháng. Nǐ fàng zài zhèr, wǒ dāi huìr kànkan ba. Xiànzài wǒ zhèngzài xiūlǐ Lín Píng de shōuyīnjī. Nǐ bù jízhe yòng ba?

A 不急着用！你什么时候修好，我什么时候来取吧。

　Bù jí zhe yòng! Nǐ shénme shíhou xiū hǎo, wǒ shénme shíhou lái qǔ ba.

A   小文，你家是在大华电影院附近吧？

      Xiǎo Wén, nǐ jiā shì zài Dàhuá Diànyǐngyuàn fùjìn ba?

B   对呀，就在电影院旁边的胡同口。

      Duì ya, jiù zài diànyǐngyuàn pángbiān de hútòng kǒu.

A   那儿现在有什么有意思的片子吗？

      Nàr xiànzài yǒu shénme yǒu yìsi de piānzi ma?

B   哦，这几天正在演《红高粱》。咱们学校组织看过了。

      Ò, zhèi jǐ tiān zhèngzài yǎn 《Hónggāoliang》. Zánmen xuéxiào zǔzhī kànguò le.

A   对，《红高粱》很不错！你估计今天还能买到后天下午的票吗？

      Duì, 《Hónggāoliang》 hěn búcuò! Nǐ gūjì jīntiān hái néng mǎi dào hòutiān xiàwǔ de piào ma?

B   我估计能买到票。你要给谁买呀？

      Wǒ gūjì néng mǎi dào piào. Nǐ yào gěi shuí mǎi ya?

A   我姑姑来旅游，大后天就走了。她后天上午要去大华电影院附近办事。我想，她办完事可以就近看场电影，轻松一下。

      Wǒ gūgu lái lǚyóu, dàhòutiān jiù zǒu le. Tā hòutiān shàngwǔ yào qù Dàhuá Diànyǐngyuàn fùjìn bànshì. Wǒ xiǎng, tā bàn wán shì kěyǐ jiùjìn kàn chǎng diànyǐng, qīngsōng yíxià.

B   我明白了。这好办，我来帮你买票吧！

      Wǒ míngbai le. Zhè hǎo bàn, wǒ lái bāng nǐ mǎi piào ba!

A　那就太感谢了！

　　Nà jiù tài gǎnxiè le!

B　没什么！我买票很方便。

　　Méi shénme! Wǒ mǎi piào hěn fāngbiàn.

二　Èr
Part　Two

　　小文和小华是邻居，也是同班同学。一次，小文感冒了，怕冷、发烧，医生给他开了一个星期病假。小华去看小文，小文对他说："这几天我不能去上学，恐怕落下很多功课。你帮我补补课吧！"小华说："当然可以。"

　　上课的时候，小华每次都认真地记笔记，回家后还帮助小文补课。小文很感动。

　　Xiǎo Wén hé Xiǎo Huá shì línjū, yě shì tóngbān tóngxué. Yí cì, Xiǎo Wén gǎnmào le, pà lěng, fāshāo, yīshēng gěi tā kāile yí gè xīngqī bìngjià. Xiǎo Huá qù kàn Xiǎo Wén, Xiǎo Wén duì tā shuō:"Zhèi jǐ tiān wǒ bù néng qù shàngxué, kǒngpà làxià hěnduō gōngkè. Nǐ bāng wǒ bǔbu kè ba!" Xiǎo Huá shuō:"Dāngrán kěyǐ."

　　Shàngkè de shíhou, Xiǎo Huá měi cì dōu rènzhēn de jì bǐjì, huíjiā hòu hái bāngzhù Xiǎo Wén bǔ kè. Xiǎo Wén hěn gǎndòng.

生　词　Shēngcí
New Words

1. 帮忙　　　（动）　bāngmáng　　to help
2. 赵强　　　（专）　Zhào Qiáng　Zhao Qiang
3. 瞧　　　　（动）　qiáo　　　　to look
4. 修理　　　（动）　xiūlǐ　　　to repair
5. 录音机　　（名）　lùyīnjī　　tape recorder
6. 方面　　　（名）　fāngmiàn　　aspect
7. 内行　　　（名）　nèiháng　　expert
8. 算不　　　　　　 suànbu　　　can't be considered as
　　上　　　　　　　shàng
9. 呆　　　　（动）　dāi　　　　to stay
10. 取　　　　（动）　qǔ　　　　to get，fetch
11. 大华　　　（专）　Dàhuá　　　Dahua Cinema
　　电影院　　　　　 Diànyǐngyuàn
12. 附近　　　（名）　fùjìn　　　nearby
13. 胡同　　　（名）　hútòng　　　alley
14. 《红高粱》（专）　Hónggāoliang　Red Sorghum
15. 组织　　　（动）　zǔzhī　　　to organize
16. 估计　　　（动）　gūjì　　　to estimate
17. 姑姑　　　（名）　gūgu　　　aunt
18. 大后天　　（名）　dàhòutiān　the day after the day
　　　　　　　　　　　　　　　　after tomorrow
19. 就近　　　　　　 jiùjìn　　　nearby;
　　　　　　　　　　　　　　　　in the neighbourhood

20. 场	（量）	chǎng	measure word (for plays, films, etc.)
21. 轻松	（形）	qīngsōng	relaxed
22. 方便	（形）	fāngbiàn	convenient
23. 邻居	（名）	línjū	neighbour
24. 感冒	（动）	gǎnmào	cold
25. 怕	（动）	pà	to fear; to be afraid
26. 冷	（形）	lěng	cold
27. 发烧		fāshāo	to have a fever
28. 恐怕	（动）	kǒngpà	I'm afraid; perhaps
29. 落下	（动）	làxià	to fall behind
30. 补	（动）	bǔ	to make up
31. 笔记	（名）	bǐjì	notes
32. 感动	（动）	gǎndòng	to move; to be moved

词 语 例 释　　Cíyǔ lìshì
Notes on Words and Expressions

一　我估计能买到票。

　　这句是"动+到+（名）"的形式。表示动作达到目的或有了结果。例如：

This sentence follows the pattern "verb + 到 + (noun)". It expresses that the action attains a goal or achieves a result. For example：

　　1. 他终于拿到票了。

2. 我没买到那张画。

二 小华每次都认真地记笔记。

　　"每"代词。为强调没有例外情况，常与副词"都"配合使用。例如：

　　每 is a pronoun. It is often used with the adverbial 都 in order to emphasize the absence of any exceptional conditions. For example：

　　1. 每场舞会她都参加。

　　2. 每个同学都很生气。

练 习　Liànxí
Exercises

一 替换练习：

Substitution drills：

1. 我<u>修</u>了<u>一上午</u>也没<u>修</u>好。

跑	早上	买到
听	下午	听懂
学	整天	学会
玩	下午	休息

2. 我正在<u>修理</u>林平的<u>收音机</u>。

研究	计划
欣赏	画
洗	衣服
抄	笔记

3. 我<u>买票</u>很方便。

去火车站

借杂志

看病

寄信

二　用下列词语造句：

Make sentences using the given words:

修理　　急着　　估计

轻松　　方便　　恐怕　　当然

三　用"每……都"填空：

Fill in the blanks with 每…都：

1. 赵强____天____睡得很晚。

2. ____间屋里____有一台计算机。

3. ____次运动会他____参加长跑比赛。

4. ____个人的成绩____不错。

补 充 生 词　Bǔchōng shēngcí
Supplementary Words

1.　整天　（名）　zhěngtiān　　　all day long

2.　台　　（量）　tái　　　　　　a measure word (used for
　　　　　　　　　　　　　　　　theatrical performances,
　　　　　　　　　　　　　　　　engines, machines, etc.)

3.　长跑　（名）　chángpǎo　　　long-distance running

第三十一课　在邮局
Dì-sānshíyī kè　Zài yóujú
Lesson Thirty-one　At the Post Office

课　文　Kèwén
Text

一　Yī
Part　One

A 请问，我往美国旧金山打一个长途电话是在这儿办理吗？

Qǐngwèn, wǒ wàng Měiguó Jiùjīnshān dǎ yí gè chángtú diànhuà, shì zài zhèr bànlǐ ma?

B 是，请您填清楚这张表。

Shì, qǐng nín tián qīngchu zhè zhāng biǎo.

A 我填完了。您看，我填对了吗？

Wǒ tián wán le. Nín kàn, wǒ tián duì le ma?

B 您填错了。城市名称要写全称。

Nín tián cuò le. Chéngshì míngchēng yào xiě quánchēng.

A 对不起，我再填一张吧。

Duìbùqǐ, wǒ zài tián yì zhāng ba.

B 姓名、地址请写清楚。

Xìngmíng, dìzhǐ qǐng xiě qīngchu.

A 好，给您。顺便问一下，电话费可以由对方支付吗？

Hǎo, gěi nín. Shùnbiàn wèn yíxià, diànhuàfèi kěyǐ

yóu duìfāng zhīfù ma?

B 可以。请您等一下，我这就给您接电话。

Kěyǐ. Qǐng nín děng yí xià, wǒ zhè jiù gěi nín jiē diànhuà.

A 要等很久吗？

Yào děng hěn jiǔ ma?

B 时间不长。您的长途电话接通了。请您到第二电话室通话。

Shíjiān bù cháng. Nín de chángtú diànhuà jiē tōng le. Qǐng nín dào dì-èr diànhuàshì tōnghuà.

A 喂，我听不清楚。请您再说一遍。噢，听清楚了。

Wèi, wǒ tīng bù qīngchu. Qǐng nín zài shuō yí biàn. Ō, tīng qīngchu le.

B 您打完电话了，您通话四分钟，电话费五十二元。

Nín dǎ wán diànhuà le, nín tōnghuà sì fēnzhōng, diànhuàfèi wǔshí' èr yuán.

※　　　　　　　　　※

A 林平，你也到邮局来了，寄信吗？

Lín Píng, nǐ yě dào yóujú lái le, jì xìn ma?

B 哦，王丽，你好。我不寄信，我买邮票。你呢？

O, Wáng Lì, nǐ hǎo. Wǒ bú jì xìn. Wǒ mǎi yóupiào. Nǐ ne?

A 我买一套熊猫明信片。

Wǒ mǎi yí tào xióngmāo míngxìnpiàn.

B 噢，排的队真长啊！

O, pái de duì zhēn cháng a!

A 是啊，我快排到了。你要什么邮票？我替你买。

Shì a, wǒ kuài pái dào le. Nǐ yào shénme yóupiào?
Wǒ tì nǐ mǎi.

B　我买纪念邮票。这里只有四种邮票，我想一样买一套。

　　Wǒ mǎi jìniàn yóupiào. Zhè lǐ zhǐyǒu sì zhǒng yóupiào, wǒ xiǎng yí yàng mǎi yí tào.

A　我给你买。

　　Wǒ gěi nǐ mǎi.

B　谢谢你了。

　　Xièxie nǐ le.

二　Èr
Part　Two

　　小文的妈妈身体不好。小文的外婆从外地来信说，要寄一点儿人参给小文妈妈补养身体。

　　一个星期天，邮递员在楼下喊小文的名字，小文赶快跑到楼下，邮递员给他一张包裹单。"请你签个字吧。"原来是外婆寄药来了。

　　小文签了字，就拿着包裹单去邮局了。一个阿姨很快找出他的包裹，递给他。那是一个钉得很结实的木盒子。小文高兴地捧着它回家了。

　　Xiǎo Wén de māma shēntǐ bù hǎo. Xiǎo Wén de wàipó cóng wàidì lái xìn shuō, yào jì yìdiǎnr rénshēn gěi Xiǎo Wén māma bǔyǎng shēntǐ.

　　Yí ge Xīngqītiān, yóudìyuán zài lóu xià hǎn Xiǎo Wén de míngzi. Xiǎo Wén gǎnkuài pǎo dào lóu xià, yóudìyuán gěi tā yì zhāng bāoguǒdān. "Qǐng nǐ qiān ge zì ba." Yuánlái shì wàipó jì yào lái le.

　　Xiǎo Wén qiānle zì, jiù názhe bāoguǒdān qù yóujú le.
Yí ge āyí hěn kuài zhǎochū tā de bāoguǒ, dìgěi tā. Nà shì
yí gè dīng de hěn jiēshi de mù hézi. Xiǎo Wén gāoxìng de
pěngzhe tā huí jiā le.

生　词　　Shēngcí
New Words

1.	旧金山（专）	Jiùjīnshān	San Francisco
2.	长途　（名）	chángtú	long-distance
3.	办理　（动）	bànlǐ	to transact
4.	填　　（动）	tián	to fill out
5.	城市　（名）	chéngshì	city
6.	名称　（名）	míngchēng	name
7.	全称	quánchēng	full name
8.	顺便　（副）	shùnbiàn	in passing
9.	电话费（名）	diànhuàfèi	telephone charges
10.	由　　（介）	yóu	by
11.	对方　（名）	duìfāng	the other party
12.	支付　（动）	zhīfù	to pay
13.	接通	jiētōng	to go through
14.	通话	tōnghuà	to converse
15.	电话室（名）	diànhuàshì	telephone room
16.	元　　（名）	yuán	yuan

17.	邮票 （名）	yóupiào	stamp
18.	套 （量）	tào	measure word: a set of
19.	熊猫 （名）	xióngmāo	panda
20.	明信片（名）	míngxìnpiàn	postcard
21.	一样…	yíyàng...	the same as
	一…	yí...	
22.	外地 （名）	wàidì	parts of the country other than where one is
23.	人参 （名）	rénshēn	ginseng
24.	补养 （动）	bǔyǎng	to nourish
25.	邮递员（名）	yóudìyuán	postman
26.	名字 （名）	míngzi	name
27.	喊 （动）	hǎn	to cry
28.	包裹单（名）	bāoguǒdān	parcel form
29.	签 （动）	qiān	to sign
30.	原来 （副）	yuánlái	originally; it turned out to be ...
31.	药 （名）	yào	medicine
32.	包裹 （名）	bāoguǒ	parcel
33.	递 （动）	dì	to send
34.	钉 （动）	dīng	to nail
35.	结实 （形）	jiēshi	solid; sturdy
36.	木盒子	mù hézi	wooden box

37. 捧　　（动）　pěng　　　　to take or carry in both
　　　　　　　　　　　　　　　hands

词 语 例 释　　Cíyǔ lìshì
Notes on Words and Expressions

一　请您填清楚这张表。

　　"清楚"，在这里说明动作的结果，叫结果补语，结果补语主要由动词、形容词充当。例如：

清楚 here shows the result of an action. It is called a result complement. Mainly verbs and adjectives can serve as result complements. For example:

　　1. 我说的话你听明白了吗？
　　2. 你抄完这些汉字了吗？
　　3. 她已经办好托运手续了。

二　我这就给您接电话。

　　"这就"，在这里是现在的意思，后面常和"就"配合，表示马上要做某件事。例如：

这就 here has the meaning of 现在. It is often used with 就 to indicate that something will be done right away. For example:

　　1. 这就吃饭了，你别出去了。
　　2. 你放心好了，我这就给你办。
　　3. 别着急，我这就穿好，咱们马上走。

练 习　Liànxí

Exercises

一　替换练习:

Substitution drills:

1. 我往美国旧金山<u>打</u>一<u>个</u><u>长途电话</u>。

打	个	加急电报
发	封	航空信
寄	个	包裹
寄	本	书

2. 请您<u>填清楚</u><u>这张表</u>。

记住	电话号码
填写	张包裹单
修好	把椅子
写完	封信

3. 我买一<u>套</u><u>熊猫明信片</u>。

斤	苹果
束	玫瑰花
条	红裙子
件	衬衣

二　连词造句:

Make sentences using the words given:

1. 买　　一套　　寄给　　高兴
2. 填好　张　　交给　　包裹
3. 这就　换　　着急　　近

三　选择量词填空:(套、封、副、张)

Fill in the blanks with the given measure words:

1. 那____纪念邮票一共几张？
2. 这____信是寄到哪儿的？
3. 我要买一____报纸。
4. 这____明信片和那____扑克牌颜色一样。

补 充 生 词　　Bǔchōng shēngcí
Supplementary Words

1.	加急		jiājí	urgent
2.	航空	（名）	hángkōng	air mail
3.	号码	（名）	hàomǎ	number
4.	苹果	（名）	píngguǒ	apple
5.	玫瑰花	（名）	méiguìhuā	rose
6.	条	（量）	tiáo	measure word (used for long，narrow things，e.g. fish，ship，street)
7.	裙子	（名）	qúnzi	skirt
8.	衬衣	（名）	chènyī	shirt
9.	近	（形）	jìn	near
10.	扑克牌	（名）	pūkè pái	playing cards; poker

第三十二课　　谈天气
Dì-sānshí'èr kè
Lesson Thirty-two

Tán tiānqì
Talking About the Weather

课　文　Kèwén
Text

一　Yī
Part One

A 哥哥，七点了，该起床了。

　　Gēge, qī diǎn le, gāi qǐchuáng le.

B 昨晚的雨下得真大。现在还下吗?

　　Zuó wǎn de yǔ xià dé zhēn dà. Xiànzài hái xià ma?

A 今天不下了。

　　Jīntiān bú xià le.

B 你听天气预报了吗? 今天天气怎么样?

　　Nǐ tīng tiānqì yùbào le ma? Jīntiān tiānqì zěnmeyàng?

A 听了，阴转晴。最高气温三十度。

　　Tīng le, yīn zhuǎn qíng. Zuì gāo qìwēn sānshí dù.

B 啊，今天凉快一点了。昨天太热了。

　　À, jīntiān liángkuài yìdiǎn le. Zuótiān tài rè le.

A 就要放暑假了。暑假我们到青岛去玩儿。海边一点儿
　　都不热。

　　Jiù yào fàng shǔjià le. Shǔjià wǒmen dào Qīngdǎo qù
　　wánr. Hǎi biān yìdiǎnr dōu bú rè.

B 是的。北京的夏天又热又干燥，可真有点儿受不了。

Shì de. Běijīng de xiàtiān yòu rè yòu gānzào, kě zhēn
yǒu diǎnr shòu bù liǎo.

A 哥哥，去年夏天我去上海住了三个星期。那儿的天气
更热。

Gēge, qùnián xiàtiān wǒ qù Shànghǎi zhùle sān ge
xīngqī. Nàr de tiānqì gèng rè.

B 对，你习惯吗？

Duì, nǐ xíguàn ma?

A 还可以。上海天气不干燥，听说上海春天时间长。

Hái kěyǐ. Shànghǎi tiānqì bù gānzào, tīngshuō
Shànghǎi chūntiān shíjiān cháng.

B 上海春天、秋天都好。北京夏天、冬天都不好。夏天
热，冬天冷。

Shànghǎi chūntiān, qiūtiān dōu hǎo. Běijīng xiàtiān,
dōngtiān dōu bù hǎo. Xiàtiān rè, dōngtiān lěng.

A 北京秋天最好，不冷不热。

Běijīng qiūtiān zuì hǎo, bù lěng bú rè.

二　Èr
Part　Two

　　中国大部分地区的气候是一年有四季：春天、夏天、
秋天、冬天。

　　从三月到五月是春天，六月到八月是夏天，九月到十
一月是秋天，十二月到第二年的二月是冬天。南方春天和
秋天的时间长，北方春天、秋天的时间短。

　　北京的春天风多，季节短，夏天很热。北京的秋天很
美，一到秋天，香山的红叶就要红了，大家都去香山看红

叶，有意思极了。

北京的冬天很冷，常常刮大风，下雪。

Zhōngguó dà bùfen dìqū de qìhòu shì yì nián yǒu sì jì:
Chūntiān, xiàtiān, qiūtiān, dōngtiān.

Cóng Sānyuè dào Wǔyuè shì chūntiān, Liùyuè dào
Bāyuè shì xiàtiān, Jiǔyuè dào Shíyīyuè shì qiūtiān, Shí
èryuè dào dì-èr nián de Èryuè shì dōngtiān. Nánfāng
chūntiān hé qiūtiān de shíjiān cháng, běifāng chūntiān,
qiūtiān de shíjiān duǎn.

Běijīng de chūntiān fēng duō, jìjié duǎn, xiàtiān hěn
rè. Běijīng de qiūtiān hěn měi, yí dào qiūtiān, Xiāng
Shān de hóngyè jiù yào hóng le, dàjiā dōu qù Xiāng Shān
kàn hóngyè, yǒu yìsi jí le.

Běijīng de dōngtiān hěn lěng, chángcháng guā dà
fēng, xià xuě.

生　词　Shēng cí
New Words

1. 预报　（动）　yùbào　　forecast
2. 转　　（动）　zhuǎn　　to turn
3. 阴　　（形）　yīn　　cloudy
4. 晴　　（形）　qíng　　fine
5. 气温　（名）　qìwēn　　temperature
6. 度　　（量）　dù　　degrees
7. 就要　　　jiùyào　　to be about to
　…了　　　…le

8. 海边		hǎibiān	seaside
9. 夏天	（名）	xiàtiān	summer
10. 干燥	（形）	gānzào	dry
11. 受	（动）	shòu	to bear; to endure
12. 秋天	（名）	qiūtiān	autumn
13. 冬天	（名）	dōngtiān	winter
14. 不…		bù...	neither ... nor...
不…		bù...	
15. 季	（名）	jì	season
16. 风	（名）	fēng	wind
17. 季节	（名）	jìjié	season
18. 短	（形）	duǎn	short
19. 香山	（专）	Xiāng Shān	the Fragrant Hills
20. 红叶		hóngyè	red leaves
21. 刮	（动）	guā	to blow
22. 雪	（名）	xuě	snow

词 语 例 释　　Cíyǔ lìshì
Notes on Words and Expressions

一　七点了，该起床了。

　　"了"是语气助词的又一种用法。表示一种新的情况的出现。例如：

　　Another usage of the modal auxiliary 了 serves to indicate

the appearance of a new situation. For example:

    1. 现在是冬天了，天气冷了。

    2. 不下雨了，我们可以走了。

二 就要放暑假了。

    "就要……了"也可以写成"要……了"、"快要……了"或省略成"快……了"这种格式都表示时间紧迫。例如:

    就要…了 can also be written as 要…了, 快要…了.

    1. 夏天就要到了，天气热了。

    2. 天快要下雨，我们赶快走吧。

    3. 快上课了，我们去教室吧。

    "就要……了"前面可以加名词状语。例如:

    It can be abridged to 快…了. All these forms indicate imminency. For example:

    1. 汽车两点钟就要开了。

    2. 明天我们就要放假了。

练　习　　Liànxí
Exercises

一 替换练习:

Substitution drills:

1. 今天天气怎样? ——阴转晴

            有小雨

            晴转阴

            有大风

            挺凉快

2. 下星期我们就要开学了。

        明天　　　他们　　　来了

下午	咱们	出发
不久	同学们	上课
星期六	我们	演出

3. 可真有点受不了。

饿了

难受

累了

紧张

二　用"就要……了"、"快要……了"、"快……了"改写句子:
Rewrite these sentences using 就要…了，快要…了，or 快…了:

例: 电影三点半开演，现在三点二十，我们去电影院吧。

(1) 电影就要开演了，我们去电影院吧。

(2) 电影快要开始了，我们去电影院吧。

(3) 电影快开演了，我们去电影院吧。

1. 汽车两点开，现在一点五十，我们快跑吧。

2. 马上要下雨了，我们不去公园了。

3. 这本书共三十课，我们已经学到第二十九课了。

三　用"一点儿"，"有一点儿"完成句子:
Complete the sentences using 一点儿 or 有一点儿:

1. 我想喝_____ (啤酒)。

2. 他们想多带_____ (钱)。

3. 我真_____ (累)。

4. 这个房间_____ (潮)。

5. 这本书_____ (也没意思)。

补 充 生 词　　**Bǔchōng shēngcí**
Supplementary Words

1. 难受　（形）　nánshòu　　suffer pain; feel unwell
2. 啤酒　（名）　píjiǔ　　beer
3. 钱　　（名）　qián　　money
4. 潮　　（形）　cháo　　damp; moist

第三十三课　　暑　假

Dì-sānshísān kè　　Shǔjià

Lesson Thirty-three　　Summer Vacation

课　文　Kèwén

Text

一　Yī

Part One

A　小文，小丽，你们回来了，怎么样? 车票买到了吗?

　　Xiǎo Wén, Xiǎo Lì, nǐmen huílai le, zěnmeyàng?
　　Chēpiào mǎi dào le ma?

B　买到了。排队的人真多。不过我们总算买到了。

　　Mǎi dào le. Páiduì de rén zhēn duō. Bú guò wǒmen
　　zǒngsuàn mǎi dào le.

A　又累又饿吧。你们休息一会就吃饭。

　　Yòu lèi yòu è ba. Nǐmen xiūxi yíhuìr jiù chīfàn.

B　嚯，白切鸡，烧牛肉……这么多好菜啊?

　　Huò, báiqiējī, shāo niúròu ... Zhème duō hǎocài a?

C　味儿真香，我真是饿了。

　　Wèir zhēn xiāng, wǒ zhēn shì è le.

A　今天晚上你们就要走了。这些菜是妈妈特意做的。她
　　说给你们送行。

　　Jīntiān wǎnshàng nǐmen jiùyào zǒu le. Zhèxiē cài shì
　　māma tèyì zuò de. Tā shuō gěi nǐmen sòngxíng.

B　啊!真过意不去。小芳，伯母呢?

À! Zhēn guòyì bú qù. Xiǎo Fāng, bómǔ ne?

A 妈妈正在厨房忙着呢!
Māma zhèngzài chúfáng mángzhe ne!

C 我们去帮忙吧!
Wǒmen qù bāngmáng ba!

B 伯母, 这些天劳累了您。我们真过意不去。
Bómǔ, zhèxiē tiān láolèi le nín. Wǒmen zhēn guoyì bú qù.

D 哪儿的话。希望你们在这儿过得愉快。
Nǎr de huà. Xīwàng nǐmen zài zhèr guò de yúkuài.

B 我们在您家过得太愉快了, 跟在自己家里一样。一晃过去了两个星期。
Wǒmen zài nín jiā guò de tài yúkuài le, gēn zài zìjǐ jiā li yíyàng. Yíhuàng guòqù le liǎng ge xīngqī.

C 小芳, 你什么时候回校呢?
Xiǎo Fāng, nǐ shénme shíhòu huí xiào ne?

A 我再过两天就走。希望你们明年再来玩儿。
Wǒ zài guò liǎng tiān jiù zǒu. Xīwàng nǐmen míngnián zài lái wánr.

B
C 谢谢。

Xièxie.

　　　　　　　※　　　　　　　　　　　　※

A 小华, 你的假期是怎么过的?
Xiǎo Huá, nǐ de jiàqī shì zěnme guò de?

B 今年暑假我过得很开心, 我去了桂林, 在姑妈家住了两个星期。

Jīnnián shǔjià wǒ guò de hěn kāixīn, wǒ qùle Guìlín, zài gūmā jiā zhùle liǎng ge xīngqī.

A 桂林是个很美的地方。我正想今年秋天去呢！你去了桂林的那些地方？

Guìlín shì ge hěn měi de dìfāng. Wǒ zhèngxiǎng jīnnián qiūtiān qù ne! Nǐ qùle Guìlín de nǎxiē dìfāng?

B 我去了芦笛岩。这个岩洞是世界有名的。洞里的钟乳石有的象金鱼、有的象人参、有的象兵舰、刀枪……真是好看极了。

Wǒ qùle Lúdíyán. Zhè ge yándòng shì shìjiè yǒumíng de. Dòngli de zhōngrǔshí yǒu de xiàng jīnyú, yǒu de xiàng rénshēn, yǒu de xiàng bīngjiàn, dāoqiāng... zhēn shì hǎokàn jí le.

A 你还去了什么地方？

Nǐ hái qùle shénme dìfang?

B 还去了七星公园、独秀峰和象山。

Hái qùle Qīxīng Gōngyuán, Dúxiù Fēng hé Xiàng Shān.

A 象山就是象鼻山吗？

Xiàng Shān jiù shì Xiàngbí Shān ma?

B 对。这座山真象一只大象，看样子，它正在江边喝水呢！

Duì. Zhèi zuò shān zhēn xiàng yì zhī dàxiàng, kàn yàngzi, tā zhèngzài jiāng biān hē shuǐ ne!

A 你说得太美了。今年秋天我一定要去桂林玩儿。

Nǐ shuō de tài měi le. Jīnnián qiūtiān wǒ yídìng yào qù Guìlín wánr.

二　Èr
Part Two

从前，天帝带着他的人马和神象到南方巡视。队伍正走在桂林附近，神象病了，倒在漓江边。天帝带着人马走了。漓江伯伯看见神象在江边喘气，就请了很多人把它抬到树阴下，救醒了它，又喂水、喂药，把神象的病治好了。神象很感激大家，愿意留下来帮助大家种田。天帝知道神象没有死，就派天兵天将来找神象。神象不愿再回天宫。后来天兵天将趁神象正在伸鼻子喝水的时候，从它背后捅了一剑。神象就死在江边。你看，那山上的砖塔，真象是插在象身上的宝剑呢!

Cóngqián, tiāndì dàizhe tā de rénmǎ hé shénxiàng dào nánfāng xúnshì. Duìwu zhèng zǒu zài Guìlín fùjìn, shénxiàng bìng le, dǎo zài Lí Jiāng biān. Tiāndì dàizhe rénmǎ zǒule. Lí Jiāng bóbo kànjiàn shénxiàng zài jiāng biān chuǎnqì, jiù qǐngle hěnduō rén bǎ tā tái dào shùyīn xià, jiù xǐng le tā, yòu wèi shuǐ, wèi yào, bǎ shénxiàng de bìng zhì hǎo le. Shénxiàng hěn gǎnjī dàjiā, yuànyì liúxiàlai bāngzhù dàjiā zhòngtián. Tiāndì zhīdào shénxiàng méiyǒu sǐ, jiù pài tiānbīng tiānjiàng lái zhǎo shénxiàng. Shénxiàng bú yuàn zài huí tiāngōng. Hòulái tiānbīng tiānjiàng chèn shénxiàng zhèngzài shēn bízi hēshuǐ de shíhou, cóng tā bèihòu tǒngle yí jiàn. Shénxiàng jiù sǐ zài jiāng biān. Nǐ kàn, nà shān shang de zhuān tǎ, zhēn xiàng shì chā zài xiàng shēn shang de bǎojiàn ne!

生 词　　Shēngcí
New Words

1. 总算　（副）　zǒngsuàn　finally
2. 嚄　　（叹）　huò　　exclamatory word
3. 送行　　　　sòngxíng　to see off
4. 过意　　　　guòyì　　to feel obliged;
　　不去　　　　bùqù　　to feel apologetic
5. 劳累　（动）　láolèi　　to tire or be tired; to
　　　　　　　　　　　　　overwork or be over worked
6. 自己　（代）　zìjǐ　　oneself
7. 跟……　　　gēn...　　to be the same as
　　一样　　　　yīyàng
8. 一晃　　　　yīhuàng　in a flash
9. 开心　（形）　kāixīn　　joyful
10. 桂林　（专）　Guìlín　　Guilin
11. 芦笛岩（专）　Lúdíyán　Ludiyan (Reed Flute
　　　　　　　　　　　　　Cave)
12. 岩洞　（名）　yándòng　cave; grotto
13. 世界　（名）　shìjiè　　world
14. 钟乳石（名）　zhōngrǔshí　stalactite
15. 金鱼　（名）　jīnyú　　gold fish
16. 兵舰　（名）　bīngjiàn　warship
17. 刀枪　（名）　dāoqiāng　swords and spears;

weapons

18. 七星 公园	（专）	Qīxīng Gōngyuán	Seven Star Park
19. 独秀峰	（专）	Dúxiù Fēng	Solitary Beauty Peak
20. 象鼻山	（专）	Xiàngbí Shān	Elephant Trunk Mountain
21. 看样子		kàn yàngzi	it seems to be
22. 从前	（副）	cóngqián	before
23. 人马	（名）	rénmǎ	retinue
24. 巡视	（动）	xúnshì	on an inspection tour
25. 队伍	（名）	duìwu	troops
26. 倒	（动）	dǎo	to fall
27. 漓江	（专）	Lí Jiāng	Li River
28. 喘气		chuǎnqì	to breathe heavily
29. 抬	（动）	tái	to carry
30. 树阴	（名）	shùyīn	shade
31. 救醒		jiù xǐng	to be brought to consciousness
32. 感激	（动）	gǎnjī	to feel grateful, to feel indebted
33. 种田		zhòngtián	to farm
34. 天空	（名）	tiānkōng	the sky; the heavens
35. 天兵 天将		tiānbīng tiānjiàng	troops and generals from Heaven

36. 趁	（介）	chèn	to seize the chance
37. 伸	（动）	shēn	to stretch
38. 背后		bèihòu	from behind
39. 捅	（动）	tǒng	to stab; to poke
40. 剑	（名）	jiàn	sword
41. 砖塔	（名）	zhuāntǎ	brick pagoda，tower
42. 插	（动）	chā	to pierce
43. 宝剑	（名）	bǎojiàn	a double-edged sword

词 语 解 释　　Cíyǔ lìshì
Notes on Words and Expressions

一　妈妈正在厨房忙呢!

　　"正在"表示动作的进行。还可以用"正"、"在"表示。例
如:

　　　正在 expresses an action which is in progress. This can al-
so be shown by using 正 or 在 individually. For example:

　　1. 赵老师正在给学生上课（呢）。

　　2. 他们正打篮球（呢）。

　　3. 我在看电视。

二　我再过两天就走。

　　"两"这里表示不确定的数目。例如:

　　Here 两 stands for an indefinite number. For example:

　　1. 我来讲两句话。

　　2. 过两天我们去钓鱼好吗?

三　看样子，它正在江边喝水呢!

"看样子"意思是根据情况推断，后边是推断的结果。例如：

看样子 means to infer or deduce something based on the situation. The part following it is the result of the deduction. For example:

1. 看样子，你是中国人。
2. 看样子，他今天不来了。
3. 看样子，今天要下雨。

练 习　Liànxí
Exercises

一 替换练习：

Substitution drills:

1. 妈妈正在厨房忙呢。

他	教室	学习
爸爸	海滨	疗养
哥哥	客厅	讲故事

2. 我再过两天就走。

一会儿	去
几天	旅行
两三天	走
几分钟	写

3. 今年秋天我一定去玩儿。

夏天	旅游
九月	学习
冬天	滑雪

二　用"正在"完成下列句子:

Complete the following sentences using 正在:

1. 小丽的朋友_____跳舞。

2. 他刚进商店，现在_____买衬衣。

3. 王老师_____教室检查作业。

4. 刘大夫_____给小强看病。

三　用下列每组词语加上"正在……呢"造句:

Make sentences using the given phrases and the patter 正在……呢:

例:　　去教室　　复习功课

我去教室找他的时候，他正在复习功课呢。

1. 进宿舍　　睡觉

2. 去图书馆　　借英汉词典

3. 回家　　看电视

4. 去邮局　　寄包裹

5. 进食堂　　吃面条

补 充 生 词　　Bǔchōng shēngcí
Supplementary Words

1.	海滨	（名）	hǎibīn	beach
2.	疗养	（动）	liáoyǎng	to recuperate; to convalesce
3.	滑雪		huáxuě	skiing
4.	食堂	（名）	shítáng	canteen; cafeteria
5.	面条	（名）	miàntiáo	noodles

第三十四课　　　在医院

Dì-sānshísì kè　　Zài yīyuàn

Lesson Thirty-four　At the Hospital

课　文　Kèwén
Text

一　Yī

Part One

A　你哪儿不舒服?

　　Nǐ nǎr bù shūfu?

B　大夫,我头疼、咳嗽、嗓子疼。

　　Dàifu, wǒ tóu téng, késou, sǎngzi téng.

A　嗯,先试试表吧。

　　Ng, xiān shìshi biǎo ba.

B　好。

　　Hǎo.

B　大夫,多少度?

　　Dàifu, duōshǎo dù?

A　三十七度九,发烧了。请解开衣服,我听一下。

　　Sānshíqī dù jiǔ, fāshāo le. Qǐng jiěkāi yīfu, wǒ tīng
　　yíxià.

B　大夫,什么病?

　　Dàifu, shénme bìng?

A　感冒了。打一针,吃点儿药,不要紧。

　　Gǎnmào le. Dǎ yì zhēn, chī diǎnr yào, bú yào jǐn.

B 大夫，不打针行吗?
　Dàifu, bù dǎ zhēn xíng ma?

A 打针好得快。别害怕，去注射室打一针吧。
　Dǎ zhēn hǎo de kuài. Bié hàipà, qù zhùshèshì dǎ yì
　zhēn ba.

B 嗯。还要注意什么吗?
　Ng. Hái yào zhùyì shénme ma?

A 多休息，多喝开水，多吃点儿水果。
　Duō xiūxi, duō hē kāishuǐ, duō chī diǎnr shuǐguǒ.

B 一定听您的话。
　Yídìng tīng nín de huà.

A 我开的药每天吃三次，每次吃一片。
　Wǒ kāi de yào měitiān chī sān cì, měi cì chī yí piàn.

B 好。谢谢。
　Hǎo. Xièxie.

　　　　　　　※　　　　　　　　　　※

A 李明，我们看你来了。
　Lǐ Míng, wǒmen kàn nǐ lái le.

B 啊! 你们来了，快进来!
　À! Nǐmen lái le, kuài jìn lai!

C 作手术了没有?
　Zuò shǒushù le méi you?

B 作了好几天了。
　Zuòle hǎo jǐ tiān le.

A 手术以后，你觉得怎么样?
　Shǒushù yǐhòu, nǐ jué de zěnmeyàng?

B 我觉得身体好多了。你们别站在那儿，坐吧。

Wǒ juéde shēntǐ hǎo duō le. Nǐmen bié zhàn zài nàr,
zuò ba.

A 好，你别起来。你应该好好儿休息，最好不要看书。
Hǎo, nǐ bié qǐlai. Nǐ yīnggāi hǎohāor xiūxi, zuìhǎo
bú yào kàn shū.

B 不看书，我觉得真寂寞啊。
Bú kàn shū, wǒ jué de zhēn jìmò a.

C 护士每天都来给你打针吗？
Hùshi měitiān dōu lái gěi nǐ dǎ zhēn ma?

B 是的。你们进来以前，护士刚给我打完针。
Shìde. Nǐmen jìn lái yǐqián, hùshi gāng gěi wǒ dǎ wán
zhēn.

C 看来，你恢复得还可以。
Kànlái, nǐ huīfù de hái kěyǐ.

A 我们俩带来一些水果，这是大家的一点儿心意。
Wǒmen liǎ dài lái yìxiē shuǐguǒ, zhèshì dàjiā de
yìdiǎnr xīnyì.

B 你们太客气了，真不好意思，请替我谢谢大家吧！
Nǐmen tài kèqi le, zhēn bù hǎo yìsi, qǐng tì wǒ xièxie
dàjiā ba!

C 没什么。护士送药来了，我们回去了。
Méi shénme. Hùshi sòng yào lái le, wǒmen huíqu le.

A 好好儿休息，别着急，以后我们会帮你补课的。
Hǎohāor xiūxi, bié zháojí, yǐhòu wǒmen huì bāng nǐ
bǔ kè de.

B 谢谢大家！
Xièxie dàjiā!

二　Er
Part　Two

　　从前，一位将军作战时中了一箭，他找了一位医生替他医治。这位医生自称医术高明，所有外科病都能治好。看了将军的伤势，他说："这太好治了。"他走进屋去，拿来一把剪刀，"喀嚓"一声，剪去了露在肉外面的箭。他对将军说："你看，手到病除。"将军哭丧着脸说："箭头还没出来呢！"这位高明的医生说："肉里的事，不归我外科医生管，你找内科大夫去吧。"

　　Cóngqián,　yí wèi jiāngjūn zuò zhàn shí zhòngle yí jiàn,　tā zhǎole yí wèi yīshēng tì tā yīzhì. Zhè wèi yīshēng zì chēng yīshù gāomíng, suǒyǒu wàikē bìng dōu néng zhì hǎo. Kànle jiāngjūn de shāngshì,　tā shuō:"Zhè tài hǎo zhì le." Tā zǒu jìn wū qù,　ná lái yì bǎ jiǎndāo,　"kāchā" yì shēng,　jiǎn qù le lòu zài ròu wàimiàn de jiàn. Tā duì jiāngjūn shuō:" Nǐ kàn,　shǒudào bìng chú." Jiāngjūn kūsang zhe liǎn shuō:"Jiàntóu hái méi chūlai ne!" Zhè wèi gāomíng de yīshēng shuō:"Ròu lǐ de shì,　bù guī wǒ wàikē yīshēng guǎn,　nǐ zhǎo nèikē dàifu qù ba."

生　词　Shēngcí
New Words

1. 咳嗽　（动）　késou　　　to cough
2. 嗓子　（名）　sǎngzi　　　throat

3.	试表		shì biǎo	to take one's temperature
4.	解开	（动）	jiěkāi	to unbutton
5.	针	（名）	zhēn	injection
6.	不要紧		bù yàojǐn	don't worry
7.	注射室	（名）	zhùshèshì	injection room
8.	注意	（动）	zhùyì	to mind; to pay attention to
9.	开水	（名）	kāishuǐ	boiled water
10.	手术	（名、动）	shǒushù	operation; to operate
11.	站	（动）	zhàn	to stand
12.	寂寞	（形）	jìmò	lonely
13.	护士	（名）	hùshì	nurse
14.	恢复	（动）	huīfù	to recover
15.	心意	（名）	xīnyì	kindly feelings
16.	将军	（名）	jiāngjūn	general
17.	作战		zuòzhàn	to fight; to do battle
18.	箭	（名）	jiàn	arrow
19.	医治	（动）	yīzhì	to cure
20.	称	（动）	chēng	to claim; to call
21.	医术		yīshù	medical skill
22.	高明	（形）	gāomíng	brilliant
23.	所有		suǒyǒu	all

24. 外科	（名）	wàikē	having to do with external (or surgical) medicine
25. 伤势		shāngshì	(the condition of a) wound
26. 剪刀	（名）	jiǎndāo	scissors
27. 喀嚓	（象声）	kāchā	onomatopoeia: a cracking sound
28. 剪	（动）	jiǎn	to cut
29. 病除		bìng chú	the illness has been cured
30. 哭丧	（动）	kūsang	with a long face
31. 归	（动）	guī	to return

词 语 例 释　　Cíyǔ lìshì
Notes on Words and Expressions

你们来了，快进来!

"进来"，动词"来"和"去"常用在其它动词后面，表示动作趋向。如果动作是向着说话人（或叙述对象）进行就用"来"，如果动作是背着说话人就用"去"。例如：

进来: verbs 来 and 去 are often used after other verbs to show the direction of action. If the action is in the direction of the speaker (or in the direction of an object in question) then 来 should be used. If actions are in a direction away from the speaker, 去 is used. For example:

1. 她不在家，刚出去。
2. 你带来车票没有?

3. 外面冷，进屋来吧!

练　习　　Liànxí
Exercises

一　替换练习:
Substitution drills:
1. 护士送药来了。

大夫	查病房	来
他	挂号	去
我	看病	去
他们	上楼	来

2. 最好不要看书。

喝酒
喝浓茶
抽烟

3. 我头疼。

肚子	不好受
身上	发冷
体温	高
胃	不舒服

二　改病句:
Correct the following sentences:
1. 教师，我的书忘记带来，我回去家取。
2. 我上去医院看我的朋友。
3. 今天我接到姐姐寄去的一封信。
4. 星期日下午他回了家去。

补充生词　Bǔchōng shēngcí
Supplementary Words

1. 查	(动)	chá	to check
2. 病房	(名)	bìngfáng	ward (of a hospital); sickroom
3. 挂号		guàhào	to register (at a hospital)
4. 抽	(动)	chōu	to smoke
5. 烟	(名)	yān	cigarettes
6. 肚子	(名)	dùzi	belly; abdomen
7. 不好受		bùhǎoshòu	uncomfortable
8. 身上	(名)	shēnshàng	on the body
9. 体温	(名)	tǐwēn	(body) temperature
10. 胃	(名)	wèi	stomach

第三十五课　　　谈学习

Dì-sānshíwǔ kè　　　Tán xuéxí

Lesson Thrity-five　　Talking About Studying

课　文　Kèwén
Text

一　Yī
Part　One

A 王丽，你学习什么呢？

　　Wáng Lì，nǐ xuéxí shénme ne?

B 我学习日语呢。

　　Wǒ xuéxí Rìyǔ ne.

A 今天是星期日，你也不休息一下？

　　Jīntiān shì Xīngqīrì，nǐ yě bù xiūxi yíxià?

B 不抓紧时间不行啊!

　　Bù zhuājǐn shíjiān bù xíng a!

A 你从前学过日语吗？

　　Nǐ cóngqián xuéguò Rìyǔ ma?

B 我从前没学过日语。我觉得日语的语法很难。必须反复学习才行。

　　Wǒ cóngqián méi xuéguò Rìyǔ. Wǒ juéde Rìyǔ de yǔfǎ hěn nán，bìxū fǎnfù xuéxí cái xíng.

A 日语有些字看起来和中国字一样，念出来却根本不一样。

　　Rìyǔ yǒu xiē zì kàn qǐlai hé Zhōngguó zì yíyàng，niàn

chūlai què gēnběn bù yíyàng.

B 对，是这样的。

Duì, shì zhèyàng de.

A 你们的老师是日本人吗？

Nǐmen de lǎoshī shì Rìběnrén ma?

B 是。他是日本人。

Shì. Tā shì Rìběnrén.

A 他来过中国吗？

Tā láiguò Zhōngguó ma?

B 他没来过。这是第一次来中国。

Tā méi láiguò. Zhè shì dì-yī cì lái Zhōngguó.

A 你们看过日语电影吗？

Nǐmen kànguò Rìyǔ diànyǐng ma?

B 我们和老师一起看过三次日语电影。

Wǒmen hé lǎoshī yìqǐ kànguò sān cì Rìyǔ diànyǐng.

A 你能看懂吗？

Nǐ néng kàn dǒng ma?

B 看电影以前，老师先讲一遍电影的内容，我们再看，就容易看懂了。

Kàn diànyǐng yǐqián, lǎoshī xiān jiǎng yí biàn diànyǐng de nèiróng, wǒmen zài kàn, jiù róngyì kàn dǒng le.

A 这位日本老师的汉语讲得很好吧？

Zhèi wèi Rìběn lǎoshī de Hànyǔ jiǎng de hěn hǎo ba?

B 是的。他以前学过中文。汉语讲得相当不错。

Shì de. Tā yǐqián xuéguò Zhōngwén. Hànyǔ jiǎng de xiāngdāng búcuò.

A 他第一次来中国，你们应该陪他去玩儿玩儿。

Tā dì-yī cì lái Zhōngguó, nǐmen yīnggāi péi tā qù wánr wanr.

B 我们常陪老师出去。他已经去过两次长城，一次颐和园了。

Wǒmen cháng péi lǎoshī chūqu. Tā yǐjīng qùguò liǎng cì Chángchéng, yí cì Yíhéyuán le.

A 游览的时候，你们可以用日语介绍了。

Yóulǎn de shíhou, nǐmen kěyǐ yòng Rìyǔ jièshào le.

B 当然啦! 我们尽量用日语介绍，这也是我们学习日语的好机会。我们讲错了，老师就随时纠正。

Dāngrán la! Wǒmen jǐnliàng yòng Rìyǔ jièshào, zhè yě shì wǒmen xuéxí Rìyǔ de hǎo jīhuì. Wǒmen jiǎng cuò le, lǎoshī jiù suíshí jiūzhèng.

二　Èr
Part Two

我是日本留学生，现在第一次来中国。在日本，我学过三年中文，也会写一些汉字。初学的时候，我常到一家华侨餐厅吃饭，认识了不少华侨朋友，他们教我说中国话。后来我每星期到华文学校听两次课。我的朋友常跟我说，中文非常难学，可是我喜欢中文。现在我已经能看中文画报了，并且了解了一些中国的文化和历史，我更喜欢中文了。这次来中国，我想再学一遍《基础汉语课本》，多学一次对我一定有好处。

Wǒ shì Rìběn liúxuéshēng, xiànzài dì-yī cì lái Zhōngguó. Zài Rìběn, wǒ xuéguò sān nián Zhōngwén,

yě huì xiě yìxiē Hànzì. Chū xué de shíhou, wǒ cháng dào
yì jiā huáqiáo cāntīng chī fàn, rènshi le bù shǎo huáqiáo
péngyou, tāmen jiāo wǒ shuō Zhōngguóhuà. Hòulái wǒ
měi xīngqī dào Huáwén xuéxiào tīng liǎng cì kè. Wǒ de
péngyou cháng gēn wǒ shuō, Zhōngwén fēicháng nán
xué, kěshì wǒ xǐhuan Zhōngwén. Xiànzài wǒ yǐjing néng
kàn Zhōngwén huàbào le, bìngqiě liǎojiě le yìxiē
Zhōngguó de wénhuà hé lìshǐ, wǒ gèng xǐhuan Zhōngwén
le. Zhè cì lái Zhōngguó, wǒ xiǎng zài xué yí biàn 《Jīchǔ
Hànyǔ Kèběn》, duō xué yí cì duì wǒ yídìng yǒu hǎochù.

生　词　Shēngcí
New Words

1. 抓紧　（动）　zhuājǐn　　to pay close attention to;
   to grasp firmly
2. 必须　（副）　bìxū　　must
3. 反复　（副）　fǎnfù　　again and again
4. 看起来　　　kàn qǐlai　　to look as if; to seem to be
5. 根本　（副）　gēnběn　　simply; fundamentally
6. 内容　（名）　nèiróng　　content
7. 相当　（副）　xiāngdāng　　quite; fairly
8. 陪　（动）　péi　　to accompany
9. 长城　（专）　Chángchéng　the Great Wall
10. 尽量　（副）　jǐnliàng　　to do one's best to
11. 机会　（名）　jīhuì　　chance

12.	随时	（副）	suíshí	at any time
13	纠正	（动）	jiūzhèng	to correct
14.	留学生	（名）	liúxuéshēng	students studying away from their native country
15.	华侨	（名）	huáqiáo	overseas Chinese
16.	初学		chū xué	begin to learn
17.	餐厅	（名）	cāntīng	dining hall
18.	跟	（介）	gēn	with; to
19.	可是	（连）	kěshì	but
20.	并且	（连）	bìngqiě	and; furthermore
21.	文化	（名）	wénhuà	culture
22.	《基础汉语课本》	（专）	Jīchǔ Hànyǔ Kèběn	*Elementary Chinese Readers*
23.	好处	（名）	hǎochù	advantage

词 语 例 释　　Cíyǔ lìshì

Notes on Words and Expressions

一　你从前学过日语吗？

"过"，动态助词，放在动词后边，表示过去的经历或某种动作曾经发生。例如：

过 is a tense—indicating auxiliary. It is placed behind verbs to indicate a past experience or an action which happened once before. For example:

1. 他去过日本。
2. 他开过飞机。
3. 我们来过香山。

否定式是"没……过"。例如:

The negative form is 没…过. For example:

1. 他没吃过中国饭。
2. 他从前没钓过鱼。

二 我们和老师一起看过三次日语电影。

"三次",动量词"次"、"回"、"遍"和数词结合,可以放在动词后边。例如:

三次 is a verbal measure word. 次,回,and 遍 combined with a number can be placed behind the verb. For example:

1. 我去过三次广州了。
2. 那个问题,我们讨论过一次。

"遍"和"次"的用法一样,但"遍"强调一个动作从开始到结束的全过程。"回"和"次"可以通用。例如:

The usage of 遍 and 次 is the same, but 遍 emphasizes the entire process of an action from the beginning to the end. 回 and 次 can be used interchangeably. For example:

1. 我每次复习都要念三遍或四遍课文。
2. 那个展览会我参观过两回了。

三 不抓紧时间不行啊。

"不……不",在句子里,可以用两次否定来强调肯定的意思。例如:

In such sentences employing 不…不, the double negative form is used to stress an affirmative meaning. For example:

1. 学习外语不练习听、说不行。

2. 快去吧，不去不合适啊！

Exercises

一　替换练习：
Substitution drills：
1. 你从前学过日语吗？
　　——我从前没学过日语

听过	英语广播
看过	中国电影
吃过	饺子

2. 不抓紧时间不行啊！

复习语法	不会
参加晚会	不合适
去他家	不好
参加考试	不应该

3. 我们和老师一起看过三次日语电影

听过	两	京剧
学过	一	舞蹈
去过	两	北海
吃过	一	饺子

二　用"过"、"次"改写句子：
Rewrite the following sentences using 过 and 次：
例：星期三和星期四我去故宫了。
　　这个星期我去过两次故宫。
1. 上月七号和二十号我去看病了。

2. 前天和昨天我到王芳家找她，她都不在家。

3. 去年三月他去长城了。

三 用"次"和"遍"填空：

Fill in the blanks with 次 or 遍：

1. 那个地方很不错，我去过两____。

2. 这本小说很好，我想再看一____。

3. 他在那儿欣赏过一____京剧。

4. 作完练习，应该再检查一____。

补 充 生 词　　Bǔchōng shēngcí
Supplementary Words

1.	讨论 （动）	tǎolùn	to discuss
2.	展览会 （名）	zhǎnlǎnhuì	exhibition
3.	回 （量）	huí	a measure word (for number of times)
4.	广播 （名）	guǎngbō	broadcast
5.	京剧 （专）	Jīngjù	Beijing opera
6.	评剧 （专）	Píngjù	*Pingju*, a local opera of north and northeast China
7.	篇 （量）	piān	measure word: piece; leaf; sheet

第三十六课　　谈爱好

Dì-sānshíliù kè　　Tán àihào

Lesson Thrity-six　　Talking About Hobbies

课　文　　Kèwén
Text

一　Yī

Part One

A　我喜欢听音乐，小丽，你喜欢什么呢？

　　Wǒ xǐhuan tīng yīnyuè, Xiǎo Lì, nǐ xǐhuan shénme
　　ne?

B　你猜猜看。

　　Nǐ cāicai kàn.

A　我想，你一定喜欢照相吧？

　　Wǒ xiǎng, nǐ yídìng xǐhuan zhàoxiàng ba?

B　不，告诉你，我最喜欢集邮。

　　Bù, gàosu nǐ, wǒ zuì xǐhuan jíyóu.

A　集邮是一种艺术享受啊！各式各样的邮票集中起来，
　　经常翻一翻，是挺有意思的。

　　Jíyóu shì yì zhǒng yìshù xiǎngshòu a! Gè shì gè yàng de
　　yóupiào jízhōng qǐlái, jīngcháng fān yì fān, shì tǐng
　　yǒu yìsi de.

B　是啊，集邮还可以扩大知识面，你喜欢吗？

　　Shì a, jíyóu hái kěyǐ kuòdà zhīshi miàn, nǐ xǐhuan
　　ma?

A 我说不上喜欢。我弟弟喜欢集邮，我经常看见他翻弄集邮册。

Wǒ shuō bú shàng xǐhuan. Wǒ dìdi xǐhuān jíyóu, wǒ jīngcháng kànjiàn tā fānnòng jíyóucè.

B 哦，他有什么好邮票?你能介绍介绍吗?

Ò, tā yǒu shénme hǎo yóupiào? Nǐ néng jièshào jièshào ma?

A 太遗憾了，我不太清楚。我想我弟弟一定愿意向你介绍。有空你来我家跟他聊聊吧。

Tài yíhàn le, wǒ bú tài qīngchu. Wǒ xiǎng wǒ dìdi yídìng yuànyì xiàng nǐ jièshào. Yǒu kòng nǐ lái wǒ jiā gēn tā liáoliao ba.

※ ※

A 哥哥，你等等，我的戏票找不到了。

Gēge, nǐ děngdeng, wǒ de xìpiào zhǎo bú dào le.

B 刚才你还拿在手里呢，你再好好找找。

Gāngcái nǐ hái ná zài shǒu li ne, nǐ zài hǎohāo zhǎo zhao.

A 啊，找到了，我们走吧。哥哥，《闹天宫》这出戏你看过吗?

Ā, zhǎo dào le, wǒmen zǒu ba. Gēge, 《Nào tiāngōng》 zhè chū xì nǐ kànguò ma?

B 我看过一遍了，演的是《西游记》里的一段故事，很有意思。

Wǒ kànguò yí biàn le, yǎn de shì 《Xīyóujì》 li de yí duàn gùshi, hěn yǒu yìsi.

A 哥，你对京剧很感兴趣，是吗?

Gē, nǐ duì Jīngjù hěn gǎn xìngqù, shì ma?

B 对，我非常喜欢京剧。你今天看了也一定喜欢的。

Duì, wǒ fēicháng xǐhuan Jīngjù. Nǐ jīntiān kànle yě yídìng xǐhuan de.

二 Èr
Part Two

我是日本留学生田村。我和我的中国朋友林平有许多共同的爱好。比如：我们俩都喜欢下象棋、下围棋、打乒乓球、游泳、划船。另外，我们还特别喜欢音乐。我们一起听过好几次音乐会了。

上个星期天，林平又约我去他的宿舍。我们先下了两盘象棋，各自赢了一盘，输了一盘。然后林平说："听听音乐吧？"我欣然同意。这时他从抽屉里拿出一盒录音磁带，笑着说："我买到一盒好听的磁带，你猜是什么？"我猜不出来。他突然举起了手里的磁带，啊！原来那上面写着：小提琴协奏曲《梁山伯与祝英台》！我高兴极了。早就听说这个曲子很动人，它叙述了一对情人反抗封建婚姻的故事，只是一直没有机会听到它。今天终于如愿以偿了。

我们坐在录音机旁，一连听了好几遍，简直听得入迷了。

Wǒ shì Rìběn liúxuéshēng Tiáncūn. Wǒ hé wǒ de Zhōngguó péngyou Lín Píng yǒu xǔduō gòngtóng de àihào. Bǐrú: Wǒmen liǎ dōu xǐhuan xià xiàngqí, xià wéiqí, dǎ pīngpāng qiú, yóuyǒng, huáchuán. Lìngwài, wǒmen hái tèbié xǐhuan yīnyuè. Wǒmen yìqǐ tīngguò hǎo jǐ cì yīnyuèhuì le.

Shàng ge Xīngqītiān, LínPíng yòu yuē wǒ qù tā de sùshè. Wǒmen xiān xiàle liǎng pán xiàngqí, gèzì yíng le yì pán, shū le yì pán. Ránhòu LínPíng shuō:"Tīngting yīnyuè ba?" Wǒ xīnrán tóngyì. Zhè shí tā cóng chōutì li náchū yì hé lùyīn cídài, xiàozhe shuō:"Wǒ mǎi dào yì hé hǎo tīng de cídài, nǐ cāi shì shénme?" Wǒ cāi bù chū lái. Tā tūrán jǔ qǐ le shǒu li de cídài, à! Yuánlái nà shàngmiàn xiězhe: Xiǎotíqín xiézòu qǔ 《Liáng Shānbó yǔ Zhù Yīngtái》! Wǒ gāoxìng jí le. Zǎo jiù tīngshuō zhèige qǔzi hěn dòngrén, tā xùshù le yí duì qíngrén fǎnkàng fēngjiàn hūnyīn de gùshi, zhǐshì yìzhí méiyǒu jīhuì tīngdào tā. Jīntiān zhōngyú rúyuànyìcháng le.

Wǒmen zuò zài lùyīnjī páng, yìlián tīngle hǎo jǐ biàn, jiǎnzhí tīng de rùmí le.

生 词　　Shēngcí
New Words

1.	爱好	（名）	àihào	hobby
2.	照相		zhàoxiàng	to take photos
3.	集邮		jíyóu	to collect stamps
4.	艺术	（名）	yìshù	art
5.	享受	（动）	xiǎngshòu	to enjoy
6.	各式 各样		gè shì gè yàng	all kinds of
7.	集中	（动）	jízhōng	to concentrate; to bring together

8. 经常	（副）	jīngcháng	often
9. 翻		fān	to leaf through
10. 扩大	（动）	kuòdà	to broaden
11. 知识面	（名）	zhīshimiàn	range of knowledge
12. 说不上		shuōbúshàng	cannot tell, cannot say
13. 翻弄	（动）	fānnòng	to turn (the pages of)
14. 集邮册	（名）	jíyóucè	stamp album
15. 遗憾	（形）	yíhàn	pitiful
16. 戏票	（名）	xìpiào	ticket to a play or drama
17. 《闹	（专）	Nào	*Disturbance in the*
天宫》		tiāngōng	*Heavenly Palace*
18. 出	（量）	chū	measure word (for a dramatic piece)
19. 戏	（名）	xì	play
20. 段	（量）	duàn	measure word (for paragraphs, passages, etc.)
21. 感兴趣		gǎn xìngqù	to be interested
22. 日本	（专）	Rìběn	Japan
23. 田村	（专）	Tiáncūn	Tamura
24. 许多	（数）	xǔduō	many
25. 共同		gòngtóng	common
26. 象棋	（名）	xiàngqí	(Chinese) chess
27. 围棋	（名）	wéiqí	*weiqi*

28.	乒乓球	(名)	pīngpāngqiú	table tennis; ping-pong
29.	另外	(连)	lìngwài	besides; in addition
30.	各自		gèzì	each; respective
31.	然后	(连)	ránhòu	then; afterwards
32.	抽屉	(名)	chōutì	drawer
33.	磁带	(名)	cídài	cassette tape
34.	突然	(副)	tūrán	suddenly
35.	举起	(动)	jǔqǐ	to lift
36.	小提琴协奏曲	(名)	xiǎotíqín xiézòuqǔ	violin concerto
37.	《梁山伯与祝英台》	(专)	《Liáng Shān bó yǔ Zhù Yīngtái》	(also called) *The Butterfly Lovers*
38.	叙述	(动)	xùshù	to narrate
39.	情人	(名)	qíngrén	lovers
40.	反抗	(动)	fǎnkàng	to resist
41.	封建		fēngjiàn	feudal
42.	婚姻	(名)	hūnyīn	marriage
43.	只是	(副)	zhǐshì	only
44.	一直	(副)	yīzhí	all the time; all along
45.	如愿以偿		rúyuàn yǐcháng	to have one's wish fulfilled
46.	一连	(副)	yīlián	in a row; in succession

47. 简直 （副） jiǎnzhí   simply
48. 入迷   rù mí   fascinated; enchanted

词 语 例 释 Cíyǔ lìshì
Notes on Words and Expressions

一 经常翻一翻，是挺有意思的。

"翻一翻"：动词重叠表示动作经历的时间短、动作反复多次或含有尝试的意义。双音节动词以词为单位重叠。单音节动词重叠中间可以加"一"，也可以加动态助词"了"，表示动作已经完成。例如：

A reduplicated verb indicates either that the duration of an action is brief, or that an action will be repeated a number of times. The reduplication of a verb may also imply the idea of "to try" or "to attempt". A reduplicated disyllabic verb is formed by repeating the verb in its integrity. When reduplicating monosyllabic verbs, — should be inserted between them like 翻一翻. Inserting the tense-indicating auxiliary 了 in between reduplicated monosyllabic verbs indicates that the action has already been completed. For example:

1. 这一课的课文很难，我们应该多复习复习。
2. 这本书很好，你可以看一看。
3. 你如果有问题，还可以问问老师。
4. 他看了看就走了。

二 说不上喜欢。

"说不上"，有"不能说""不能算"的意思。也就是达不到所说的那种条件或程度。例如：

说不上 has the meaning of 不能说 and 不能算. It implies that the condition or degree in question can not be attained. For example：

1. 你的发音很准确。

——谢谢。说不上很准确，只能说差不多。

2. 你对美术很内行。

——说不上内行，只是懂得一些。

练 习　Liànxí
Exercises

一　替换练习：

Substitution drills：

1. 我想<u>我弟弟</u>一定<u>愿意</u>向你介绍。

张老师	能
妈妈	可以
我的朋友	会
他	要

2. 经常<u>翻</u>一翻是挺有意思的。

瞧一瞧

看一看

问一问

讲一讲

3. 你对<u>京剧</u>很感兴趣，是吗？

集邮

网球

钓鱼

爬山

二　选择下列动词的重叠式填空:

Fill in the blanks with the reduplicated forms of the verbs:

休息　　照　　介绍　　讲

1. 你去过广州，你能不能给我们____那儿的情况。

2. 星期日我想去公园____相。

3. 这段语法很难，你给我们____吧。

4. 你的病不要紧，____就好了。

三　用"一下"或"一"改写下列句子:

Rewrite the following sentences using 一下 or 一:

例:　　你先试试表吧。

　　　　你先试一下表吧。

1. 你问问王丽，颐和园在哪儿，她去过那儿。

2. 你觉得头痛，应该去医院检查检查。

3. 今天晚上我要念念生词。

4. 请你在这儿等等，我一会儿就来。

四　　旅　游
Sì　　Lǚyóu

第三十七课　　　　接新生
Dì-sānshíqī kè　　　Jiē xīnshēng
Lesson Thirty-seven　Receiving New Students

课　文　Kèwén
Text

一　Yī
Part　One

A　请问，你是小强同学吗？

　　Qǐng wèn, nǐ shì Xiǎo Qiáng tóngxué ma?

B　是啊！请问，您是谁？

　　Shì a! Qǐngwèn, nín shì shuí?

A　我是北京中国语言文化学校教师。我姓张，今天是特意来接你们的。

　　Wǒ shì Běijīng Zhōngguó Yǔyán Wénhuà Xuéxiào jiàoshī. Wǒ xìng Zhāng, jīntiān shì tèyì lái jiē nǐmen de.

B　噢，谢谢张老师，认识您很高兴。

　　Ō, Xièxie Zhāng lǎoshī, rènshi nín hěn gāoxìng.

A　认识你们我也很高兴。同学们都在这儿吗？

　　Rènshi nǐmen wǒ yě hěn gāoxìng. Tóngxuémen dōu zài zhèr ma?

B 是的,我们一共六个同学都在这儿。
Shì de, wǒmen yígòng liù gè tóngxué dōu zài zhèr.

CDEFG 张老师,您好!
Zhāng lǎoshī, nínhǎo!

A 同学们好! 你们的手续全办好了吗?
Tóngxuémen hǎo! Nǐmen de shǒuxù quán bàn hǎo le
ma?

B 全办好了。
Quán bàn hǎo le.

A 请大家拿好东西跟我走,汽车在外面等着呢.
Qǐng dàjiā ná hǎo dōngxi gēn wǒ zǒu. Qìchē zài
wàimiàn děngzhe ne.

　　　　　　　※　　　　　　　　　　　　　　　※

A 张老师,我们住在哪儿?
Zhāng lǎoshi, wǒmen zhù zài nǎr?

B 你们就住在学校。学校的条件不错，学习、生活都很
方便。
Nǐmen jiù zhù zài xuéxiào. Xuéxiào de tiáojiàn búcuò,
xuéxí, shēnghuó dōu hěn fāngbiàn.

A 那太好了。张老师,能告诉大家活动安排吗?
Nà tài hǎo le. Zhāng lǎoshī, néng gàosu dàjiā huódòng
ānpái ma?

B 可以。这星期你们先在北京参观，然后去青岛旅游。
Kěyǐ. Zhè xīngqī nǐmen xiān zài Běijīng cānguān,
ránhòu qù Qīngdǎo lǚyóu.

A 北京是中国八百年的古都了,名胜古迹一定很多吧?
Běijīng shì Zhōngguó bābǎi nián de gǔdū le, míngshèng

gǔjī yídìng hěn duō ba?

B　是的。小强,你的汉语讲得真不错啊!

　　Shì de. Xiǎo Qiáng, nǐ de Hànyǔ jiǎng de zhēn bú cuò
a!

A　那里。我这次来中国还要向老师们好好学习呢!

　　Nǎli. Wǒ zhè cì lái Zhōngguó hái yào xiàng lǎoshīmen
hǎohāo xuéxí ne!

C　我们要一边学习汉语,一边参观游览。

　　Wǒmen yào yìbiān xuéxí Hànyǔ, yìbiān cānguān
yóulǎn.

B　好啊,祝你们这次来中国旅游愉快,学习进步。

　　Hǎo a, zhù nǐmen zhè cì lái Zhōngguó lǚyóu yúkuài,
xuéxí jìnbù.

二　Èr
Part Two

　　今天一大早, 妈妈就在楼上收拾房间。我知道她在为爱华准备住处。上月我的朋友爱华来信说他要到北京来度暑假, 一边学习汉语,一边旅游。我们全家都很高兴。尤其是我,我和爱华有两年没见面了。他在法国上学,他的法语棒极了。这次我要陪他去旅游,北京的名胜古迹都得去看看。我还可以教他普通话,我想今年的暑假爱华过得一定很愉快。

　　Jīntiān yí dà zǎo, māma jiù zài lóu shàng shōushi
fángjiān. Wǒ zhīdào tā zài wèi Àihuá zhǔnbèi zhùchù.
Shàng yuè wǒ de péngyou Àihuá lái xìn shuō tā yào dào
Běijīng lái dù shǔjià, yì biān xuéxí Hànyǔ, yì biān lǚyóu.
Wǒmen quán jiā dōu hěn gāoxìng. Yóuqí shì wǒ, wǒ hé

Àihuá yǒu liǎng nián méi jiànmiàn le. Tā zài Fǎguó shàngxué, tā de Fǎyǔ bàng jí le. Zhè cì wǒ yào péi tā qù lǚyóu, Běijīng de míngshèng gǔjī dōu děi qù kànkan. Wǒ hái kěyǐ jiāo tā Pǔtōnghuà, Wǒ xiǎng jīnnián de shǔjià Àihuá guò de yídìng hěn yúkuài.

生　词　Shēngcí
New Words

1. 接	(动)	jiē	to meet; to receive
2. 新生		xīnshēng	new student
3. 姓	(动)	xìng	family name
4. 一共	(副)	yígòng	all together
5. 汽车	(名)	qìchē	bus
6. 外面	(名)	wàimian	outside
7. 条件	(名)	tiáojiàn	conditions
8. 安排	(动)	ānpái	to arrange
9. 古都	(名)	gǔdū	ancient capital
10. 一大早		yí dà zǎo	early morning; early in the morning
11. 住处	(名)	zhùchù	living place
12. 尤其	(副)	yóuqí	especially
13. 法国	(专)	Fǎguó	France
14. 法语	(专)	Fǎyǔ	French
15. 棒	(形)	bàng	good; excellent
16. 普通话	(专)	Pǔtōnghuà	*Putonghua*, standard Chinese pronunciation

| 17 | 过 | （动） | guò | to pass |
| 18 | 度 | （动） | dù | to spend |

词语例释 Cíyǔ lìshì
Notes on Words and Expressions

一　哪里

代词"哪里"在这儿单独用在答话里，表示否定。是一种客气的说法。例如：

The pronoun 哪里 here, used alone in a reply, expresses a negation.It is a polite form of speech. For example:

1. 先生，麻烦您了！

——哪里，这是应该的。

2. 老王，你的孩子真聪明呀。

——哪里，他和别的孩子差不多。

二　北京的名胜古迹都得去看看。

"得"助动词，这里念 děi，表示"应该"或"必须"的意思。口语中常用。例如：

得 is a modal particle. Here it should be pronounced děi, meaning "should"or "must". It is often used in spoken language. For example：

1. 你身体不好，得好好补养一下。

2. 要迟到了，得快点儿走了。

3. 我的发音不准，得请老师帮助纠正。

练　习　　Liànxí
Exercises

一　替换练习：
Substitution drills：
1. 我今天是特意来<u>接你们</u>的。

看望　　老师

拜访　　刘大夫

找　　　你

欢迎　　他们

2. 我们一共有六<u>个同学</u>，都在<u>这儿</u>。

个　　人　　　　那儿

辆　　自行车　　楼下

台　　计算机　　教室

件　　行李　　　汽车上

3. 我们要一边<u>学习汉语</u>，一边<u>参观旅游</u>。

参观访问　　　了解中国

探亲访友　　　看看家乡

唱歌　　　　　跳舞

听录音　　　　模仿说话

二　选择动词"告诉"、"给"、"借"、"教"、"接"完成下列各句：
Complete the following sentences using the verbs 告诉,给,借,教
or 接：
1. 我_____学生们说普通话。
2. 售货员_____我鸡蛋已经卖完了。
3. 他向乔治_____了一本美国小说。
4. 刘建_____我两张话剧票。

5. 她明天要去火车站＿＿＿＿＿人。

三　请把下面的短文改写成对话：

Rewrite the following passage in the form of a dialogue:

　　　　小丽要去中国，她打算一边学汉语一边旅游。她很高兴在机场认识了小文。小文的老家在中国的广东，他要去看望爷爷和奶奶，还要去各地旅游。他们俩一起办好各种手续，又一起上了飞机。小文夸小丽的汉语讲得好，小丽却谦虚地表示还差得远，他们后来约好一起去一些地方旅游。

补 充 生 词　　Bǔchōng shēngcí
Supplementary Words

1.	刘大夫 (专)	Liú dàifu	Doctor Liu
2.	访问　(动)	fǎngwèn	to visit
3.	探亲	tànqīn	to visit relatives and friends
	访友	fǎngyǒu	
4.	模仿　(动)	mófǎng	to imitate
5.	夸　　(动)	kuā	to praise
6.	谦虚　(形)	qiānxū	modest
7.	约　　(动)	yuē	to make an appointment

第三十八课　　　换　钱
Dì-sānshíbā kè　　Huànqián
Lesson Thirty-eight　Changing Money

课　文　Kèwén
Text

一　Yī
Part One

A 张老师,我想换点钱,到哪儿去换呢?

　　Zhāng lǎoshī, wǒ xiǎng huàn dian qián, dào nǎr qù huàn ne?

B 中国银行和友谊商店都可以兑换，走，我和你一起去。

　　Zhōngguó Yínháng hé Yǒuyì Shāngdiàn dōu kěyǐ duìhuàn, zǒu, wǒ hé nǐ yìqǐ qù.

A 劳驾,我想把法郎换成人民币。

　　Láojià, wǒ xiǎng bǎ Fǎláng huàn chéng Rénmínbì.

C 您换多少钱?

　　Nín huàn duōshao qián?

A 我换八百法郎。

　　Wǒ huàn bābǎi Fǎláng.

C 请您填写这张兑换单。

　　Qǐng nín tiánxiě zhèi zhāng duìhuàndān.

A 好的。今天的兑换率是多少?

　　Hǎo de. Jīntiān de duìhuànlǜ shì duōshao?

C 一百法郎换六十五元四角九分人民币。您的八百法郎共换成人民币五百二十三元九角二分。请点一下。

Yìbǎi Fǎláng huàn liùshíwǔ yuán sì jiǎo jiǔ fēn Rénmínbì. Nín de bābǎi Fǎláng gòng huàn chéng Rénmínbì wǔbǎi èrshísān yuán jiǔ jiǎo èr fēn. Qǐn diǎn yíxià.

A 谢谢！请问，在中国可以用信用卡吗?

Xièxie! Qǐngwèn, zài Zhōngguó kěyǐ yòng xìnyòngkǎ ma?

B 可以。在北京、上海、天津、广州和杭州的友谊商店都可以使用。

Kěyǐ. Zài Běijīng, Shànghǎi, Tiānjīn, Guǎngzhōu hé Hángzhōu de Yǒuyì Shāngdiàn dōu kěyǐ shǐyòng.

C 他说得很对，这些地方都能用信用卡。

Tā shuō de hěn duì, zhèi xiē dìfāng dōu néng yòng xìnyòngkǎ.

　　　　　　　　　※　　　　　　　　　※

A 先生，我要往巴黎挂个长途电话。

Xiānsheng, wǒ yào wàng Bālí guà ge chángtú diànhuà.

B 请您填写这张表，然后到对面室内通话。

Qǐng nín tiánxiě zhèi zhāng biǎo, ránhòu dào duìmiàn shì nèi tōnghuà.

A 我打完电话了。给你钱。

Wǒ dǎ wán diànhuà le. Gěi nǐ qián.

B 对不起，我们这里只收人民币，不收外币。

Duìbùqǐ, wǒmen zhèli zhǐ shōu Rénmínbì, bù shōu wàibì.

A　我的外币还没换,您能告诉我在哪儿兑换吗?

　　Wǒ de wàibì hái méi huàn, nín néng gàosu wǒ zài nǎr

　　duìhuàn ma?

B　请到中国银行或友谊商店去换。兑换外币很容易，填
　　写一个兑换单就行了。我还提醒您，最好带上您的护
　　照。

　　Qǐng dào Zhōngguó Yínháng huò Yǒuyì shāngdiàn qù

　　huàn. Duìhuàn wàibì hěn róngyì, tiánxiě yí gè duì

　　huàndān jiù xíngle. Wǒ hái tíxǐng nín, zuìhǎo dài shàng

　　nín de hùzhào.

A　谢谢你,我明白了。

　　Xièxie nǐ, wǒ míngbai le.

二　Èr
Part　Two

　　小强到中国旅游带的是美元，还有一张旅行支票。在
中国买东西不能用外币，要到中国银行把外币换成外汇券
（人民币外汇券）。北京的中国银行地址在王府井，王府井
离百货大楼很近。

　　旅行支票或信用卡在全国各大宾馆、友谊商店都可以
使用。所以小强这次旅游带的外币和旅行支票用起来很方
便。

　　Xiǎo Qiáng dào Zhōngguó lǚyóu dài de shì měiyuán,

háiyǒu yì zhāng lǚxíng zhīpiào. Zài Zhōngguó mǎi dōngxi

bù néng yòng wàibì, yàodào Zhōngguó Yínháng bǎ wàibì

huàn chéng wàihuì quàn (Rénmínbì wàihuì quàn). Běijīng

de Zhōngguó Yínháng dìzhǐ zài Wángfǔjǐng, Wángfǔjǐng lí

Bǎihuò Dàlóu hěn jìn.

Lǚxíng zhīpiào huò xìnyòngkǎ zài quánguó gè dà bīnguǎn, Yǒuyì Shāngdiàn dōu kéyǐ shǐyòng. Suǒyǐ Xiǎo Qiáng zhè cì lǚyóu dài de wàibì hé lǚxíng zhīpiào yòng qǐlai hěn fāngbiàn.

生　词　Shēngcí
New Words

1.	中国 银行	（专）	Zhōngguó Yínháng	Bank of China
2.	友谊 商店	（专）	Yǒuyì Shāngdiàn	Friendship Store
3.	兑换	（动）	duìhuàn	to exchange
4.	劳驾		láojià	Excuse me; Pardon me.
5.	法郎	（专）	Fǎláng	franc
6.	人民币	（专）	Rénmínbì	Renminbi
7.	兑换单	（名）	duìhuàndān	exchange slip
8.	兑换率	（名）	duìhuànlǜ	rate of exchange
9.	角	（量）	jiǎo	*jiao*
10.	分	（量）	fēn	*fen*, cent
11.	信用卡	（名）	xìnyòngkǎ	credit card
12.	天津	（专）	Tiānjīn	Tianjin
13.	杭州	（专）	Hángzhōu	Hangzhou
14.	使用	（动）	shǐyòng	to use
15.	巴黎	（专）	Bālí	Paris

16. 对面	(名)	duìmiàn	opposite; across the way
17. 室内		shì nèi	indoors
18. 只	(副)	zhǐ	only
19. 收	(动)	shōu	to accept
20. 外币	(名)	wàibì	foreign currency
21. 提醒	(动)	tíxǐng	to remind
22. 护照	(名)	hùzhào	passport
23. 美元	(专)	Měiyuán	U.S. dollar
24. 旅行 支票	(名)	lǚxíng zhīpiào	traveller's checks
25. 外汇券	(专)	wàihuì quàn	foreign exchange certificate
26. 百货 大楼	(专)	Bǎihuò Dàlóu	Department Store
27. 宾馆	(名)	bīnguǎn	hotel

词 语 例 释　　Cíyǔ lìshì
Notes on Words and Expressions

我想把法郎换成人民币。

"把"，为了强调动词后所涉及的宾语，常常由"把"字把它提到动词前。例如：

In order to emphasize the object following the verb, 把 is often used to transpose the object before the verb. For example:

1. 我复习完功课了。

我把功课复习完了。

2. 我买来电影票了。

我把电影票买来了。

3. 王老师帮我换钱了。

王老师帮我把钱换了。

练 习　Liànxí
Exercises

一　替换练习：
Substitution drills:

1. 我想把法郎换成人民币。

美元
港币
英镑
马克

2. 我要往巴黎挂个长途电话。

纽约
新加坡
伦敦

3. 我还提醒您，最好带上您的护照。

练习本
厚衣服
饮料
手套

二 请读下列人民币的数目:

Read out the following RMB amounts:

1. 299.63元
2. 459.06元
3. 370085元
4. 144.27元

三 用下面各组词造"把"字句:

Use the following phrases to make sentences of the 把 construction:

1. 画儿   挂在
2. 录音机   放在
3. 汽车   开到
4. 书   寄到
5. 门   关上

补 充 生 词   Bǔchōng shēngcí
Supplementary Words

1.	港币	（专）	Gǎngbì	Hong Kong dollar
2.	英镑	（专）	Yīngbàng	pound sterling
3.	马克	（专）	Mǎkè	mark
4.	新加坡	（专）	Xīnjiāpō	Singapore
5.	伦敦	（专）	Lúndūn	London
6.	厚	（形）	hòu	thick
7.	饮料	（名）	yǐnliào	beverage
8.	手套	（名）	shǒutào	gloves
9.	关	（动）	guān	to close

第三十九课　　中　国

Dì-sānshíjiǔ kè　　Zhōngguó

Lesson Thirty-nine　　China

课 文　Kèwén
Text

一　Yī
Part One

A 劳驾,我买一张中国地图和一本《全国旅游图》。

Láojià, wǒ mǎi yì zhāng Zhōngguó dìtú hé yì běn 《Quánguó Lǚyóu Tú》.

B 好的,给您。

Hǎo de, gěi nín.

(小伟在看地图,张老师走过来。)

(Xiǎo Wěi zài kàn dìtú, Zhāng lǎoshī zǒu guòlai.)

A 张老师,中国的面积真大,有九百六十万平方公里呢!

Zhāng lǎoshī, Zhōngguó de miànjī zhēn dà, yǒu jiǔbǎi liùshí wàn píngfāng gōnglǐ ne!

B 是啊,中国很大。东西长有五千公里,南北长有五千五百多公里。

Shì a, Zhōngguó hěn dà. Dōng xī cháng yǒu wǔqiān gōnglǐ, nán běi cháng yǒu wǔqiān wǔbǎi duō gōnglǐ.

A 老师,这是长江,那是黄河,对吗?

Lǎoshī, zhè shì Cháng Jiāng, nà shì Huáng Hé, duì ma?

B 对。小伟,你看到北京在哪儿了吗?

Duì. Xiǎo Wěi, nǐ kàn dào Běijīng zài nǎr le ma?

A 看到了。北京在这儿，在河北省境内。

Kàn dào le. Běijīng zài zhèr, zài Héběi Shěng jìng nèi.

B 不错。小伟，中国历史悠久，幅员广大，可以游览的
地方可多呢!

Búcuò. Xiǎo Wěi, Zhōngguó lìshǐ yōujiǔ, fúyuán guǎngdà, kěyǐ yóulǎn de dìfang kě duō ne!

A 那就请您介绍介绍中国到底有哪些好玩儿的地方吧?

Nà jiù qǐng nín jièshào jièshào Zhōngguó dàodǐ yǒu nǎ xiē hǎo wánr de dìfang ba?

B 好。北京的名胜古迹最多，象长城、十三陵、故宫、
天坛、颐和园都是游览的好地方。

Hǎo. Běijīng de míngshèng gǔjī zuì duō, xiàng Chángchéng, Shísān Líng, Gùgōng, Tiāntán, Yíhéyuán dōushì yóulǎn de hǎo dìfang.

A 哦。张老师，您说游览了北京以后再去青岛，是吗?

Ò. Zhāng lǎoshī, nín shuō yóulǎn le Běijīng yǐhòu zài qù Qīngdǎo, shì ma?

B 是。山东的青岛景色美丽，泰山日出十分壮观，都值
得去看看。

Shì. Shāndōng de Qīngdǎo jǐngsè měilì, Tài Shān rìchū shífēn zhuàngguān, dōu zhídé qù kànkan.

A 老师，我听说过"上有天堂，下有苏杭"这句话。

Lǎoshī, wǒ tīngshuō guo ″shàng yǒu tiāntáng, xià yǒu Sū Háng″zhèi jù huà.

B 哦，苏杭是指苏州和杭州。那里风景秀丽、气候宜人。
这句话的意思是说，苏州和杭州就象天堂一样美。另

外，还有"桂林山水甲天下"的说法，称赞桂林山水之美，天下第一。

Ò, Sū Háng shì zhǐ Sūzhōu hé Hángzhōu. Nàli fēngjǐng xiùlì, qìhòu yírén. Zhè jù huà de yìsi shì shuō, Sūzhōu hé Hángzhōu jiù xiàng tiāntáng yíyàng měi. Lìngwài, hái yǒu ″Guìlín shānshuǐ jiǎ tiānxià″ de shuōfǎ, chēngzàn Guìlín shānshuǐ zhī měi, tiānxià dìyī.

A 看来中国的好地方太多了！这次我非得好好玩玩儿不可。

Kànlái Zhōngguó de hǎo dìfang tài duō le! Zhèi cì wǒ fēiděi hǎohāor wánwanr bù kě.

二　Èr
Part Two

中国是世界上面积最大的国家之一，有九百六十万平方公里土地。如果沿着中国的边境走一圈，按每天三十公里计算，得走两年零四个半月才能走完。

中国有十亿人口。中华民族是一个有五千年文明史的伟大民族。世界各地都有许多华侨住在那里，传播着中国的文化。

中国是一个发展中国家。为把祖国建设成繁荣富强的国家，全国人民正在努力工作。

Zhōngguó shì shìjiè shang miànjī zuì dà de guójiā zhī yī, yǒu jiǔbǎi liùshí wàn píngfāng gōnglǐ tǔdì. Rúguǒ yánzhe Zhōngguó de biānjìng zǒu yì quān, àn měitiān sānshí gōnglǐ jìsuàn, děi zǒu liǎng nián líng sì gè bàn yuè cái néng zǒu wán.

Zhōngguó yǒu shí yì rénkǒu. Zhōnghuá mínzú shì yí ge yǒu wǔqiān nián wénmíngshǐ de wěidà mínzú. Shìjiè gèdì dōu yǒu xǔduō Huáqiáo zhùzài nà li, chuánbōzhe Zhōngguó de wénhuà.

Zhōngguó shì yí ge fāzhǎn zhōng guójiā. Wèi bǎ Zhōngguó jiànshè chéng fánróng fùqiáng de guójiā, quánguó rénmín zhèngzài nǔlì gōngzuò.

生 词　　Shēngcí
New Words

1. 地图　　（名）　dìtú　　　　map
2. 《全国　（专）　Quánguó　　Guide Map of the Country
   旅游　　　　　　Lǚyóu
   图》　　　　　　Tú
3. 面积　　（名）　miànjī　　　area
4. 万　　　（数）　wàn　　　　ten thousand
5. 平方　　（量）　píngfāng　　square kilometre
   公里　　　　　　gōnglǐ
6. 东　　　（名）　dōng　　　　east
7. 长　　　（形）　cháng　　　long
8. 公里　　（量）　gōnglǐ　　　kilometre
9. 北　　　（名）　běi　　　　　north
10. 长江　　（专）　Cháng Jiāng　Yangtze River
11. 黄河　　（专）　Huáng Hé　　Yellow River
12. 河北省（专）　Héběi Shěng　Hebei Province

13.	境内		jìng nèi	within the boundary
14.	悠久	（形）	yōujiǔ	long; age-old
15.	幅员		fúyuán	(of a country) to be vast
	广大		guǎngdà	in area
16.	好玩儿	（形）	hǎowánr	fun; interesting; amusing
17.	十三陵	（专）	Shísān Líng	the Ming Dynasty Tombs
18.	天坛	（专）	Tiāntán	Temple of Heaven
19.	山东	（专）	Shāndōng	Shandong Province
20.	泰山	（专）	Tài Shān	Mount Tai
21.	壮观	（形）	zhuàngguān	magnificent
22.	苏州	（专）	Sūzhōu	Suzhou
23.	值得	（动）	zhídé	to be worth
24.	上有天		shàng yǒu	In the heavens there is
	堂，下		tiāntáng xià	paradise, on earth there
	有苏杭		yǒu Sū Háng	is Hangzhou and Suzhou.
25.	天堂	（名）	tiāntáng	paradise; heaven
26.	象……		xiàng...	to be the same as;
	一样		yīyàng	to be as ... as ...
27.	桂林		Guìlín	"The scenery in Guilin is
	山水		shānshuǐ	the finest in the world".
	甲天下		jiǎ tiānxià	
28.	句	（量）	jù	a measure word; sentence
29.	秀丽	（形）	xiùlì	pretty; beautiful
30.	山水	（名）	shānshuǐ	scenery (lit. mountains

			and water)
31. 称赞	（动）	chēngzàn	to praise; to acclaim
32. 天下	（名）	tiānxià	under heaven; the earth
33. 非……		fēi...	must; to be mandatory;
不可		bù kě	cannot not do sth.
34. 如果	（连）	rúguǒ	if
35. 国家	（名）	guójiā	country
36. 沿	（动）	yán	along; to follow;
			to run along
37. 边境	（名）	biānjìng	the boundaries of a country
38. 圈	（量）	quān	measure word: a circle
39. 按	（介）	àn	according to
40. 计算	（动）	jìsuàn	to count
41. 亿	（量）	yì	a hundred million
42. 中华	（专）	Zhōnghuá	the Chinese nation
民族		mínzú	
43. 文明	（名）	wénmíng	civilization; civilized
44. 民族	（名）	mínzú	nation; nationality
45. 人口	（名）	rénkǒu	population
46. 传播	（动）	chuánbō	to spread; to disseminate
47. 发展	（动）	fāzhǎn	to develop
48. 建设	（动）	jiànshè	to construct

49. 繁荣 （形） fánróng　　prosperous
50. 富强 （形） fùqiáng　　rich and powerful

词 语 例 释　　Cíyǔ lìshì
Notes on Words and Expressions

一　中国到底有哪些好玩的地方？

"到底"，副词。用于疑问句，表示对问题的进一步追究。例如；

到底 is an adverb used in interrogative sentences to make further inquiry with respect to the matter in question. For example：

1. 小明，你到底去不去呀？

2. 你到底是同意，还是不同意？

3. 他到底是哪个地方的人？

二　这次我非得好好玩玩儿不可。

"非……不可"有"一定会"、"一定要"或"必须"的意思。"非"后面有时加"得"。后部分常用"不可"、"不行"、"不成"。例如：

非…不可 means 一定会,一定要 or 必须. Sometimes it is followed by 得 (děi). In the latter part, 不可,不到 or 不成 is often used. For example：

1. 你不讲卫生非生病不可。

2. 毕业后我非到中国去不可。

3. 这次去长城，非你去不成。

4. 联系这件事，非你去不行。

练习　Liànxí
Exercises

一　替换练习:

Substitution drills:

1. 张老师, 中国的面积真大。

北京	名胜	多
杭州	风景	秀丽
展览	内容	丰富
上海	小吃	多

2. 中国到底有哪些好玩儿的地方?

晚会	有趣的节目
法国	漂亮的城市
北京	有名的小吃
运动会	比赛项目

3. 这次我非得好好玩儿玩儿不可。

去中国
爬长城
休息休息
游个痛快

二　完成下列句子:

Complete the following sentences:

1. 今天真冷, 非_____不可。

2. 你不注意身体, 非_____不可。

3. 学习汉语, 非_____不可。

4. 啊, 现在快八点了, 非_____不可。

5. 快_____了, 他到底来不来?

6. 假期你到底＿＿＿＿旅游?

三 副词"只"、"只有"用法不同,请你用"只"或"只有"回答下列问题:

The usage of the adverbs 只 and 只有 is different. Please answer the following questions with 只 or 只有:

1. 你学几年汉语了。
2. 学过的生词,你到底记住了多少?
3. 北京的名胜古迹你都参观过了吗?
4. 你们六个人都喜欢足球吗?
5. 解答这个问题有几种方法?

补 充 生 词　Bǔchōng shēngcí
Supplementary Words

1.	展览	(名、动)	zhǎnlǎn	to exhibit; exhibition
2.	有名		yǒumíng	famous
3.	痛快	(形)	tòngkuài	joyful
4.	记	(动)	jì	to remember
5.	解答	(动)	jiědá	to answer
6.	种	(量)	zhǒng	measure word; kind, sort
7.	方法	(名)	fāngfǎ	method

第四十课　登长城

Dì-sìshí kè　Dēng Chángchéng
Lesson Fourty　Climbing the Great Wall

课　文　Kèwén
Text

一　Yī
Part　One

A 小强，你也是第一次登长城吗？

　Xiǎo Qiáng, nǐ yě shì dì-yī cì dēng Chángchéng ma?

B 是啊，第一次。我真高兴，一会儿就能登上古老的长城了。

　Shì a, dì-yī cì. Wǒ zhēn gāoxìng, yíhuìr jiù néng dēng shàng gǔlǎo de Chángchéng le.

A 你能想象长城是什么样子吗？

　Nǐ néng xiǎngxiàng Chángchéng shì shénme yàngzi ma?

B 我想长城一定是高高的城墙，象古堡一样。

　Wǒ xiǎng Chángchéng yídìng shì gāogāo de chéngqiáng, xiàng gǔbǎo yíyàng.

A 我想长城上一定还留着古代战争的痕迹。

　Wǒ xiǎng Chángchéng shàng yídìng hái liúzhe gǔdài zhànzhēng de hénjī.

B 咱们别猜了，反正一会儿就看到了。

　Zánmen bié cāi le, fǎnzhèng yíhuìr jiù kàn dào le.

A 我们终于登上了长城。
Wǒmen zhōngyú dēng shàng le Chángchéng.

B 长城真了不起。
Chángchéng zhēn liǎobùqǐ.

A 长城象条巨龙。
Chángchéng xiàng tiáo jùlóng.

B 张老师,长城有多长啊?
Zhāng lǎoshī, Chángchéng yǒu duō cháng a?

C 长城有一万二千里,所以叫它万里长城。
Chángchéng yǒu yíwàn èrqiān lǐ, suǒyǐ jiào tā Wànlǐ
Chángchéng.

A 张老师,我听说长城被一个女子哭倒过?
Zhāng lǎoshī, wǒ tīngshuō Chángchéng bèi yí gè nǔzǐ
kū dǎo guò?

C 啊,孟姜女哭长城是中国古代的一个民间传说。
Ā, Mèng Jiāngnǔ kū Chángchéng shì Zhōngguó gǔdài
de yí gè mínjiān chuánshuō.

B 难道不是真的吗?
Nándào búshì zhen de ma?

C 不是。如果你们有兴趣,回去的路上我给你们讲一讲
这个故事。
Búshì. Rúguǒ nǐmen yǒu xìngqù, huíqù de lùshang wǒ
gěi nǐmen jiǎngyijiǎng zhè ge gùshì.

A 我们很感兴趣,现在您就讲吧。
Wǒmen hěn gǎn xìngqù, xiànzài nín jiù jiǎng ba.

二　Èr
Part Two

在中国古代，流传着一个动人的故事。有一对相爱的青年，男的叫范喜良，女的叫孟姜女。就在他们结婚的那天晚上，范喜良被秦始皇的军队拉到北方去修建长城。一去三年没有消息。孟姜女决心去北方寻找丈夫。她经历了千辛万苦，最后终于到了长城脚下，四处打听，却见不到丈夫的踪影。后来听说她的丈夫早已累死，被埋在长城下面了。

孟姜女痛苦万分，没想到日日夜夜思念的亲人死得这样惨。她哭了三天三夜，突然一声巨响，长城倒塌了，露出了范喜良的尸体，孟姜女紧紧抱着丈夫的尸体，最后悲痛地投海而死。人们为了纪念孟姜女，把她和范喜良埋葬在一起。这就是孟姜女哭长城的故事。

Zài Zhōngguó gǔdài, liúchuán zhe yí gè dòngrén de gùshì.Yǒu yíduì xiāng′ài de qīngnián, nán de jiào Fàn Xǐliáng, nǚ de jiào Mèng Jiāngnǚ. Jiù zài tāmen jiéhūn de nà tiān wǎnshang,Fàn Xǐliáng bèi Qín Shǐhuáng de jūnduì lā dào běifāng qù xiūjiàn Chángchéng. Yí qù sān nián méiyǒu xiāoxi. Mèng Jiāngnǚ juéxīn qù běifāng xúnzhǎo zhàngfu. Tā jīnglì le qiānxīn wànkǔ, zuìhòu zhōngyú dào le Chángchéng jiǎoxià. Sìchù dǎting, què jiàn bú dào zhàngfu de zōngyǐng. Hòulái tīngshuō tā de zhàngfu zǎo yǐ lèi sǐ, bèi máizài Chángchéng xiàmiàn le.

Mèng Jiāngnǚ tòngkǔ wànfēn, méi xiǎngdào rìrì yèyè sīniàn de qīnrén sǐ de zhèyàng cǎn. Tā kūle sāntiān sānyè, tūrán yì shēng jùxiǎng,Chángchéng dǎotāle, lòuchūle Fàn

Xǐliáng de shītǐ. Mèng Jiāngnǚ jǐnjǐn bàozhe zhàngfu de shītǐ, zuìhòu bēitòng de tóu hǎi ér sǐ. Rénmen wèile jìniàn Mèng Jiāngnǚ, bǎ tā hé Fàn Xǐliáng máizàng zài yìqǐ. Zhè jiùshì Mèng Jiāngnǚ kū Chángchéng de gùshi.

生　词　　Shēngcí
New Words

1.	古老	（形）	gǔlǎo	ancient
2.	想象	（动）	xiǎngxiàng	to imagine
3.	样子	（名）	yàngzi	shape; appearance
4.	古代	（名）	gǔdài	ancient
5.	战争	（名）	zhànzhēng	war
6.	痕迹	（名）	hénjī	vestige; mark; trace
7.	城墙	（名）	chéngqiáng	city wall
8.	古堡	（名）	gǔbǎo	fortress
9.	反正	（副）	fǎnzhèng	anyway
10.	了不起		liǎobuqǐ	great
11.	巨	（形）	jù	gigantic
12.	里	（量）	lǐ	li, a Chinese unit of length (＝1／2 kilometre)
13.	万里长城	（专）	Wànlǐ Chángchéng	the Ten-thousand li Great Wall
14.	哭	（动）	kū	to cry
15.	孟姜女	（专）	Mèng Jiāngnǚ	Meng Jiangnü

16. 民间	（名）	mínjiān	folk
17. 传说	（名）	chuánshuō	legend
18. 难道	（副）	nándào	could it possibly be...; does it mean... (used in rhetorical questions)
19. 兴趣	（名）	xìngqù	interest
20. 流传	（动）	liúchuán	to pass down
21. 相爱		xiāng'ài	devoted
22. 范喜良	（专）	Fàn Xǐliáng	Fan Xiliang
23. 结婚	（动）	jiéhūn	to marry
24. 秦始皇	（专）	Qín Shǐhuáng	the First Emperor of the Qin Dynasty
25. 军队	（名）	jūnduì	army
26. 拉	（动）	lā	to move (troops to a place)
27. 修建	（动）	xiūjiàn	to build; to construct
28. 决心	（名、动）	juéxīn	determination; to be determined
29. 寻找	（动）	xúnzhǎo	to seek
30. 经历	（动）	jīnglì	to experience
31. 千辛万苦		qiānxīnwànkǔ	innumerable trials and tribulations
32. 最后	（名）	zuìhòu	last
33. 脚	（名）	jiǎo	foot

34. 四处	（名）	sìchù	everywhere
35. 打听	（动）	dǎting	to inquire about
36. 踪影	（名）	zōngyǐng	trace
37. 已	（副）	yǐ	already
38. 死	（动）	sǐ	to die
39. 埋	（动）	mái	to bury
40. 痛苦 万分		tòngkǔ wànfēn	extremely bitter
41. 日日 夜夜		rìrì yèyè	day and night
42. 想念	（动）	xiǎngniàn	to miss; to remember with longing
43. 惨	（形）	cǎn	miserable
44. 倒塌	（动）	dǎotā	to fall down
45. 露	（动）	lòu	to reveal; to expose
46. 紧	（形）	jǐn	closely; tightly
47. 抱	（动）	bào	to hold in the arms
48. 悲痛	（形）	bēitòng	sad; sorrowful
49. 投海 而死		tóu hǎi ér sǐ	to jump to one's death into the sea
50. 埋葬	（动）	máizàng	to bury

词 语 例 释　　Cíyǔ lìshì
Notes on Words and Expressions

一　咱们别猜了，反正一会儿就看见了。

“反正”，副词。表示十分肯定、坚决的语气。强调在任何情况下，都不改变结论或结果。上文常有“无论”、“不管”等词语。例如：

反正 is an adverb which indicates absolute certainty. It conveys a mood of resolution. It emphasizes that under no circumstances would the conclusion or result change.无论 or 不管 often appears in the foregoing text or conversation. For exmaple:

1. 不管你怎么劝，反正他不听。

2. 反正我不去那儿，你别说了。

3. 反正他会来，咱们再等一会儿吧。

二　长城真了不起!

“了不起”是不平凡，很突出的意思。例如：

了不起 means outstanding or unusual. For example:

1. 他刻苦学习的精神真了不起。

2. 这是个了不起的奇迹。

3. 他的发明真了不起啊。

三　我听说长城被一个女子哭倒过:

“被”，介词。用于被动句，引进动作的施动者。例如：

被 is a preposition used in sentences of the passive voice to introduce the agent of the action. For example:

1. 自行车被哥哥骑走了。

2. 他的衣服被雨淋湿了。

3. 电视机被小文弄坏了。

练 习　　**Liànxí**

Exercises

一　替换练习：

Substitution drills:

1. 你也是第一次<u>登长城</u>吗?

去故宫

来中国

爬泰山

吃烤鸭

2. 我们终于<u>登上长城</u>了。

办好	手续
买到	戏票
拿到	护照
见到	老朋友

3. <u>孟姜女哭长城</u>是中国古代的一个<u>民间传说</u>。

岳飞	民族英雄
屈原	爱国诗人
《西游记》	神话故事
李白	著名诗人

二　用下面的各组词组成句子：

Make sentences using the following phrases:

1. 衣服　　淋湿　　被
2. 汽车　　让　　　开走
3. 窗户　　吹开　　被

4. 书　　　　拿走　　　被

三　将下列句子改成被动句：

Change the following sentences into sentences of the passive voice：

1. 美元换成人民币。
2. 李明修好收音机。
3. 邮递员送来了报纸。
4. 这道数学题难住了他。

补 充 生 词　　Bǔchōng shēngcí
Supplementary Words

1.	烤鸭	（名）	kǎoyā	roast duck
2.	岳飞	（专）	Yuè Fēi	Yue Fei, national hero of the Song Dynasty
3.	英雄	（名）	yīngxióng	hero
4.	神话	（名）	shénhuà	fairy tale
5.	李白	（专）	Lǐ Bái	Li Bai, great poet of the Tang Dynasty
6.	淋湿		lín shī	to be drenched
7.	窗户	（名）	chuānghu	window
8.	吹开		chuīkai	to blow open
9.	难住		nánzhù	to present a difficulty to

第四十一课　　参观故宫

Dì-sìshíyī kè　　Cānguān Gùgōng

Lesson Forty—one　Visiting the Imperial Palace

课　文　Kèwén
Text

一　Yī
Part　One

A　同学们，我们今天去参观故宫。故宫是明代和清代的皇
　　宫。

　　Tóngxuémen, wǒmen jīntiān qù cānguān Gùgōng.
　　Gùgōng shì Míngdài hé Qīngdài de huánggōng.

B　听说到了天安门就快到故宫了。

　　Tīngshuō dào le Tiān'ānmén jiù kuài dào Gùgōng le.

A　说得对。从天安门一直往北走，就是故宫。

　　Shuō de duì. Cóng Tiān'ānmén yìzhí wàng běi zǒu, jiù
　　shì Gùgōng.

B　老师，我们现在就走吗？

　　Lǎoshī, wǒmen xiànzài jiù zǒu ma?

A　嗯，我们得早点儿出发，故宫很大，要不然参观不
　　完。

　　Ng, wǒmen děi zǎodiǎnr chūfā. Gùgōng hěn dà, yào
　　bu rán jiù cānguān bùwán.

B　这么说半天时间太少，只能走马观花地看看啦。

　　Zhème shuō bàntiān shíjiān tài shǎo, zhǐnéng zǒumǎ

guānhuā de kànkan la.

C　老师,您一边走一边给我们讲讲吧。
　　Lǎoshī, nín yìbiān zǒu yìbiān gěi wǒmen jiǎngjiang ba.

A　故宫又叫紫禁城,有五百多年历史了。它分两部分。一
　　部分是三大殿,一部分是后宫。
　　Gùgōng yòu jiào Zǐjìnchéng, yǒu wǔbǎi duō nián lìshǐ
　　le. Tā fēn liǎng bùfen. Yí bùfen shì sān dà diàn, yíbùfen
　　shì hòugōng.

B　三大殿就是太和殿、中和殿、保和殿吧?
　　Sān dà diàn jiùshì Tàihé Diàn, Zhōnghé Diàn, Bǎohé
　　Diàn ba?

A　对,这三大殿是皇帝发布命令,举行典礼的地方。
　　Duì, zhè sān dà diàn shì huángdì fābù mìnglìng, jǔxíng
　　diǎnlǐ de dìfang.

C　老师,后宫是干什么的?
　　Lǎoshī, hòugōng shì gàn shénme de?

A　后宫是皇帝和嫔妃住的地方。
　　Hòugōng shì huángdì hé pínfēi zhù de dìfang.

B　你们快来看,这黄帘子是干什么用的?
　　Nǐmen kuài lái kàn, zhè huáng lián zi shì gàn shénme
　　yòng de?

A　这就是慈禧太后垂帘听政的地方。
　　Zhè jiùshì Cíxǐ Tàihòu chuílián tīngzhèng de dìfang.

C　哦,有意思,这把椅子真不错。我也想坐一会儿。
　　Ò, yǒu yìsi, zhè bǎ yǐzi zhēn búcuò. Wǒ yě xiǎng zuò yí
　　huìr.

B　你也想当太后吧?
　　Nǐ yě xiǎng dāng tàihòu ba?

C 别开玩笑，我有点儿累了。我们都走了两个小时了。

Bié kāi wánxiào, wǒ yǒu diǎnr lèi le. Wǒmen dōu zǒule liǎng ge xiǎoshí le.

A 前面就是御花园了，咱们去那里休息吧。

Qiánmian jiùshì Yùhuāyuán le, zánmen qù nǎli xiūxi ba.

二　Èr
Part　Two

今天天气晴朗，阳光灿烂。我和小文，还有小文的朋友小伟去参观故宫。故宫很大，有九千多间房子，这在世界上是最大的古代建筑群了。我们走了一上午，欣赏到了古代建筑艺术的华丽、雄伟，看到了中国人民的高度智慧和创造才能。大家兴致很高，在很多地方拍了照。小文和小伟都表示要尽快把照片寄回去，让爸爸妈妈看一看。

Jīntiān tiānqì qínglǎng, yángguāng cànlàn. Wǒ hé Xiǎo Wén, háiyǒu Xiǎo Wén de péngyou Xiǎo Wěi qù cānguān Gùgōng. Gùgōng hěn dà, yǒu jiǔqiān duō jiān fángzi. Zhè zài shìjiè shang shì zuìdà de gǔdài jiànzhù qún le. Wǒmen zǒule yí shàngwǔ, xīnshǎng dàole gǔdài jiànzhù yìshù de huálì, xióngwěi, kàndàole Zhōngguó rénmín de gāodù zhìhuì hé chuàngzào cáinéng. Dàjiā xìngzhì hěngāo, zài hěn duō dìfang pāi le zhào, Xiǎo Wén hé Xiǎo Wěi dōu biǎoshì yào jǐnkuài bǎ zhàopiān jì huíqù, ràng bàba māma kàn yí kàn.

生 词 Shēngcí
New Words

1. 明代 (专) Míngdài — Ming Dynasty
2. 清代 (专) Qīngdài — Qing Dynasty
3. 皇宫 (名) huánggōng — (imperial) palace
4. 天安门 (专) Tiān'ānmén — Tian'anmen
5. 要不然 Yào bu rán — otherwise
6. 走马 zǒumǎ — to look at flowers while
   观花 guānhuā — riding on horseback— to look at cursorily
7. 紫禁城 (专) Zǐjìnchéng — the Forbidden City
8. 三大殿 (专) Sān dà Diàn — the Three Great Halls
9. 后宫 (名) hòugōng — the rear palace
10. 太和殿 (专) Tàihé Diàn — the Hall of Supreme Harmony
11. 中和殿 (专) Zhōnghé Diàn — Hall of General Harmony
12. 保和殿 (专) Bǎohé Diàn — Hall of Preserving Harmony
13. 皇帝 (名) huángdì — emperor
14. 发布 (动) fābù — to promulgate
15. 命令 (名、动) mìnglìng — order; to order
16. 典礼 (名) diǎnlǐ — ceremony
17. 嫔妃 (名) pínfēi — imperial concubine

18.	帘子 （名）	liánzi	curtain
19.	慈禧 （专）	Cíxǐ	the Empress Dowager
	太后	Tàihòu	Cixi
20.	垂帘	chuílián	(of an empress or empress
	听政	tīngzhèng	dowager) to hole court
			from behind a screen; to
			attend to state affairs
21.	开玩笑	kāi wánxiào	to make a joke
22.	御花园 （专）	Yùhuāyuán	imperial garden
23.	晴朗 （形）	qínglǎng	clear and bright
24.	阳光 （名）	yángguāng	sunshine
25.	灿烂 （形）	cànlàn	bright; brilliant
26.	建筑群 （名）	jiànzhùqún	a building complex
27.	建筑 （名）	jiànzhù	building; works of
			architecture
28.	华丽 （形）	huálì	gorgeous; resplendent
29.	雄伟 （形）	xióngwěi	imposing
30.	高度 （名）	gāodù	height
31.	智慧 （名）	zhìhuì	wisdom
32.	创造 （动、名）	chuàngzào	to create; creation
33.	才能 （名）	cáinéng	competence; talent
34.	高 （形）	gāo	high

35. 拍了照　　　　pāi le zhào　　to have taken photos
36. 尽快　　　　　jǐnkuài　　　　as soon as possible

词 语 例 释　　Cíyǔ lìshì
Notes on Words and Expressions

我们都走两个小时了。

"走两个小时"，在这里动词后面是动量词作补语。表示一个动作或一种状态持续的次数、时间。例如：

走两个小时： following the verb is a verbal measure word which acts as a complement. It shows the duration of a state or condition or the number of times an action occurs. For example：

1. 我认识他两年了。
2. 我来中国已经一个月了。
3. 这篇文章他读了三遍。

练 习　　Liànxí
Exercises

一　替换练习：
Substitution drills：

1. 我们都走两个小时了。

看	两次
跑	三趟
回来	一个小时
等	四天

2. 这就是慈禧太后垂帘听政的地方。

爷爷　　　　住过

那位画家　　写生

妈妈　　　　工作过

去年　　　　旅游过

3. <u>从天安门</u>一直<u>往北走</u>，就是<u>故宫</u>。

学校　　　往前走　　　邮局

图书馆　　往右走　　　商店

学校　　　往南走　　　电影院

王府井　　往东走　　·　火车站

二　用下列各词造句：

Make sentences using the given words：

参观　　　　走马观花

要不然　　　尽快

雄伟　　　　古老

三　阅读下面的短文，然后复述它的内容。

Read the following passage, and then retell the story in your own words.

　　星期天，小文和他的朋友去颐和园。这一天他们玩得痛快极了，颐和园里有万寿山、昆明湖、谐趣园、长廊，还有十七孔桥。他们俩先爬山，又划船，还游了一会儿泳。下午五点多了，他们才坐汽车回来。

补 充 生 词　　Bǔchōng shēngcí
Supplementary Words

1.　写生　　（动、名）xiěshēng　　　　　paint from life；draw,

　　　　　　　　　　　　　　　　　　　　paint, or sketch from

			nature
2.	万寿山 (专)	Wànshòu Shān	Longevity Hill
3.	谐趣园 (专)	Xiéqùyuán	Garden of Harmony and Delight
4.	长廊 (专)	Chángláng	Long Corridor
5.	十七 (专) 孔桥	Shíqī kǒngqiáo	Seventeen-Arch Bridge

第四十二课　　看京剧

Dì-sìshí'èr kè　　Kàn Jīngjù

Lesson Forty-two　Going to Watch Beijing Opera

课　文　Kèwén
Text

一　Yī
Part　One

A 小伟，今天晚上我们去人民剧场看京剧。

　　Xiǎo Wěi, jīntiān wǎnshang wǒmen qù Rénmín Jùchǎng kàn jīngjù.

B 我早就想看京剧了，就怕看不懂。

　　wǒ zǎo jiù xiǎng kàn Jīngjù le, jiù pà kàn bu dǒng.

A 京剧也不是很难懂的，到时候老师再给我们讲讲，我想一定能看懂。

　　Jīngjù yě bú shì hěn nán dǒng de, dào shíhou lǎoshī zài gěi wǒmen jiǎngjiang, wǒ xiǎng yídìng néng kàndǒng.

B 听说今晚京剧的名字叫《梁红玉》？

　　Tīngshuō jīnwǎn Jīngjù de míngzi jiào 《Liáng Hóngyù》?

A 对。梁红玉是中国宋代的一个女英雄。

　　Duì. Liáng Hóngyù shì Zhōngguó Sòngdài de yí gè nǚ yīngxióng.

B 哦，她的故事大概很吸引人吧？

　　Ò, tā de gùshì dàgài hěn xīyǐn rén ba?

A 嗯,听说她很英勇,她和丈夫一起抗击入侵的敌兵。
Ng, tīngshuō tā hěn yīngyǒng, tā hé zhàngfu yìqǐ kàngjī rùqīn de díbīng.

B 好一个女英雄! 我想今晚的京剧我会感兴趣的。
Hǎo yí gè nǚ yīngxióng! Wǒ xiǎng, jīnwǎn de Jīngjù wǒ huì gǎn xìngqù de.

A 小伟,这个戏你看得懂吗?
Xiǎo Wěi, zhè ge xì nǐ kàn de dǒng ma?

B 我看字幕能懂一点儿。
Wǒ kàn zìmù néng dǒng yìdiǎnr.

C 老师,这些演员的唱腔好象都不一样。
Lǎoshī, zhèxiē yǎnyuán de chàngqiāng hǎoxiàng dōu bù yíyàng.

D 京剧的角色分生、旦、净、末、丑几种,每种角色的唱腔,服饰都各有不同。
Jīngjù de juésè fēn shēng, dàn, jìng, mò, chǒu jǐ zhǒng, měi zhǒng juésè de chàngqiāng, fúshì dōu gè yǒu bù tóng.

B 布景挺简单的。
Bùjǐng tǐng jiǎndān de.

A 京剧主要是靠人物的演唱,表情和动作来表现情节的。
Jīngjù zhǔyào shì kào rénwù de yǎnchàng, biǎoqíng hé dòngzuò lái biǎoxiàn qíngjié de.

C 嘿,小强,你还真挺内行啊!
Hē, Xiǎo Qiáng, nǐ hái zhēn tǐng nèiháng a!

A 我爸爸是个京剧迷,在家时他常带我去看京剧。看得多了, 也就知道得多一点儿。

Wǒ bàba shì ge Jīngjù mí, zài jiā shí tā cháng dài wǒ qù kàn Jīngjù. Kàn de duō le, yě jiù zhīdào de duō yì diǎnr.

C 怪不得呢!

Guài bu dé ne!

二　　Èr

Part　Two

昨天晚上我和小伟去人民剧场看京剧。剧名叫"梁红玉"。开始时听不大懂，后来买了一份说明书，看了剧情介绍，才懂了大概，小伟很喜欢女主角的表演，尤其欣赏女主角的武功。这出戏的戏装，服饰也很好看，小伟说如果买一套回去穿起来一定很漂亮。

看完剧才九点，坐车一会儿就到家了。我和姐姐模仿剧中人物演起来，咿咿呀呀地唱，很有意思。

Zuótiān wǎnshàng wǒ hé Xiǎo Wěi qù Rénmín Jùchǎng kàn Jīngjù, jùmíng jiào "Liáng Hóngyù". Kāishǐ shí tīng bù dà dǒng, hòulái mǎile yí fèn shuōmíngshū, kànle jùqíng jièshào, cái dǒngle dàgài. Xiǎo Wěi hěn xǐhuan nǚzhǔjué de biǎoyǎn, yóuqí xīnshǎng nǚzhǔjué de wǔgōng. Zhè chū xì de xìzhuāng, fúshì yě hěn hǎo kàn. Xiǎo Wěi shuō rúguǒ mǎi yí tào huíqù chuān qǐlái yídìng hěn piàoliang.

Kàn wán jù cái jiǔ diǎn, zuò chē yíhuìr jiù dào jiā le. Wǒ hé jiějie mófǎng jù zhōng rénwù yǎnqǐlái, yīyi yāyā de chàng, hěn yǒu yìsi.

生　词　Shēngcí
New Words

1. 人民　（专）　Rénmín　　People's Theatre
   剧场　　　　Jùchǎng
2. 《梁　（专）　《Liáng　　heroine of the Southern
   红玉》　　　Hóngyù》　Song Dynasty who fought
   　　　　　　　　　　　against the Jin Dynasty
   　　　　　　　　　　　(Nüzhen Tartars) in the
   　　　　　　　　　　　North
3. 宋代　（专）　Sòngdài　　Song Dynasty
4. 大概　（副）　dàgài　　　probably
5. 英勇　（形）　yīngyǒng　heroic
6. 抗击　（动）　kàngjī　　to resist
7. 入侵　（动）　rùqīn　　　to invade
8. 敌兵　（名）　díbīng　　enemy troops
9. 感　　（动）　gǎn　　　to feel
10. 字幕　（名）　zìmù　　subtitles
11. 演员　（名）　yǎnyuán　performer
12. 唱腔　（名）　chàngqiāng　music for voices in
   　　　　　　　　　　　a Chinese opera
13. 好象　（动）　hǎoxiàng　to seem
14. 角色　（名）　juésè　　　role; part
15. 分　　（动）　fēn　　　to divide
16. 生　　（动）　shēng　　the male character
   　　　　　　　　　　　type in Beijing opera
17. 旦　　（名）　dàn　　　the female character
   　　　　　　　　　　　type in Beijing opera

18. 净	（名）	jìng	the "painted face" in Beijing opera
19. 末	（名）	mò	the part of an old gentleman in Beijing opera
20. 丑	（名）	chǒu	the clown in Beijing opera
21. 服饰	（名）	fúshì	dress and adornment
22. 不同		bùtóng	different
23. 布景	（名）	bùjǐng	setting
24. 简单	（形）	jiǎndān	simple
25. 靠	（动）	kào	to rely
26. 人物	（名）	rénwù	character
27. 表情	（名）	biǎoqíng	facial expression
28. 动作	（名）	dòngzuò	actions
29. 表现	（动、名）	biǎoxiàn	to express
30. 情节	（名）	qíngjié	plot
31. 嗬	（叹）	hē	interjection: oh; wow; huh
32. 京剧迷	（名）	jīngjùmí	a Beijing opera buff
33. 怪不得		guài bu dé	no wonder
34. 说明书	（名）	shuōmíng shū	synopsis
35. 表演	（动）	biǎoyǎn	to act

36.	主角	（名）	zhǔjué	main role
37.	武功	（名）	wǔgōng	acrobatic skills in Chinese opera
38.	戏装	（名）	xìzhuāng	costume
39.	咿咿	（象）	yīyī	onomatopoeia
	呀呀		yāyā	

词 语 例 释　　Cíyǔ lìshì
Notes on Words and Expressions

一　我们去人民剧场看京剧。

　　"去……看……"，谓语中连用两个以上动词，说明一个主语的句子叫连动句。例如：

　　去…看：if a predicate contains two or more verbs in a series which relate to a single subject, then the sentence is called a multi-verbal sentence. For example：

　　1. 星期日我去公园玩。

　　2. 明天他要去广州旅行。

　　3. 小明坐飞机去上海了。

二　怪不得呢。

　　"怪不得"在这里是副词，表示明白了原因，不再觉得奇怪，前后常有表明原因的词语。例如：

　　怪不得 is an adverb here. It expresses that a cause has been made clear and that one does not find the situation strange any longer. There are often words showing cause or reason before or after it. For example:

1. 下雪了，怪不得这么冷。
2. 怪不得他表演得这样好，原来他专门学过表演。
3. 他考上了北京大学，怪不得这几天他这么高兴。

练　习　　Liànxí

Exercises

一　替换练习：

Substitution drills:

1. 今天晚上我们<u>去人民剧场</u><u>看京剧</u>。

用汉语	讲故事
坐飞机	去四川
去体育馆	看球赛
到友谊商店	换外币

2. 我早就想<u>看京剧</u>了，就怕<u>看不懂</u>。

拜访您	您不在
下围棋	耽误时间
吃饺子	包不好
到中国	路太远

3. 她的<u>故事</u>大概很<u>吸引人</u>吧?

演唱	好听
裙子	漂亮
小妹妹	可爱
外表	美

二　用动宾结构完成下列句子：

Complete the sentences using the verb-object construction:

例：我<u>坐飞机</u>去上海。

1. 今天，他们_____参观。

2. 我们假期_____旅游。

3. 他的业余爱好是_____。

4. 姐姐去美国留学，明天我们去机场_____。

三 阅读下面短文，然后复述它的内容：

Read the passage below, and then retell the story in your own words.

今天早上我从学校出发，到张老师家去作客。我骑了十几分钟自行车，就到张老师家了。

听到铃声，张老师立刻出来欢迎我，师母也跟着出来和我握手。我刚在屋里坐下，一个小姑娘就把茶水、点心端了上来，她打扮得很漂亮，有十几岁，已经上中学了。原来这是张老师的独生女儿。她很聪明。

我和张老师一家三口人坐在一起，兴致勃勃地聊起来。师母关心地问了我在国外父母的情况。张老师是个京剧爱好者，后来他还给大家唱了几段，确实很好听。

我在老师家吃了一顿丰盛的午饭，因为下午还有事情，就和他们一家告别了。

补 充 生 词　　Bǔchōng shēngcí
Supplementary Words

1.	球赛	（名）	qiúsài	ball game; match
2.	可爱	（形）	kě'ài	lovely
3.	外表	（名）	wàibiǎo	external appearance
4.	业余	（名）	yèyú	sparetime

5. 留学		liúxué	to study abroad
6. 机场	(名)	jīchǎng	airport
7. 作客		zuòkè	to visit as a guest
8. 铃声	(名)	língshēng	ring
9. 师母	(名)	shīmǔ	the wife of one's teacher or master
10. 握手		wòshǒu	to shake hands
11. 打扮	(动)	dǎbàn	to make up; to dress up
12. 独生 女儿		dúshēng nǚ'ér	an only daughter
13. 聪明	(形)	cōngming	clever
14. 兴致 勃勃		xìngzhì bóbó	full of zest
15. 国外	(名)	guówài	abroad
16. 爱好者	(名)	àihàozhě	amateur; enthusiast
17. 丰盛	(形)	fēngshèng	rich; sumptuous
18. 事情	(名)	shìqing	matter; affair

第四十三课　游山东

Dì-sìshísān kè　Yóu Shāndōng

Lesson Forty-three　Travelling Around Shandong Province

课文　Kèwén
Text

一　Yī

Part One

A 同学们，泰山是中国的名山。今天我们就要看看谁先
到山顶了！

　　Tóngxué men, Tài Shān shì Zhōngguó de míngshān.
Jīntiān wǒmen jiùyào kànkan shuí xiān dào shāndǐng
le!

B 张老师，泰山有多高啊？

　　Zhāng lǎoshī, Tài Shān yǒu duō gāo a?

A 泰山有一千五百多公尺，最高峰是玉皇顶。

　　Tài Shān yǒu yìqiān wǔbǎi duō gōngchǐ, zuì gāofēng
shì Yùhuángdǐng.

C 前年我和妈妈来过一次，还看日出了呢！

　　Qiánnián wǒ he māma láiguò yí cì, hái kàn rìchū le ne!

A 泰山不仅风景秀美，而且名胜群集。你们一会儿都会
看到的。

　　Tài Shān bùjǐn fēngjǐng xiùměi, érqiě míngshèng qúnjí.
Nǐmen yíhuìr dōu huì kàn dào de.

C 小丽，泰山这么高，你爬得上去吗？

Xiǎo Lì, Tài Shān zhème gāo, nǐ pá de shàng qù ma?

D　没关系，爬不上去能坐缆车上去。

　　Méi guānxi, pái bu shàngqù néng zuò lǎnchē shàngqù.

B　我身体好得很，我要和你们比比，看谁先到玉皇顶。

　　Wǒ shēntǐ hǎo de hěn, wǒ yào hé nǐmen bǐbi, kàn shuí xiān dào Yùhuángdǐng.

C　哈哈，如果你走不动了，我把你背上去。

　　Hāhā, rúguǒ nǐ zǒu bú dòng le, wǒ bǎ nǐ bēi shàngqù.

B　小明，你别小看人，咱俩比赛，谁输了谁给大家演个节目。

　　Xiǎo Míng, nǐ bié xiǎo kàn rén, zán liǎ bǐsài, shuí shū le shuí gěi dàjiā yǎn ge jiémù.

C　好，小丽，你说话要算数啊！

　　Hǎo, Xiǎo Lì, nǐ shuōhuà yào suànshù a!

　　　　　※　　　　　　　　　　※

B　青岛这个城市真美，就是人太多了。

　　Qīngdǎo zhège chéngshì zhēnměi, jiùshì rén tài duō le.

A　假期许多人到这儿来避暑，所以人比较多。

　　Jiàqī xǔduō rén dào zhèr lái bìshǔ, suǒyǐ rén bǐjiào duō.

B　老师，咱们准备在海滨浴场进行游泳比赛吗？

　　Lǎoshī, zánmen zhǔnbèi zài hǎibīn yùchǎng jìnxíng yóuyǒng bǐsài ma?

A　是啊，这地方很好，水清，风平浪静，海底干净，是个理想的海滨浴场。

　　Shì a, zhè dìfāng hěnhǎo, shuǐ qīng, fēngpíng làngjìng, hǎi dǐ gānjìng, shì ge lǐxiǎng de hǎibīn yùchǎng.

C　小明是个游泳健将，这次可要大显身手了。
　　Xiǎo Míng shì ge yóuyǒng jiànjiàng, zhè cì kě yào
dàxiǎn-shēnshǒu le.

B　你们看，小明游过来了。
　　Nǐmen kàn, Xiǎo Míng yóu guò lái le.

C　唉呀，我怎么看不清楚。
　　Āiyā, wǒ zěnme kàn bu qīngchu.

A　戴红色游泳帽的就是他。
　　Dài hóngsè yóuyǒng mào de jiùshì tā.

C　看见了，他游得真快，马上就要过来了。
　　Kànjiànle, tā yóu de zhēnkuài, mǎshàng jiù yào guòlái
le.

B　加油！小明加油！
　　Jiāyóu! Xiǎo Míng jiāyóu!

三　Èr
Part　Two
一封家信

亲爱的爸爸妈妈：

　　你们好！我来中国已经一个月了，你们从信中就能看
出我的汉语水平提高了吧？这次我们去山东玩儿，真是有
意思极了！青岛、崂山的风景非常美，泰山的日出，蓬莱
的烟云都使我不能忘怀。我太喜欢蓬莱仙境了。那简直是
神仙住的好地方。我照了好多照片，寄给你们看看，你们
的女儿象仙女下凡吗？

　　我还参观了孔圣人的老家，孔庙的大成殿巍峨壮丽，
建筑设计十分精美，我还了解了孔子的一生。

我介绍不完了，总之山东是个好地方，希望爸爸妈妈今后有机会也来玩玩。

这次就写到这里吧。祝你们

身体健康!

你们的女儿

小华

1986 年 10 月 4 日

Yì Fēng jiā Xìn

Qīn'ài de bàba māma:

Nǐmen hǎo, wǒ lái Zhōngguó yǐjing yí gè yuè le. Nǐmen cóng xìn zhōng jiù néng kàn chū wǒ de Hànyǔ shuǐpíng tígāo le ba? Zhè cì wǒmen qù Shāndōng wánr, zhēn shì yǒu yìsi jí le. Qīngdǎo Láo Shān de fēngjǐng fēicháng měi, Tài Shān de rìchū, Pénglái de yānyún dōu shǐ wǒ bù néng wànghuái. Wǒ tài xǐhuan Pénglái Xiānjìng le. Nà jiǎnzhí shì shénxiān zhùde hǎo dìfang. Wǒ zhào le hǎoduō zhàopiān. Jì gěi nǐmen kànkan. Nǐmen de nǚ'ér xiàng xiānnǚ xiàfán ma?

Wǒ hái cānguān le Kǒng Shèngrén de lǎojiā. Kǒngmiào de Dàchéng Diàn wēi'é zhuànglì, jiànzhù shèjì shífēn jīngměi, wǒ hái liǎojiěle Kǒngzǐ de yìshēng.

Wǒ jièshào bù wán le, zǒngzhī Shāndōng shì ge hǎo dìfang.Xīwàng bàba māma jīnhòu yǒu jīhuì yělái wánwanr.

Zhècì jiù xiě dào zhèli ba.Zhù nǐmen

Shēntǐ jiànkāng!

Nǐmen de nǚ'ér
Xiǎo Huá
Yījiǔbāliù nián Shíyuè sìrì

生　词　　Shēngcí
New Words

1. 名山 （名） míngshān famous mountain
2. 公尺 （量） gōngchǐ metre
3. 高峰 （名） gāofēng peak; summit
4. 玉皇顶（专） Yùhuángdǐng Jade Emperor Peak
5. 日出 rìchū sunrise
6. 不仅… bùjǐn... not only...but also
   而且… érqiě ...
7. 名胜 míngshèng a cluster of famous spots
   群集 qúnjí
8. 缆车 （名） lǎnchē cable car
9. 哈 （象） hā onomatopoeia;
   sound of laughing
10. 走不动 zǒu bú dòng can't walk any longer
11. 背 （动） bēi to carry on one's back

12.	小看	(动)	xiǎokàn	to look down upon; to belittle
13.	算数		suànshù	count; hold; stand
14.	避暑		bìshǔ	to spend a holiday at a summer resort
15.	海滨浴场		hǎibīn yùchǎng	bathing beach
16.	进行	(动)	jìnxíng	to be in progress; to hold
17.	水清		shuǐqīng	of water, clean
18.	风平浪静		fēngpíng làngjìng	of wind and waves, calm and tranquil
19.	海底	(名)	hǎidǐ	the sea bottom
20.	健将	(名)	jiànjiàng	top-notch player
21.	大显身手		dàxiǎn shēnshǒu	to distinguish oneself; to display one's skill to the full
22.	唉呀	(叹)	āiyā	interjection (expressing surprise, complaint, impatience, etc.)
23.	戴	(动)	dài	to wear; to put on
24.	帽	(名)	mào	hat
25.	水平	(名)	shuǐpíng	level
26.	提高	(动)	tígāo	to improve

27.	崂山 (专)	Láo Shān	Laoshan Mountain
28.	蓬莱 (专)	Pénglái	Penglai, a fabled abode of immortals
29.	烟云 (名)	yānyún	mists and clouds
30.	忘怀 (动)	wànghuái	to forget
31.	蓬莱 (专) 仙境	Pénglái Xiānjìng	the fairyland in Penglai
32.	下凡	xiàfán	(of Gods or immortals) to descend to the world
33.	孔圣 (专) 人	Kǒng Shèng-rén	the sage Confucius
34.	老家 (名)	lǎojiā	hometown
35.	孔庙 (专)	Kǒngmiào	the Temple of Confucius
36.	大成殿 (专)	Dàchéng Diàn	the Great Hall of Confucius
37.	巍峨 (形)	wēi'é	lofty
38.	壮丽 (形)	zhuànglì	magnificent
39.	设计 (动)	shèjì	to design
40.	十分 (副)	shífēn	very
41.	精美 (形)	jīngměi	exquisite; elegant
42.	孔子 (专)	Kǒngzǐ	Confucius
43.	一生	yìshēng	all one's life
44.	总之 (连)	zǒngzhī	in a word; in short
45.	今后	jīnhòu	from now on; from today forward

词 语 例 释　　Cíyǔ lìshì
Notes on Words and Expressions

一　泰山不仅风景秀美，而且名胜群集。

　　"不仅……而且"，表示除了已经说了的意思之外，还有更进一层的意思。例如：

　　不仅 … 而且 indicates that there is some further meaning besides what has already been said. For example:

　　1. 刘云不仅会跳舞，而且会唱歌。

　　2. 她不仅长得漂亮，而且人品也好。

二　许多人都到这儿来避暑，所以人比较多。

　　"所以"常常和"因为"一起用，构成"因为…所以"的关联词语。用以表示事物行为的因果关系。有时"因为"和"所以"也可以在句中单独使用。例如：

　　所以 is often used together with 因为 and forms the correlative 因为 … 所以.It is used to show causality. Sometimes either 因为 or 所以 can be used alone in a sentence. For example:

　　1. 因为昨天夜里下了雨，所以今天挺凉快。

　　2. 他学习刻苦，所以成绩优秀。

　　3. 对不起，我来晚了，因为自行车半路坏了。

练　习　　Liànxí
Exercises

一　替换练习：
Substitution drills:

1. <u>泰山</u><u>不仅</u><u>风景秀美</u>，<u>而且</u><u>名胜群集</u>。

这里	东西丰富	价格便宜
小文	学习好	身体也好
他	会下象棋	会下围棋
她	能歌善舞	学习超群

2. 许多人到这儿来<u>避暑</u>，<u>所以</u>人比较多。

买东西

看病

旅游

看球赛

3. 你们看小明<u>游过来了</u>。

跑过来

走过去

闯进来

爬上去

二 将下列句子改成"把"字句：

Transform the following sentences into sentences of the 把 construction:

例：请你打开窗户。

　　请你把窗户打开。

　　1. 我复习完昨天的课文了。

　　_____

　　2. 我买来了第五课的英语磁带。

　　_____

　　3. 张老师给我飞机票。

　　_____

4. 我要带来一个朋友。

_____

三　用动词"来""去"填空:

Fill in the blanks with the verb 来 or 去:

　　我从宿舍里走出＿＿，走到小文的宿舍外边。我大声说:
"小文! 你快＿＿＿，小华从上海回＿＿＿了，她找你。"小文听见
了，马上从屋子里跑出＿＿＿问我:"小华真回＿＿＿了? 我和你一
起＿＿＿吧。"我说:"好，咱们一起＿＿＿吧。"

补 充 生 词　　Bǔchōng shēngcí
Supplementary Words

1.	价格	（名）	jiàgé	price
2.	能歌		nénggē	good at dancing and
	善舞		shànwǔ	singing
3.	超群	（形）	chāoqún	head and shoulders
				above others; preeminent
4.	闯	（动）	chuǎng	to rush; to charge

第四十四课　　　游西湖

Dì-sìshísì kè　　Yóu Xī Hú

Lesson Forty-four　　Visiting West Lake

课　文　Kèwén
Text
一　Yī
Part　One

A　西湖是中国著名的风景区。因为它在杭州的西边，所以叫西湖。

　　Xī Hú shì Zhōngguó zhùmíng de fēngjǐngqū. Yīnwèi tā zài Hángzhōu de xībiān, suǒyǐ jiào Xī Hú.

B　真是名不虚传。怪不得古代人把西湖比作美女呢！

　　Zhēn shì míngbùxūchuán. Guài bu dé gǔdài rén bǎ Xī Hú bǐ zuò měinǚ ne!

A　西湖有十景，各有各的美妙之处，而且名字都很好听。

　　Xī Hú yǒu shí jǐng, gè yǒu gè de měimiào zhī chù, érqiě míngzi dōu hěn hǎotīng.

C　记不清哪本书上说过，西湖佛像很多，有好几百尊。

　　Jì bu qīng nǎ běn shū shàng shuōguò, Xī Hú fóxiàng hěn duō, yǒu hǎo jǐ bǎi zūn.

A　你说的是飞来峰，那儿的岩壁上雕着许多佛像。

　　Nǐ shuō de shì Fēilái Fēng, nàr de yánbì shàng diāo zhe xǔduō fóxiàng.

C　那一定去看看。飞来峰后面有个灵隐寺，据说有一千多年的历史了。

Nà yídìng qù kànkan. Fēilái Fēng hòumiàn yǒu ge Língyǐn Sì, jùshuō yǒu yìqiān duō nián de lìshǐ le.

B　快走吧，西湖十景就够我们这两天看的了。灵隐寺大概得到后天再去啦。

Kuài zǒu ba, Xī Hú shí jǐng jiù gòu wǒmen zhè liǎng tiān kàn de le. Língyǐn Sì dàgài děi dào hòutiān zài qù la.

※ ※

B　小明，西湖的夜景真迷人。

Xiǎo Míng, Xī Hú de yèjǐng zhēn mírén.

C　是啊，今天的月亮跟十五的月亮一样亮。

Shì a, jīntiān de yuèliàng gēn shíwǔ de yuèliàng yíyàng liàng.

A　你们看前面的三个石塔，就是有名的三潭印月。

Nǐmen kàn qiánmiàn de sān ge shítǎ, jiùshì yǒumíng de Sāntán Yìnyuè.

C　塔的造型很美，听说明朝的时候这些塔就有了。

Tǎ de zàoxíng hěn měi, tīngshuō Míngcháo de shíhou zhèxiē tǎ jiù yǒu le.

A　塔里面点上灯，照在静静的湖面上，就象月亮一样。

Tǎ lǐmiàn diǎn shàng dēng, zhào zài jìngjìng de húmiàn shang, jiù xiàng yuèliàng yíyàng.

C　小芳，你在想什么？半天不说话。

Xiǎo Fāng, nǐ zài xiǎng shénme? Bàntiān bù shuōhuà.

B　啊，我在想日月潭，日月潭也是这样美。

À, wǒ zài xiǎng Rìyuè Tán, Rìyuè Tán yě shì zhèyàng

měi.

A 让我们记住今天晚上吧！西湖的月夜和我们的友谊，这美好的一切。

Ràng wǒmen jìzhù jīntiān wǎnshang ba! Xī Hú de yuèyè hé wǒmen de yǒuyì, zhè měihǎo de yíqiè.

二　Èr
Part Two

西湖是中国著名的风景区。因为它在杭州的西面，所以叫西湖。西湖三面都是山，中间有两条堤岸。一条叫白堤，一条叫苏堤。堤岸旁边种着许多树。

西湖的风景很美，附近的名胜古迹有十几处。西湖跟其它风景区一样，有很多美丽的传说。

今天的西湖越来越美了。

Xī Hú shì Zhōngguó zhùmíng de fēngjǐngqū. Yīnwèi tā zài Hángzhōu de xīmiàn, suǒyǐ jiào Xī Hú. Xī Hú sānmiàn dōu shì shān. Zhōngjiān yǒu liǎng tiáo dī'àn. Yì tiáo jiào Bái Dī, yì tiáo jiào Sū Dī. Dī'àn pángbiān zhòngzhe xǔduō shù.

Xī Hú de fēngjǐng hěn měi, fùjìn de míngshèng gǔjī yǒu shíjǐ chù. Xī Hú gēn qítā fēngjǐngqū yíyàng, yǒu hěn duō měilì de chuánshuō.

Jīntiān de Xī Hú yuèlái yuè měi le.

生　词　Shēngcí
New Words

1. 西湖　（专）　Xī Hú　　　　West Lake

2. 著名	（形）	zhùmíng	famous
3. 名不 虚传		míngbù xūchuán	to live up to one's reputation
4. 美女	（名）	měinǚ	a beauty
5. 美妙 之处		měimiào zhīchù	points of beauty and splendour
6. 记不清		jì bu qīng	can't remember
7. 佛象	（名）	fóxiàng	Buddha figure
8. 尊	（量）	zūn	measure word (used for Buddha, artillery, etc.)
9. 飞来峰	（专）	Fēilái Fēng	the Peak that Flew in from Afar
10. 岩壁	（名）	yánbì	rock wall; cliff
11. 雕	（动）	diāo	to carve
12. 灵隐寺	（专）	Língyǐn Sì	Soul's Retreat Temple
13. 据说		jùshuō	it is said
14. 迷人		mírén	fascinating
15. 石塔		shítǎ	stone tower
16. 三潭 印月	（专）	Sāntán Yìnyuè	Three Pools Mirroring the Moon
17. 塔	（名）	tǎ	tower
18. 造型	（名）	zàoxíng	model; mould
19. 明朝	（专）	Míngcháo	Ming Dynasty

20. 点	(动)	diǎn	to light; to burn
21. 灯	(名)	dēng	lamp
22. 照	(动)	zhào	to shine; to reflect; to illuminate
23. 静	(形)	jìng	quiet; still; calm
24. 湖面	(名)	húmiàn	surface of the lake
25. 日月潭	(专)	Rìyuè Tán	The pool of the Sun and Moon
26. 堤岸	(名)	dī'àn	embankment
27. 白堤	(专)	Bái Dī	Bai Causeway
28. 苏堤	(专)	Sū Dī	Su Causeway
29. 其它	(代)	qítā	other
30. 越来越…		yuèlái yuè...	more and more

词语例释　Cíyǔ lìshì
Notes on Words and Expressions

一　今天的月亮跟十五的月亮一样。

　　"跟"，介词。引进用来比较的对象。后面常用"相同"、"不同"、"一样"、"不一样"、"差不多"等词。例如：

The preposition 跟 is used to introduce an object for comparison. 相同,不同,一样 or 不一样 often appears after it. For example:

    1. 她的衣服跟我的衣服一样。

    2. 他的情况跟我的情况可不同。

    3. 我的爱好跟你的差不多。

二　据说有一千多年历史了。

    "有"，动词。这里表示性质、数量达到某种程度。有估量，比较的意思。例如：

有 is a verb. Here it shows that the quality or quantity has achieved a certain degree. It indicate an estimation or comparison. For example：

    1. 这个学校有七八百人。

    2. 从这儿到天坛大概有六公里。

    3. 这个剧场有那个剧场大吗？

    4. 我看小莉有她妈妈那样高了。

三　西湖越来越美了。

    越……越，表示程度随着条件的发展而发展。例如：

    越…越 indicates the degree increases as the condition develops. For example：

    1. 我觉得身体越来越结实了。

    2. 她长得越来越漂亮了。

    3. 雪下得越来越大了。

练　习　Liànxí
Exercises

一　替换练习：

Substitution drills：

1. 今天的月亮跟十五的月亮一样亮。

李明	水平	小文	高
这里	景色	那里	迷人
女孩子	成绩	男孩子	好

2. <u>西湖</u><u>越来越</u><u>美</u>。

天气	热
他	高
人	多
车	快

3. <u>西湖</u><u>附近</u>的<u>名胜古迹</u>有<u>十几处</u>。

住宅区	商店	很多
剧院	小吃店	两三个
公园	小卖部	好几个

二　用下列词造句：

Make sentences using the given phrases：

因为……所以

跟……一样

把……比成

而且

名不虚传

三　阅读下面短文，然后复述内容：

Read the passage below, and then retell it in your own words：

东坡肉

苏东坡是宋代的文学家。他在杭州做官时给杭州人民做了不少好事，杭州人民很尊敬他。

有一年春节，很多人送肉给苏东坡，苏东坡跟往常一样叫大家带回去。人们一定要他收下，而且越送越多。苏东坡只好收下了。后来苏东坡请人把肉切成一块一块的方块儿，放在锅里在火上慢慢地煨，又加上各种各样的调味作料。这样做出的肉酥香可口。苏东坡将做好的肉又分送给大家。许多人都吃到了。大家称赞说，这肉真好吃。从此就叫它东坡肉了。

现在，东坡肉成了杭州的名菜了。

补充生词　　Bǔchōng shēngcí
Supplementary Words

1.	住宅区（名）	zhùzháiqū	residential district
2.	剧院　（名）	jùyuàn	theatre
3.	小吃店（名）	xiǎochīdiàn	snack bar
4.	东坡肉（专）	Dōngpōròu	Dongpo meat
5.	苏东坡（专）	Sū Dōngpō	Su Dongpo (a famous Northern Song Dynasty poet, painter, and calligrapher)
6.	文学家（名）	wénxuéjiā	man of letters
7.	作官	zuòguān	to be an official
8.	肉　（名）	ròu	meat
9.	往常（名）	wǎngcháng	usually
10.	越… 越…	yuè... yuè...	the more...the more
11.	只好	zhǐhǎo	have to
12.	切　（动）	qiē	to cut
13.	方块儿（名）	fāngkuàir	square
14.	锅　（名）	guō	pot

15. 火	(名)	huǒ	fire
16. 煨	(动)	wēi	to stew
17. 调味		tiáowèi	seasonings
作料		zuóliào	
18. 酥香		sūxiāng	crisp, savoury, and
可口		kěkǒu	delicious
19. 将	(介)	jiāng	preposition showing
			disposal
20. 好吃	(形)	hǎochī	tasty
21. 此	(代)	cǐ	this
22. 名菜	(名)	míngcài	famous dish

第四十五课

Dì-sìshíwǔ kè

Lesson Forty-five

日月潭

Rìyuè Tán

The Pool of the Sun and Moon

课 文　Kèwén

Text

一　Yī

Part　One

A 北京的天气比较凉快，只是太干燥了。

　Běijīng de tiānqì bǐjiào liángkuài, zhǐshì tài gānzào le.

B 我们家乡虽然天气比较热，但是空气湿润。

　Wǒmen jiāxiāng suīrán tiānqì bǐjiào rè, dànshì kōngqì shīrùn.

C 嗯，菲律宾的气候就是这样的。

　Ng, Fēilǜbīn de qìhòu jiùshì zhèyàng de.

B 我的老家是台湾，不是菲律宾。

　Wǒ de lǎojiā shì Táiwān, búshì Fēilǜbīn.

A 你不是菲律宾出生的吗?

　Nǐ búshì Fēilǜbīn chūshēng de ma?

B 不，我是台湾人，十六岁才和爸爸、妈妈到菲律宾。

　Bù, wǒ shì Táiwān rén, shíliù suì cái hé bàba, māma dào Fēilǜbīn.

A 哦，你给我们讲讲你家乡的情况吧。

　Ò, nǐ gěi wǒmen jiǎngjiang nǐ jiāxiāng de qíngkuàng ba.

B 台湾是中国的宝岛啊，一到那儿，你就会被美丽的风
  景迷住。
  Táiwān shì Zhōngguó de bǎodǎo a, yí dào nàr, nǐ jiù
  huì bèi měilì de fēngjǐng mízhù.

C 我只从书本上知道台湾有日月潭、阿里山。
  Wǒ zhǐ cóng shūběn shàng zhīdào Táiwān yǒu Rìyuè
  Tán, Ālǐ Shān.

B 阿里山是旅游者观云海、看日出的理想地方。
  Ālǐ Shān shì lǚyóuzhě guān yúnhǎi, kàn rìchū de
  lǐxiǎng dìfang.

C 日月潭是个大深湖吧？
  Rìyuè Tán shì gè dà shēn hú ba?

B 日月潭是个天然湖。湖中一个小岛把湖分成两部分。
  北边部分象太阳，南边部分象弯月……
  Rìyuè Tán shì gè tiānrán hú. Hú zhōng yígè xiǎodǎo
  bǎ hú fēn chéng liǎng bùfen. Běibiān bùfen xiàng
  tàiyáng, nánbiān bùfen xiàng wānyuè…

C 所以叫日月潭。
  Suǒyǐ jiào Rìyuè Tán.

B 对!日月潭游人不断。蓝蓝的湖水，皎洁的明月，半山
  有楼阁亭台，美极了。
  Duì! Rìyuè Tán yóurén bú duàn. Lánlán de húshuǐ,
  jiǎojié de míngyuè, bànshān yǒu lóugé tíngtái, měi jí le.

C 听你一说，我真想马上看到日月潭。
  Tīng nǐ yì shuō, wǒ zhēnxiǎng mǎshàng kàn dào Rìyuè
  Tán.

B 我敢说，假如你到了日月潭，一定会喜欢它的。
  Wǒ gǎn shuō, jiǎrú nǐ dàole Rìyuè Tán, yídìng huì

xǐhuan tā de.

A　今晚睡个好觉，梦游日月潭。

　　Jīn wǎn shuì gè hǎo jiào, mèngyóu Rìyuè Tán.

二　Èr

Part Two

　　台湾岛是中国南海碧波中的一个宝岛。它美丽、富饶，岛上土地肥沃，农产品和林、矿资源丰富。台湾出产的稻米、蔗糖、樟脑和水果都驰名世界。

　　日月潭是台湾最大的湖泊，那里风光秀美，是游览胜地。

　　台湾是祖国的领土，台湾人民是我们的骨肉同胞。他们大部分是从福建、广东等地迁移去的。我们大家都很怀念台湾同胞。

　　Táiwāndǎo shì Zhōngguó Nán Hǎi bìbō zhōng de yí gè bǎodǎo. Tā měilì, fùráo, dǎoshàng tǔdì féiwò, nóngchǎn pǐn hé lín, kuàng zīyuán fēngfù. Táiwān chūchǎn de dàomǐ, zhètáng, zhāngnǎohé shuǐguǒ dōu chímíng shìjiè.

　　Rìyuè Tán shì Táiwān zuì dà de húpō, nàli fēngguāng xiùměi, shì yóulǎn shèngdì.

　　Táiwān shì zǔguó de lǐngtǔ, Táiwān rénmín shì wǒmen de gǔròu tóngbāo. Tāmen dà bùfen shì cóng Fújiàn, Guǎngdōng děng dì qiānyí qù de. Wǒmen dàjiā dōu hěn huáiniàn Táiwān tóngbāo.

生 词　Shēngcí
New Words

1. 虽然…　　suīrán...　　although
   但是…　　dànshì...

2. 湿润　(形)　shīrùn　　wet

3. 菲律宾 (专)　Fēilǜbīn　Philippines

4. 出生　(动)　chūshēng　to be born

5. 宝岛　(名)　bǎodǎo　treasure island

6. 迷住　　mízhù　fascinated; enchanted

7. 阿里山 (专)　Ālǐ Shān　Ali Mountain

8. 旅游者 (名)　lǚyóuzhě　traveller, tourist

9. 观　　(动)　guān　to watch; to view

10. 云海　(名)　yúnhǎi　sea of clouds

11. 天然湖 (名)　tiānránhú　natural lake

12. 弯月　(名)　wānyuè　crescent moon

13. 游人　　yóurén　an unceasing number
    不断　　bùduàn　of travellers

14. 皎洁　(形)　jiǎojié　(of moonlight) bright
    　　　　　　and clear

15. 明月　(名)　míngyuè　bright moon

16. 楼阁　　lóugé　pavilions and balconies
    亭台　　tíngtái

17. 敢　　(动)　gǎn　to dare

18. 假如　(连)　jiǎrú　if

19. 觉	(名)	jiào	sleep
20. 梦游	(动)	mèngyóu	to tour in a dream; to sleepwalk
21. 南海	(专)	Nán Hǎi	the South China Sea; the Nanhai Sea
22. 碧波	(名)	bìbō	blue wave
23. 富饶	(形)	fùráo	richly endowed
24. 土地	(名)	tǔdì	land; soil
25. 肥沃	(形)	féiwò	fertile
26. 农产品	(名)	nóngchǎnpǐn	agricultural products
27. 林、矿 资源		lín, kuàng zīyuán	forest and mineral resources
28. 出产	(动)	chūchǎn	to produce
29. 稻米	(名)	dàomǐ	paddy rice
30. 蔗糖	(名)	zhètáng	cane sugar
31. 樟脑	(名)	zhāngnǎo	camphor
32. 驰名	(形)	chímíng	well—known; renowned
33. 湖泊	(名)	húpō	lakes
34. 胜地	(名)	shèngdì	scenic spots
35. 祖国	(名)	zǔguó	motherland
36. 领土	(名)	lǐngtǔ	territory
37. 骨肉 同胞		gǔròu tóngbāo	one's own flesh and blood

38. 迁移 (动) qiānyí　　　to emigrate

词 语 例 释　　Cíyǔ lìshì
Notes on Words and Expressions

一　我们家乡虽然天气比较热，但是空气湿润。

　　"虽然……但是"作为关联词常常用在转折句中。后一个分句在意义上与第一个分句相对或相反，常用"但是"、"可是"、"还是"等呼应。例如：

　　虽然…但是 is often used in a sentence in which there is a turn in meaning. The second part of such a sentence is contrary in meaning to the first part. And in the second part, 但是,可是, or 还是 often appears to correspond with 虽然 in the first part. For example:

　　1. 他虽然身体矮小，但是体质很好。

　　2. 他虽然工作忙，可是能每天抽出时间学外语。

二　你不是菲律宾出生的吗？

　　"不是……吗？"在句中表示反问，用来强调肯定的意思。例如：

　　不是…吗 is used in a rhetorical sentence to emphasize a positive meaning.　For example:

　　1. 你别找了，你的书不是在桌子上吗？

　　2. 这个电影你不是看过了吗？怎么还去看。

　　3. 你的朋友不是今天来吗？你还不去接他。

一　替换练习:

Substitution drills:

1. <u>我们家乡</u>虽然<u>天气比较热</u>，但是<u>空气湿润</u>。

小华的弟弟	才六岁	已经会拉小提琴了
玛丽	是英国人	喜欢吃中国菜
这些水果	价格便宜	质量不太好
今天	很累	玩得痛快

2. 你不是<u>菲律宾出生</u>的吗?

　　　从中国来

　　　小文的朋友

　　　会做东坡肉

　　　住在王府井附近

3. 一到<u>那儿</u>，你就会被<u>美丽的风景</u>迷住。

桂林	奇丽的山水
杭州	西湖的美景
美术馆	精美的油画展

二　完成下列名句:

Complete the following sentences:

1. 今天我游览了很多地方，虽然很累，但是＿＿＿＿＿＿＿＿。

2. 他虽然年纪小，可是＿＿＿＿＿＿＿＿。

3. 这次他来中国的时间虽然不长，但是＿＿＿＿＿＿＿＿。

4. 这种衣服的颜色虽然不鲜艳，但是＿＿＿＿＿＿＿＿。

三　给下列动词配上一个合适的名词，然后用这两个词造一句话：
例：开　汽车　　我学会了开汽车。
Give appropriate nouns for the given verbs, and then construct sentences with the combinations you have made:

1. 打＿＿＿＿＿＿
2. 学＿＿＿＿＿＿
3. 去＿＿＿＿＿＿
4. 希望＿＿＿＿＿＿
5. 想念＿＿＿＿＿＿

补 充 生 词　　Bǔchōng shēngcí
Supplementary Words

1.	玛丽	（专）	Mǎlì	Mary
2.	质量	（名）	zhìliàng	quality
3.	奇丽	（形）	qílì	exotic and pretty
4.	美景		měijǐng	a pretty scene
5.	美术馆	（名）	měishùguǎn	art gallery
6.	油画展	（名）	yóuhuàzhǎn	an exhibition of oil paintings
7.	年纪	（名）	niánjì	age

第四十六课　买东西

Dì-sìshíliù kè　　Mǎi dōngxi

Lesson Forty-six　Shopping

课　文　Kèwén
Text

一　Yī
Part　One

A 小文，我们到琉璃厂去看看好吗?

Xiǎo Wén, wǒmen dào Liúlí Chǎng qù kànkan hǎo ma?

B 琉璃厂是什么地方?

Liúlí Chǎng shì shénme dìfang?

A 荣宝斋在琉璃厂，荣宝斋除了经营中国字画以外，还卖文房四宝。

Róngbǎozhāi zài Liúlí Chǎng, Róngbǎozhāi chúle jīngyíng Zhōngguó zìhuà yǐwài, hái mài wénfángsìbǎo.

B 你说的是纸、墨、笔、砚吗?

Nǐ shuō de shì zhǐ, mò, bǐ, yàn ma?

A 对，那里卖有名的宣纸、徽墨、湖笔、端砚。

Duì, nàli mài yǒumíng de xuānzhǐ, huīmò, húbǐ, duānyàn.

B 嗬，你真是个行家啊! 咱们就去荣宝斋吧。

He, nǐ zhēn shì gè hángjiā a! Zánmen jiùqù Róngbǎozhāi ba.

A 我想买一块石料，刻一个图章送给爸爸。他一定高兴。

Wǒ xiǎng mǎi yíkuài shíliào, kè yí gè túzhāng sòng gěi bàba. Tā yídìng gāoxìng.

B 我也早想有一个刻着"圈儿"的图章。

Wǒ yě zǎo xiǎng yǒu yí gè kèzhe "quānr" de túzhāng.

A 哈哈，那是篆字图章。

Haha, nàshì zhuànzì túzhāng.

※　　　　　　　　　　　※

B 我要买一个手镯送给妈妈。

Wǒ yào mǎi yí gè shǒuzhuó sòng gěi māma.

B 你想买哪种颜色的?

Nǐ xiǎng mǎi nǎ zhǒng yánsè de?

A 我看那种翡翠的不错。颜色纯正，样子也大方。

Wǒ kàn nàzhǒng fěicuì de búcuò. Yánsè chúnzhèng, yàngzi yě dàfang.

B 劳驾，这只手镯多少钱?

Láojià, zhè zhī shǒuzhuó duōshǎo qián?

C 七百元。

Qī bǎi yuán.

A 价钱真不低啊!

Jiàqián zhēn bù dī a!

C 这是真正翡翠的。

Zhèshì zhēnzhèng fěicuì de.

A 我还要买件绣花衬衫。

Wǒ hái yào mǎi jiàn xiùhuā chènshān.

C 您要什么颜色的?

Nín yào shénme yánsè de?

A 白的吧，或者浅蓝的也行。

　　Bái de ba, huòzhě qiǎnlán de yě xíng.

C 您看这件行吗?

　　Nín kàn zhè jiàn xíng ma?

A 这件太艳了，还是要那一件吧。

　　Zhè jiàn tài yàn le, hái shì yào nà yí jiàn ba.

C 一共七百三十二元六角。

　　Yígòng qībǎi sānshí'èr yuán liùjiǎo.

A 好的，给您钱。

　　Hǎo de, gěi nín qián.

二　Èr
Part　Two

　　今天是星期日，我和小丽去友谊商店买东西。我要买双布鞋。小丽要买件旗袍，因为中国的旗袍手工精，式样美，价钱便宜。

　　我们进了友谊商店，一下子就找到了卖旗袍的柜台。小丽对售货员说："我要一件浅红色的旗袍。"售货员是一位很和气的中年妇女，她问："你穿多大号的?"小丽说："我不知道中国衣服的号码，我试一件行吗?"售货员说："可以。"她挑了一件给小丽。小丽穿上后，我觉得不肥不瘦，正合适。小丽也很满意，对售货员说："谢谢您，我就买这件吧!"

　　Jīntiān shì Xīngqīrì, wǒ hé Xiǎo Lì qù Yǒuyì Shāngdiàn mǎi dōngxi. Wǒ yào mǎi shuāng bùxié. Xiǎo Lì yào mǎi jiàn qípáo, yīnwèi Zhōngguó de qípáo shǒugōng jīng, shìyàng měi, jiàqián piányì.

Wǒmen jìle Yǒuyì Shāngdiàn, yíxiàzi jiù zhǎodàole mài qípáo de guìtái. Xiǎo Lì duì shòuhuòyuán shuō:"Wǒ yào yí jiàn qiǎn hóng sè de qípáo." Shòuhuòyuán shì yí wèi hěn héqì de zhōngnián fùnǚ, tā wèn:" Nǐ chuān duō dà hào de?" Xiǎo Lì shuō: " Wǒ bù zhīdào Zhōngguó yīfu de hàomǎ, wǒ shì yí jiàn xíng ma?"Shòuhuòyuán shuō:"Kěyǐ." Tā tiāole yí jiàn gěi Xiǎo Lì. Xiǎo Lì chuānshàng hòu, wǒ juéde bù féi bú shòu, zhèng héshī. Xiǎo Lì yě hěn mǎnyì, duì shòuhuòyuán shuō: "Xièxie nín, wǒ jiù mǎi zhèi jiàn ba!"

生　词　Shēngcí
New Words

1. 琉璃厂 (专)	Liúlí Chǎng	Liuli Chang (lit. Coloured Glaze Factory. a street in Beijing where one can find articles of a traditional scholar's study)
2. 荣宝斋 (专)	Róngbǎozhāi	Rongbao Study (name of a store)
3. 除了	chúle	except; in addition to
4. 卖　(动)	mài	to sell
5. 文房四宝	wénfáng sìbǎo	the four treasures of the study

6. 墨	(名)	mò	ink
7. 砚	(名)	yàn	inkslab
8. 宣纸	(名)	xuānzhǐ	*Xuan* paper
9. 端砚	(名)	duānyàn	*Duan* inkslab
10. 徽墨	(名)	huīmò	*Hui* inkstick
11. 湖笔	(名)	húbǐ	Hu writing brush
12. 行家	(名)	hángjia	expert
13. 块	(量)	kuài	measure word: piece; lump; cube
14. 石料	(名)	shíliào	stone material (here, on which to carve a seal)
15. 刻	(动)	kè	to carve
16. 图章	(名)	túzhāng	seal; stamp
17. 圈儿	(名)	quānr	circle
18. 篆字	(名)	zhuànzì	seal character
19. 手镯	(名)	shǒuzhuó	bracelet
20. 翡翠	(名)	fěicuì	jadeite
21. 纯正	(形)	chúnzhèng	pure
22. 大方	(形)	dàfang	natural and poised
23. 低	(形)	dī	low
24. 真正	(副)	zhēnzhèng	real
25. 绣花衬衫	(名)	xiùhuā chènshān	embroidered blouse

26.	或者	（连）	huòzhě	or
27.	艳	（形）	yàn	bright
28.	布鞋	（名）	bùxié	shoes made of cloth
29.	旗袍	（名）	qípáo	a close fitting woman's dress with a high neck and slit skirt; cheongsam
30.	手工精		shǒugōng jīng	fine handwork
31.	一下子		yīxiàzi	right away
32.	柜台	（名）	guìtái	counter
33.	中年	（名）	zhōngnián	middle age
34.	妇女	（名）	fùnǚ	woman
35.	肥	（形）	féi	fat
36.	瘦	（形）	shòu	thin
37.	对	（介）	duì	to

词 语 例 释　　Cíyǔ lìshì
Notes on Words and Expressions

一　荣宝斋除了经营中国字画以外，还卖文房四宝。

　　"除了……以外"在汉语中可以表示加合关系，也可以表示排除关系。表示加合关系时，后面常加"也"、"还"；表示排除关系时，后面常用"都"。例如：

　　除了…以外 in Chinese can express "besides, apart from" and "except".When it means "besides", 也 or 还 is often used to correspond with it; when it means "except", it is often followed by 都. For example:

　　1. 我除了教汉语外，还教法语。

　　2. 除了小文去过，我也去过。

　　3. 除了他以外，都是从美国来的。

二　白的吧，或者浅蓝的也行。

　　"或者"，连词。在这里表示选择关系，有时用一个"或者"，有时用两个"或"或两个以上"或者"。例如：

　　或者 is a conjunction. Here it expresses the idea of choice. Sometimes one 或者 is used, sometimes two 或 are used, and still sometimes two or more 或者 are used. For example:

　　1. 我看或者你去，或者他去都成。

　　2. 这件事你问小文或者小丽都可以。

　　3. 或者白的，或者蓝的，不要红的。

　　另外，"或者"也表示几种交替的情况。例如：

　　In addition, 或者 can also show alternatives. For example:

　　今天的周末晚会真热闹，同学们或者唱歌，或者跳舞，或者弹琴……

练　习　Liànxí
Exercises

一　替换练习：

Substitution drills:

　　1. 荣宝斋除了经营中国字画以外，还卖文房四宝。

美术馆	有国画展	有油画展
他	写小说	写诗歌
她	去中国上学	要去中国旅游

2. 我不<u>知道</u><u>中国衣服的号码</u>。

熟悉	去火车站的路线
了解	玛丽的情况
懂得	京剧艺术
清楚	英镑和人民币的兑换率

3. <u>不肥不瘦</u>，正合适。

不高不矮

不紧不松

不大不小

不快不慢

二 用"还是"或"或者"填空：

Fill in the blanks with 还是 or 或者：

1. 你去电影院，____去游泳？

2. 今天下午我去看电影，____去游泳，反正不在家。

3. 这双鞋是新的____旧的？

4. 老师在教室上课，____在办公室开会？

5. 你是去，____不去，快决定。

三 模仿造句：

Make sentences according to the given example:

例： 虽然他不是专业演员，

但是唱得很动听。

1. 天下大雨

按时到校

2. 颜色不鲜艳

质量好

3. 准备得不错

考得不理想

4. 路很远
   坐车方便

补 充 生 词　Bǔchōng shēngcí
Supplementary Words

1.	国画展	（名）	guóhuàzhǎn	an exhibition of Chinese painting
2.	诗歌	（名）	shīgē	poems and songs; poetry
3.	熟悉	（形）	shúxi	familiar
4.	路线	（名）	lùxiàn	route
5.	矮	（形）	ǎi	short
6.	松	（形）	sōng	loose
7.	旧	（形）	jiù	old
8.	办公室	（名）	bàngōngshì	office
9.	开会		kāihuì	to hold a meeting

第四十七课　　　宴　请
Dì-sìshíqī kè　　Yànqǐng
Lesson Forty-seven　　A Banquet

课　文　Kèwén
Text

一　Yī
Part One

A 今天借游北海的机会，我请你们到仿膳吃顿饭。

　Jīntiān jiè yóu Běihǎi de jīhuì, wǒ qǐng nǐmen dào Fǎngshàn chī dùn fàn.

B 我真有点饿了。老师，仿膳是什么意思?

　Wǒ zhēn yǒu diǎn èle. Lǎoshī, Fǎngshàn shì shénme yìsi?

A "仿"就是仿照，"膳"就是饭食。这里的饭菜是仿照清朝宫廷风味做的。所以饭店起了这个名字。

　"Fǎng" jiùshì fǎngzhào, "shàn" jiùshì fànshí. Zhèlǐ de fàncài shì fǎngzhào Qīngcháo gōngtíng fēngwèi zuò de. Suǒyǐ fàndiàn qǐle zhè ge míngzi.

B 啊，真是别具一格! 连食具、桌布上都带有清代的图案。

　Ā, zhēnshì biéjùyìgé! Lián shíjù, zhuōbù shàng dōu dài yǒu Qīngdài de túʼàn.

A 这是"吉"、"祥"、"如"、"意"四个字。据说西太后吃饭用的碗都带有"福"、"寿"、"吉祥"等字。

Zhè shì "Jí", "Xiáng", "Rú", "Yì" sì gè zì. Jùshuō
Xītàihòu chīfàn yòng de wǎn dōu dài yǒu "Fú"、
"Shòu"、 "Jíxiáng" děng zì.

C 老师，这些食品都叫什么名字啊？
  Lǎoshī, zhèxiē shípǐn dōu jiào shénme míngzi a?

A 这是小点心：豌豆黄、栗子面小窝头、肉末烧饼……
  Zhè shì xiǎo diǎnxīn: Wāndòuhuáng, Lìzimiàn xiǎo
  wōtóu, Ròumò shāobing...

C 真象精美的工艺品。在国外华侨开的饭馆，卖小吃的
  地方不多，这种食品就更难吃到啦。
  Zhēn xiàng jīngměi de gōngyìpǐn. Zài guó wài Huáqiáo
  kāi de fànguǎn, mài xiǎo chī de dìfang bùduō, zhè
  zhǒng shípǐn jiù gèng nán chī dào le.

B 今天这顿饭又新鲜，又好吃。
  Jīntiān zhè dùn fàn yòu xīnxiān, yòu hǎo chī.

                    ※   ※

A 小明，你请我们吃烤鸭，你自己是不是已经吃过啦？
  Xiǎo Míng, nǐ qǐng wǒmen chī kǎoyā, nǐ zìjǐ shì bu shì
  yǐjīng chīguò la?

C 是啊！我都吃过两次了。
  Shì a! Wǒ dōu chīguò liǎng cì le.

B 吃烤鸭的人真多呀！还有不少外国人。
  Chī kǎoyā de rén zhēn duō yā! Hái yǒu bùshǎo wài guó
  rén.

C 可不是，来中国不吃烤鸭太遗憾了。
  Kě bu shì, lái Zhōngguó bù chī kǎoyā tài yíhàn le.

B 这烤鸭有什么特色呢？

Zhè kǎoyā yǒu shénme tèsè ne?

A 北京的烤鸭，皮脆，肉嫩，色、香、味俱全。
Běijīng de kǎoyā, pícuì, ròunèn, sè, xiāng, wèi jùquán.

C 小伟，我告诉你，今天吃的是全鸭席。
Xiǎo Wěi, wǒ gàosù nǐ, jīntiān chī de shì quányāxí.

B 什么是全鸭席？
Shénme shì quányāxí?

C 你看，咱们桌子上的菜全是鸭子做的。鸭肝、鸭蹼、鸭舌……反正全是鸭子身上的东西。
Nǐ kàn, zánmen zhuōzi shang de cài quán shì yāzi zuò de. Yāgān, yāpǔ, yāshé ... Fǎnzhèng quánshì yāzi shēnshàng de dōngxi.

B 哦，这个呢？
Ò, zhè ge ne?

C 这是荷叶饼，是卷烤鸭吃的。请大家自己动手吧！
Zhè shì héyèbǐng, shì juǎn kǎoyā chī de. Qǐng dàjiā zìjǐ dòngshǒu ba!

B 味道好极了！北京烤鸭真是名不虚传啊。
Wèidào hǎo jí le! Běijīng kǎoyā zhēn shì míngbùxū-chuán a.

二 Èr
Part Two

今天张老师请我们几位同学去他家吃饭。上午九点多，我们到了他家。张老师和我们在客厅聊天，他的妻子在厨房忙着。厨房里不断传来各种各样的声音，飘出种种诱人的香味。不大的工夫，她就把饭菜都端上了桌。

"请大家入座吧。我做得不好，家常便饭，大家多吃点儿。"张师母笑着对我们说。

我举起酒杯说："为张老师全家幸福，万事如意，干杯!"张师母做的菜很好吃，有红烧排骨、宫保肉、沙锅豆腐，还有一道菜是拔丝苹果，糖丝拉得很长而且不断。张老师说："这象征着我们的友谊地久天长。"

我们在张老师家津津有味地吃着，兴致勃勃地谈着学习、生活和友谊。临走的时候，老师和师母又热情地邀请我们下次来他们家过春节。

Jīntiān Zhāng lǎoshī qǐng wǒmen jǐ wèi tóngxué qù tā jiā chī fàn. Shàngwǔ jiǔdiǎn duō, wǒmen dào le tā jiā. Zhāng lǎoshī hé wǒmen zài kètīng liáotiān, tā de qīzǐ zài chúfáng máng zhe. Chúfáng li búduàn chuán lái gèzhǒng gèyàng de shēngyīn, piāo chū zhǒngzhǒng yòurén de xiāngwèi. Bú dà de gōngfu, tā jiù bǎ fàn cài dōu duān shàng le zhuō.

"Qǐng dàjiā rùzuò ba. Wǒ zuò de bù hǎo, jiācháng biànfàn, dàjiā duō chī diǎnr." Zhāng shīmǔ xiàozhe duì wǒmen shuō.

Wǒ jǔ qǐ jiǔbēi shuō:"Wèi Zhāng lǎoshī quánjiā xìngfú, wànshìrúyì, gānbēi!" Zhāng shīmǔ zuò de cài hěn hǎochī, yǒu hóngshāopáigǔ, gōngbǎoròu, shāguōdòufu, hái yǒu yí dào cài shì básī píngguǒ, tángsī lā de hěn cháng érqiě búduàn. Zhāng lǎoshī shuō:" Zhè xiàngzhēng zhe wǒmen de yǒuyì dìjiǔ tiāncháng."

Wǒmen zài Zhāng lǎoshī jiā jīnjīn—yǒuwèi de chīzhe, xìngzhì—bóbó de tánlùnzhe xuéxí, shēnghuó hé yǒuyì. Lín zǒu de shíhòu, lǎoshī hé shīmǔ yòu rèqíng de yāoqǐng wǒmen xià cì lái tāmen jiā guò Chūnjié.

生 词　　Shēngcí
New Words

1. 宴请　（动）　yànqǐng　to invite to dinner
2. 仿膳　（专）　Fǎngshàn　Fang shan, (restaurant in Beihai Park, Beijing in which one can sample foods off the Qing imperial menu)
3. 仿照　（动）　fǎngzhào　to imitate; to follow
4. 膳　（名）　shàn　viands; delicacies; savoury food
5. 饭食　（名）　fànshí　food (esp. with regard to its quality)
6. 宫廷　（名）　gōngtíng　palace; royal or imperial court
7. 风味　（名）　fēngwèi　cuisine, flavour
8. 饭店　（名）　fàndiàn　restaurant; hotel
9. 别具　　biéjù　unique
　　一格　　yìgé
10. 连…　　lián...　even
　　都…　　dōu...
11. 食具　（名）　shíjù　tableware; dinner service
12. 桌布　（名）　zhuōbù　tablecloth
13. 图案　（名）　tú'àn　pattern

14.	吉祥 如意	jíxiáng rúyì	lucky as one wishes
15.	西太后（专）	Xītàihòu	the Empress Dowager Xi
16.	福、寿	fú, shòu	luck and longevity
17.	吉祥　（形）	jíxiáng	lucky; auspicious
18.	等　　（助）	děng	and so on
19.	食品　（名）	shípǐn	food
20.	豌豆黄（名）	wāndòuhuáng	pea flour cake
21.	栗子面 窝头　（名）	lìzimiàn wōtóu	cone shaped steamed cake made of chestnut flour
22.	肉末　（名） 烧饼	ròumò shāobing	sesame seed cake with a minced meat filling
23.	工艺品（名）	gōngyìpǐn	handicraft article
24.	饭馆　（名）	fànguǎn	restaurant
25.	特色　（名）	tèsè	special quality or characteristic
26.	皮脆	pícuì	of the skin, crisp
27.	嫩　　（形）	nèn	tender
28.	俱　　（副）	jù	all
29.	全鸭席（名）	quányāxí	a meal of which all the courses involve some part of the duck

30. 鸭子	（名）	yāzi	duck
31. 肝	（名）	gān	liver
32. 蹼	（名）	pǔ	web (of the feet of ducks, frogs, etc.)
33. 舌	（名）	shé	tongue
34. 荷叶饼	（名）	héyèbǐng	lotus leaf pancakes (very thin like crepes)
35. 卷	（动）	juǎn	to roll
36. 动手		dòngshǒu	to start
37. 味道	（名）	wèidào	taste; flavour
38. 聊天		liáotiānr	to chat
39. 妻子	（名）	qīzǐ	wife
40. 不断		bùduàn	unceasingly
41. 传	（动）	chuán	to pass
42. 飘	（动）	piāo	to blow; to float
43. 诱人		yòurén	captivating; enticing
44. 香味	（名）	xiāngwèi	fragrance
45. 工夫	（名）	gōngfu	time
46. 端	（动）	duān	to hold or carry in both hands
47. 入座		rùzuò	to take one's seat
48. 家常便饭		jiācháng biànfàn	simple meal

49.	举	（动）	jǔ	to lift; to raise
50.	酒杯	（名）	jiǔbēi	wine glass
51.	干杯		gān bēi	to toast (lit. to drink dry one's glass)
52.	红烧排骨	（名）	hóngshāo páigǔ	spareribs braised in brown sauce
53.	宫保肉	（名）	gōngbǎoròu	diced hot spicy meat
54.	沙锅豆腐		shāguō dòufu	beancurd braised in a clay pot
55.	拔丝苹果	（名）	básī píngguǒ	hot candied apples (The candy makes floss when it is pulled apart.)
56.	糖丝	（名）	tángsī	candy threads or floss
57.	象征	（动）	xiàngzhēng	to symbolize
58.	地久天长		dìjiǔ tiāncháng	enduring; everlasting
59.	津津有味		jīnjīn yǒuwèi	with relish
60.	临走		lín zǒu	when leaving; upon departure

词 语 例 释　Cíyǔ lìshì
Notes on Words and Expressions

一　连餐具、桌布上都带有清代的图案。

　　"连",介词。表示强调,后面常用"都"、"也"、"还"等呼应。例如:

　　连 is a pronoun showing emphasis. 都, 也, or 还 is often used to correspond with it. For example:

　　1. 他忙极了,连星期天都不休息。

　　2. 她这些天情绪不好,连看电影也没兴趣。

　　3. 他下棋入了迷,连饭都忘了吃。

二　可不是。

　　这里的"可不是"是一种习惯用语,表示同意对方的话。多用于口语,也说"可不"。例如:

　　可不是 is an idiomatic saying indicating agreement. It is mostly used in spoken language. 可不 will also do. For example:

　　1. 您的女儿该上中学了吧?

　　　　——可不是吗,她今年十三岁了。

　　2. 这位大夫技术真高。

　　　　——那可不,他是有名的外科专家。

三　上午九点多,我们到了他家。

　　"九点多","多"表示概数。在汉语里表示概数的情况有:

　　In 九点多, 多 expresses an approximate number. There are three ways indicating this concept in Chinese:

　　1. 把两个相邻的基数连在一起。例如:

　　　　By connecting two neighbouring cardinal numbers together. For example:

    ①. 墙上挂着三四张画。

    ②. 这部电影我看过四五次了。

2. 用"几"表示十以下不确定数目。例如:

By using 几 for indefinite numbers under ten. For example:

    ①. 屋里有几个人?

    ②. 你有几本杂志?

3. 一个数后面加"多",表示超过这个数目。例如:

By using 多 behind a number to express a number greater than it. For example:

    ①. 他的哥哥有二十多岁了。

    ②. 这双鞋九块多钱。

练 习　Liànxí
Exercises

一　替换练习:

Substitution drills:

1. 今天借游北海的机会,我请你们到仿膳吃顿饭。

    去　　颐和园　　到圆明园参观

    参观　北京大学　到我家作客

    举行　联欢晚会　演个节目

2. 来中国不吃烤鸭太遗憾了。

    去杭州　　游西湖

    去四川　　游三峡

    来中国　　去长城

3. 为张老师全家幸福，万事如意干杯!

　　　　张老师的身体健康

　　　　我们的友谊

　　　　我们的友好合作

　　　　在座的各位朋友的健康

二　请你填上量词:

Fill in the blanks with the correct measure word:

1. 我去仿膳吃了一__饭。

2. 我到张老师家去了一__。

3. 他送我一__啤酒和两__菜。

4. 她刚来的时候，一__汉语不会说。

三　用概数回答问题:

Answer the quesions using approximate number:

1. 那个孩子多大了?

2. 你去过几次中国?

3. 这件旗袍多少钱?

4. 你有几张电影票?

5. 他每天几点睡觉?

四　朗读下列各句，注意重音变化:

Read the following sentences aloud. Pay attention to the change in stress:

A. 您多大年纪了?

B. 我五十多了。

A. 您不到五十岁吧?

B. 哪儿啊，我五十多了。

A. 这些东西有多重?

B. 大概有十几斤吧。

A. 这些东西不到二十斤吧?

B. 哪儿啊,有二十多斤呢。

补 充 生 词　　**Bǔchōng shēngcí**
Supplementary Words

1.	圆明园 (专)	Yuánmíng yuán	the Old Summer Palace (Garden of Perfection and light)
2.	北京 大学 (专)	Běijīng Dàxué	Beijing University
3.	联欢 (动)	liánhuān	to have a get−together
4.	三峡 (专)	Sānxiá	the Three Gorges on the Yangtze River
5.	重 (形)	zhòng	heavy
6.	斤 (量)	jīn	*jīn*, a unit of weight (=1 / 2 kilogram)

第四十八课　　　送　别

Dì-sìshíbā kè　　　Sòngbié

Lesson Forty-eight　　Saying Farewell

课　文　Kèwén

Text

一　　Yī

Part One

A　张老师，我们向您告别来了。

　　Zhāng lǎoshī, wǒmen xiàng nín gàobié lái le.

B　你们什么时候动身啊?

　　Nǐmen shénme shíhòu dòngshēn a?

A　明天中午十二点的飞机，我们十点从学校出发。

　　Míngtiān zhōngwǔ shí'èr diǎn de fēijī, wǒmen shí diǎn
　　cóng xuéxiào chūfā.

C　老师，我们这次来北京收获真大，既学了汉语，又参
　　观了许多名胜古迹。

　　Lǎoshī, wǒmen zhè cì lái Běijīng shōuhuò zhēn dà, jì
　　xuéle Hànyǔ, yòu cānguānle xǔduō míngshèng gǔjī.

B　这一个月过得真快，有什么照顾不到的地方，还请你
　　们原谅。

　　Zhè yí gè yuè guò de zhēn kuài, yǒu shénme zhàogù bú
　　dào de dìfang, hái qǐng nǐmen yuánliàng.

A　张老师，您太客气了。您和其他老师对我们照顾得太
　　周到了。

Zhāng lǎoshī, nín tài kèqì le. Nín hé qítā lǎoshī duì wǒmen zhàogù de tài zhōudào le.

C 老师，我们在学校门口留影做个纪念吧！

Lǎoshī, wǒmen zài xuéxiào ménkǒu liúyǐng zuò ge jìniàn ba!

B 好，如果明天我能抽出时间，一定去机场送你们。

Hǎo, rúguǒ míngtiān wǒ néng chōu chū shíjiān, yídìng qù jīchǎng sòng nǐmen.

A 我们回去一定给您写信，也希望您到法国去旅游。

Wǒmen huíqù yídìng gěi nín xiě xìn, yě xīwàng nín dào Fǎguó qù lǚyóu.

B 有机会我要去的，去的时候一定去拜访你们。

Yǒu jīhuì wǒ yào qù de, qù de shíhòu yídìng qù bàifǎng nǐmen.

※　　　　　　　　　　※

A 您这么忙还来送我们，真叫我们不安。

Nín zhème máng hái lái sòng wǒmen, zhēn jiào wǒmen bù'ān.

C 老师，谢谢您一个月来为我们操劳，您太辛苦了。

Lǎoshī, xièxie nín yí ge yuè lái wèi wǒmen cāoláo, nín tài xīnkǔ le.

B 哪里，哪里，这是我应该做的。

Nǎli, nǎli, zhè shì wǒ yīnggāi zuò de.

A 真的，这一个月我们象在家里一样舒服。

Zhēn de, zhè yí ge yuè wǒmen xiàng zài jiāli yíyàng shūfu.

B 谢谢，你们回家替我问候你们的亲人。

Xièxie, nǐmen huí jiā tì wǒ wènhòu nǐmen de qīnrén.

A 谢谢，老师再见。祝您健康。

Xièxie, lǎoshī zàijiàn. Zhù nín jiànkāng.

B 再见！祝你们一路平安。

Zàijiàn! Zhù nǐmen yí lù píng'ān.

二　Èr

Part Two

这几天，我们既难过，又高兴。难过的是要离开张老师和中国朋友了，高兴的是我们的汉语考试成绩都很好。以后我们要到四川、桂林去旅游了。在这一个多月的时间里，学校为我们安排得非常好，又学了汉语，又游览了许多地方。老师给了我们无微不至的关怀。我们了解了中国社会的一些情况，我们学了普通话，我们更加热爱中华民族的文化了。

再见，亲爱的老师。再见，亲爱的朋友。祝你们健康、幸福！

Zhè jǐ tiān, wǒmen jì nánguò, yòu gāoxìng. Nánguò de shì yào líkāi Zhāng lǎoshī hé Zhōngguó péngyou le, gāoxìng de shì wǒmen de Hànyǔ kǎoshì chéngjì dōu hěnhǎo. Yǐhòu wǒmen yào dào Sìchuān、 Guìlín qù lǚyóu le. Zài zhè yí ge duō yuè de shíjiān lǐ, xuéxiào wèi wǒmen ānpái de fēicháng hǎo, yòu xuéle Hànyǔ, yòu yóulǎn le xǔduō dìfang. Lǎoshī gěile wǒmen wúwēibúzhì de guānhuái. Wǒmen liǎojiěle Zhōngguó shèhuì de yìxiē qíngkuàng, wǒmen xuéle pǔtōnghuà, wǒmen gèngjiā rè'ài Zhōnghuá mínzú de wénhuà le.

Zàijiàn, qīn'ài de lǎoshī. Zàijiàn, qīn'ài de péngyou. Zhù nǐmen jiànkāng, xìngfú!

生　词　Shēngcí
New Words

1.	送别	(动)	sòngbié	to see off
2.	动身	(动)	dòngshēn	to leave; to set out
3.	收获	(名、动)	shōuhuò	to harvest
4.	既…		jì...	both ... and
	又…		yòu ...	
5.	照顾	(动)	zhàogu	to look after
6.	不到		bùdào	not (attentive) enough
7.	原谅	(动)	yuánliàng	to excuse
8.	周到	(形)	zhōudào	thoughtful
9.	留影		liúyǐng	to take a picture as a memento
10.	不安		bù'ān	upset; uneasy
11.	操劳	(动)	cāoláo	to work hard
12.	辛苦	(形)	xīnkǔ	laborious; to go to great trouble
13.	难过	(形)	nánguò	sad
14.	离开	(动)	líkāi	to leave
15.	关怀	(名、动)	guānhuái	solicitude; to show great solicitude for

16. 社会　(名)　shèhuì　　society
17. 更加　(副)　gèngjiā　　more
18. 亲爱　(形)　qīn'ài　　dear

词 语 例 释　Cíyǔ lìshì
Notes on Words and Expressions

一　我们这次来北京收获真大，既学了汉语，又参观了许多名胜古
　　迹。
　　　　"既……又"表示同时具有两个方面的情况。例如：
　　　　既 … 又　indicates there are two sides to a matter existing
　　concurrently. For example：
　　　　1.　这个节目，既新颖又活泼。
　　　　2. 他既爱好绘画，又爱好书法。
　　　　3. 我爸爸既不吸烟，又不喝酒。
二　如果明天我能抽出时间，一定去机场送你们。
　　　　"如果"表示假设。用于前一小句，后一小句推断出结论，
　　或提出问题。常用"那么"、"则"、"就"等呼应。例如：
　　　　如果　indicates an assumption. When used in the first part
　　of a sentence, the second part will then deduce the conclusion
　　or will raise a question. 那么，则，or 就 is often used to corre-
　　spond with it. For example：
　　　　1. 如果小明回来，请他找我。
　　　　2. 如果明天下雨，我们就不去了。
　　　　3. 如果这几天她的病还不好，怎么去旅游呢?

一　替换练习：

Substitution drills：

1. 张老师，我们<u>向</u>您<u>告别</u>来了。

向	辞行
向	道谢
给	拜年
给	送行

2. 如果明天我能<u>抽出时间</u>，一定<u>去机场送你们</u>。

我不发烧了	去旅行
我有时间	陪你去故宫
天气好	去游泳
我有空	去你家拜访

3. 祝你们<u>一路平安</u>。

旅途愉快

一帆风顺

学习进步

成功

二　选择最适当的词填空：

Fill in the blanks with the most appropriate words：

（既……又；一边……一边；不但……而且；又……又……）

1. 这种衣服＿＿＿好看＿＿＿便宜。

2. 他们＿＿＿吃饭＿＿＿听录音。

3. 他＿＿＿不会写汉字＿＿＿不会说汉语。

4. 他＿＿＿会下象棋，＿＿＿会下围棋。

5. 这间房子＿＿＿大＿＿＿明亮。

三 完成下列各句：

Complete the following sentences：

1. 很抱歉，＿＿＿＿＿＿＿＿＿＿。

2. 劳驾，＿＿＿＿＿＿＿＿＿＿。

3. 请原谅，＿＿＿＿＿＿＿＿＿＿。

4. 对不起，＿＿＿＿＿＿＿＿＿＿。

补 充 生 词　　**Bǔchōng shēngcí**
Supplementary Words

1.	辞行	cíxíng	to say good-bye before setting out on a journey
2.	道谢	dàoxiè	to thank
3.	空	（名） kòng	empty
4.	旅途	（名） lǚtú	journey
5.	一帆	yìfān	smooth sailing;
	风顺	fēngshùn	Bon voyage!
6.	明亮	（形） míngliàng	bright
7.	抱歉	（动） bàoqiàn	to apologize

总 词 汇 表
Zǒng cíhuì biǎo

A

啊	（助）	ā	interjection: ah	27
阿里山	（专）	Ālǐ Shān	Ali mountain	45
阿姨	（名）	āyí	aunt	15
唉呀	（叹）	āiyā	interjection (expressing surprise, complaint, impatience, etc.)	43
矮	（形）	ǎi	short	46
爱	（动）	ài	to love	11
爱好	（动）	àihào	hobby	36
爱好者	（名）	àihàozhě	amateur; enthusiast	42
爱华	（专）	Ài Huá	Aihua	24
安排	（名、动）	ānpái	to arrange	37
按	（介）	àn	according to	39
按时	（副）	ànshí	on time	15

B

八	（数）	bā	eight	8

巴黎	(专)	Bālí	Paris	38
八十	(数)	bāshí	eighty	8
拔	(动)	bá	to pull up	10
拔丝苹果	(名)	básī píngguǒ	hot candied apples (The candy makes floss when it is pulled apart.)	47
把	(介)	bǎ	a preposition (used to transpose the object in front of the verb)	27
把	(量)	bǎ	measure word (here: used for chair)	6
爸爸	(名)	bàba	father	1
吧	(助)	ba	a modal partical indicating agreement	1
白	(形)	bái	white	11
白堤	(专)	Báidī	Bai Causeway	44
白兔	(名)	báitù	white rabbit	12
百	(数)	bǎi	hundred	13
百货大楼	(专)	Bǎihuò dàlóu	Department Store	38
拜访	(动)	bàifǎng	to pay a visit	26
拜寿		bàishòu	to wish someone a happy birthday	8

班	（名）	bān	class	13
办	（动）	bàn	to do; to attend	
			to; to manage	26
半	（数）	bàn	half	6
办公楼	（名）	bàngōnglóu	office building	19
办公室	（名）	bàngōngshì	office	46
办理	（动）	bànlǐ	to transact	31
半夜		bànyè	midnight	27
帮忙	（动）	bāngmáng	to help	30
帮助	（动）	bāngzhù	to help	13
磅	（量）	bàng	pound	10
棒	（形）	bàng	good; excellent	37
棒球	（名）	bàngqiú	baseball	18
包	（动）	bāo	to wrap	9
包裹	（名）	bāoguǒ	parcel	31
包裹单	（名）	bāoguǒ dān	parcel form	31
包子	（名）	bāozi	steamed stuffed bun	3
宝岛	（名）	bǎodǎo	treasure island	45
保和殿	（名）	Bǎohédiàn	Hall of Preserving	
			Harmony	41
保护	（动）	bǎohù	to protect	11
宝剑	（名）	bǎojiàn	a double-edged sword	33
保证	（动）	bǎozhèng	to ensure; to guarantee	23

被	(介)	bèi	mark of the passive voice	11
背后		bèihòu	from behind	33
奔向		bēnxiàng	to fly towards	12
本	(量)	běn	measure word (used for books)	11
本	(名)	běn	book	17
本	(代)	běn	this	27
本来	(副)	běnlái	originally	12
本市		běnshì	in the city	14
比	(动)	bǐ	to compare; to (in a score)	20
笔	(名)	bǐ	pen	6
笔记	(名)	bǐjì	notes	30
比赛	(动)	bǐsài	to compete; match	20
碧波	(名)	bìbō	blue wave	45
避暑		bìshǔ	to spend a holiday at a summer resort	43
必须	(副)	bìxū	must	35
毕业	(动)	bìyè	to graduate	24
边境	(名)	biānjìng	thc boundaries of a country	39
鞭炮	(名)	biānpào	firecracker	9

遍	（量）	biàn	measure word; time	13
标本	（名）	biāoběn	sample; specimen	22
标准	（名）	biāozhǔn	standard	23
表	（名）	biǎo	watch	15
表哥	（名）	biǎogē	cousin (son of mother's brother or sister, or of father's sister, older than oneself)	5
表妹	（名）	biǎomèi	cousin (daughter of mother's brother or sister, or of father's sister, younger than oneself)	5
表情	（名）	biǎoqíng	facial expression	42
表示	（动）	biǎoshì	to express	9
表现	（动）	biǎoxiàn	to express	42
表演	（动）	biǎoyǎn	to act	42
伯父	（名）	bófù	uncle (father's elder brother)	5
别	（副）	bié	don't	20
别的	（代）	biéde	other	17
别人	（名）	biérén	others	7
别具		biéjù	unique	
一格		yìgé		47
宾馆	（名）	bīnguǎn	hotel	38
兵舰	（名）	bīngjiàn	warship	33

饼干	（名）	bǐnggān	biscuit, cracker	27
病除		bìng chú	the illness has been cured	34
病房	（名）	bìngfáng	ward (of a hospital); sickroom	34
病假	（名）	bìngjià	sick leave	17
并且	（连）	bìngqiě	and, furthermore	35
补	（动）	bǔ	to makc up	30
补养	（动）	bǔyǎng	to nourish	31
不	（副）	bù	no	2
部	（量）	bù	measure word (used for books, films, etc.)	11
不…		bù...	neither...nor...	
不…		bù...		32
不安		bù'ān	upset; uneasy	48
不错		bùcuò	not bad	5
不到		bùdào	not (attentive) enough	48
不断		bùduàn	unceasingly	47
部分	（名）	bùfen	part	27
不够		bùgòu	not enough	23
不过	（连）	bùguò	however	24
不好受		bùhǎoshòu	uncomfortable	34
不仅… 而且…		bùjǐn... érqiě	not only ... but also	43

不同		bùtóng	different	42
布景	（名）	bùjǐng	setting	42
布鞋	（名）	bùxié	shoes made of cloth	46
不要紧		bùyàojǐn	don't worry	34
不一样		bùyīyàng	different	10

C

猜	（动）	cāi	to guess	4
才	（副）	cái	only then	10
才能	（名）	cáinéng	competence; talent	41
彩灯	（名）	cǎidēng	cloured lantern	9
采集	（动）	cǎijí	to collect	22
菜	（名）	cài	dish	3
参观	（动）	cānguān	to visit	25
参加	（动）	cānjiā	to take part in; to join	18
参考书	(名)	cānkǎoshū	reference book	21
餐厅	（名）	cāntīng	dining hall	35
惨	（形）	cǎn	miserable	40
灿烂	（形）	cànlàn	bright; brilliant	41
操场	（名）	cāochǎng	sports ground	19
操劳	（动）	cāoláo	to work hard	48
层	（量）	céng	measure word: floor	6
插	（动）	chā	to pierce	33

茶	(名)	chá	tea	3
查	(动)	chá	to check	34
差	(动)	chà	to fall short of	15
差不多		chàbuduō	nearly	23
尝	(动)	cháng	to taste	11
常	(副)	cháng	often	21
长	(形)	cháng	long	39
长城	(专)	Chángchéng	the Great Wall	35
嫦娥	(专)	Cháng'é	Chang'e	12
嫦娥奔月		Cháng'é bēnyuè	"Chang'e Flies to the Moon"	12
长江	(专)	Cháng Jiāng	Yangtze River	39
长廊	(专)	Chángláng	Long Corridor	41
长跑		chángpǎo	long-distance running	30
长途	(名)	chángtú	long-distance	31
长生不死药	(名)	chángshēng bùsǐ yào	elixir of immortality	12
场	(量)	chǎng	measure word (for plays, films, etc.)	30
唱歌		chànggē	to sing	12
唱腔	(名)	chàngqiāng	music for voices in a Chinese opera	42
抄	(动)	chāo	to copy	13

超群	（形）	chāoqún	head and shoulders above others; preeminent	43
超重		chāozhòng	overweight	28
潮	（形）	cháo	damp; moist	32
炒	（动）	chǎo	to fry	3
吵	（动）	chǎo	to make a noise	27
车	（名）	chē	vehicle	4
车票	（名）	chēpiào	train ticket	28
趁	（介）	chèn	to seize the chance	33
衬衣	（名）	chènyī	shirt	31
称	（动）	chēng	to claim; to call	34
称呼	（动）	chēnghu	to address; to call	29
称赞	（动）	chēngzàn	to praise, to acclaim	39
城	（名）	chéng	city	25
程度	（名）	chéngdù	degree; level	13
成功	（动）	chénggōng	to succeed	20
成绩	（名）	chéngjī	result	23
城墙	（名）	chéngqiáng	city wall	40
城市	（名）	chéngshì	city	31
《成语故事选》	（专）	《Chéngyǔ Gùshì Xuǎn》	*Selections from Proverbial Stories*	21
吃	（动）	chī	to eat	2

吃的		chīde	things to eat	2
迟到	(动)	chídào	to arrive late	15
驰名	(形)	chímíng	well-known; renowned	45
抽	(动)	chōu	to smoke	34
抽屉	(名)	chōutì	drawer	36
丑	(名)	chǒu	the clown in Beijing opera	42
初	(序)	chū	at the beginning or early part of; first (in order)	9
出	(量)	chū	measure word (for a dramatic piece)	36
出产	(动)	chūchǎn	to produce	45
出发	(动)	chūfā	to start	9
出来	(动)	chūlái	to start or set out	27
出生	(动)	chūshēng	to be born	45
初学		chūxué	begin to learn	35
初中	(名)	chūzhōng	junior high school; middle school	13
出租车	(名)	chūzūchē	taxi	28
厨房	(名)	chúfáng	kitchen	6
除了	(介)	chúle	except; in addition to	46
除夕	(名)	chúxī	New Year's Eve	9

耽误	(动)	dānwu	to delay	27
旦	(名)	dàn	the female character type in Beijing opera	42
蛋糕	(名)	dàngāo	cake	2
但是	(连)	dànshì	but	11
当	(动)	dāng	to be, to work as; to serve as	24
当然	(副)	dāngrán	certainly	22
刀枪	(名)	dāoqiāng	swords and spears; weapons	33
倒	(动)	dǎo	to fall	33
倒霉	(形)	dǎoméi	to have bad luck	27
倒塌	(动)	dǎotā	to fall down	40
倒	(动)	dào	to pour	5
到	(动)	dào	to arrive	10
道	(量)	dào	measure word (used for questions on examinations or homework)	22
倒	(副)	dào	indicates the notion that a matter is not as one thinks	23
道德	(名)	dàodé	morals; morality	10
到底	(副)	dàodǐ	in the end (here: equivalent	

			to "what on earth...?")	27
稻米	(名)	dàomǐ	rice	45
道谢	(动)	dàoxiè	to thank	48
得罪	(动)	dézuì	to displease	12
的	(助)	de	a structural partical (here: used to form the possessive)	2
得	(助)	de	an auxiliary particle (used after a verb or adj. to connect it with a descriptive complement)	8
得	(动)	děi	must; have to	15
登	(动)	dēng	to climb	22
灯	(名)	dēng	lamp	44
灯节	(名)	dēngjié	Lantern Festival	9
灯谜	(名)	dēngmí	lantern riddle	9
等	(动)	děng	to wait	7
等	(助)	děng	and so on	47
等待	(动)	děngdài	to wait	17
低	(形)	dī	low	46
堤岸	(名)	dī'àn	embankment	44
敌兵	(名)	díbīng	enemy troops	42
第	(序)	dì	prefix for ordinal numbers	15
递	(动)	dì	to send	31

地方	(名)	dìfang	place	14
地久		dìjiǔ	enduring; everlasting	
天长		tiāncháng		47
地理	(名)	dìlǐ	geography	16
地图	(名)	dìtú	map	39
点(钟)	(量)	diǎn(zhōng)	o'clock	15
点	(动)	diǎn	to light; to burn	44
典礼	(名)	diǎnlǐ	ceremony	41
点心	(名)	diǎnxin	pastry	25
电报	(名)	diànbào	telegram	28
电话	(名)	diànhuà	telephone	25
电话费	(名)	diànhuàfèi	(telephone) charges	31
电话室	(名)	diànhuàshì	telephone room	31
电视	(名)	diànshì	TV set	6
电影	(名)	diànyǐng	film, movie	11
电影院	(名)	diànyǐngyuàn	cinema	19
雕	(动)	diāo	to carve	44
钓	(动)	diào	to fish	26
钓鱼竿	(名)	diàoyúgān	fishing pole or rod	26
叮…	(象)	dīng...	ding—a—ling	27
钉	(动)	dīng	to nail	31
订	(动)	dìng	to make; to draw up	23
东	(名)	dōng	east	39

东北	（专）	Dōngběi	the Northeast	10
东坡肉	（专）	Dōngpōròu	Dongpo meat	44
东四	（专）	Dōngsì	Dongsi, a place in Beijing	21
冬天	（名）	dōngtiān	winter	32
东西	（名）	dōngxi	things	22
懂	（动）	dǒng	to understand	17
动人	（形）	dòngrén	moving	12
动身	（动）	dòngshēn	to leave; to set out	48
动手	（动）	dòngshǒu	to start	47
动作	（名）	dòngzuò	actions	42
都	（副）	dōu	all; everyone	4
豆浆	（名）	dòujiāng	soybean milk	2
豆蓉	（名）	dòuróng	fine bean mash	12
豆沙	（名）	dòushā	sweetened bean paste	11
读	（动）	dú	to read	7
独生女儿		dúshēng nǚ'ér	an only daughter	42
独秀峰	（专）	Dúxiù Fēng	Solitary Beauty Peak	33
度	（量）	dù	degrees	32
度	（动）	dù	to spend	37
肚子	（名）	dùzi	belly; abdomen	34
端	（动）	duān	to hold or carry in both hands	47
端午节	（专）	Duānwǔjié	Dragon Boat Festival	9

端砚	（名）	duānyàn	*Duan* inkslab	46
端阳节	（专）	Duānyángjié	Duanyang Festival	11
短	（形）	duǎn	short	32
段	（量）	duàn	measure word (for paragraphs, passages, etc.)	36
锻炼	（动）	duànliàn	to exercise	20
对	（动）	duì	right	3
队	（名）	duì	team	18
对	（介）	duì	to	46
对不起		duìbuqǐ	sorry	18
对待	（动）	duìdài	to treat	29
对方	（名）	duìfāng	the other party	31
兑换	（动）	duìhuàn	to exchange	38
兑换单	（名）	duìhuàndān	exchange slip	38
兑换率	（名）	duìhuànlǜ	rate of exchange	38
对面	（名）	duìmiàn	opposite; across the way	38
队伍	（名）	duìwu	troops	33
顿	（量）	dùn	measure word used for meals, scoldings, beating, etc.	26
多	（形）	duō	many, much	5
多少	（代）	duōshǎo	how many	13

E

鹅	(名)	é	goose	3
饿	(形)	è	hungry	3
二	(数)	èr	two; second	6
二十五	(数)	èrshíwǔ	twenty—five	13

F

发	(动)	fā	to start	20
发布	(动)	fābù	to promulgate	41
发愁		fāchóu	to worry	28
发烧	(动)	fāshāo	to have a fever	30
发音		fāyīn	pronunciation	17
发展	(动)	fāzhǎn	to develop	39
法国	(专)	Fǎguó	France	37
法郎	(专)	Fǎláng	franc	38
法语	(专)	Fǎyǔ	French	37
翻	(动)	fān	to leaf through	36
翻弄	(动)	fānnòng	to turn (the pages of)	36
翻身	(动)	fānshēn	to turn over	27
繁荣	(形)	fánróng	prosperous	39

仿照	(动)	fǎngzhào	to imitate; to follow	47
放	(动)	fàng	to let off	9
放假		fàngjià	to go on vacation	23
放学		fàngxué	of school, to let out; to get out of school	13
飞	(动)	fēi	to fly	12
非… 不可		fēi... bùkě	must; to be mandatory; cannot not do sth.	39
非常	(副)	fēicháng	very	20
飞机	(名)	fēijī	plane	28
飞机场	(名)	fēijīchǎng	airport	28
飞来峰	(专)	Fēilái Fēng	the Peak that Flew in from Afar	44
菲律宾	(专)	Fēilǜbīn	Philippines	45
肥	(形)	féi	fat	46
肥沃	(形)	féiwò	fertile	45
翡翠	(名)	fěicuì	jadeite	46
分	(动)	fēn	to divide	42
分	(量)	fēn	fen, cent	38
分(钟)	(名)	fēn(zhōng)	minute	15
份	(量)	fèn	measure word (for copy, gift, share, etc.)	8
风	(名)	fēng	wind	32

封	（量）	fēng	measure word (for letter)	16
丰富	（形）	fēngfù	rich; plentiful	16
风光	（名）	fēngguāng	scene	5
封建	（名）	fēngjiàn	feudal	36
风景	（名）	fēngjǐng	scenery	5
风平		fēngpíng	of wind and waves,	
浪静		làngjìng	calm and tranquil	43
丰盛	（形）	fēngshèng	rich; sumptuous	42
丰收	（名）	fēngshōu	a bumper harvest	12
风俗	（名）	fēngsú	custom	9
风味	（名）	fēngwèi	cuisine, flavour	47
佛山市	（专）	Fóshān Shì	Foshan City	5
佛象	（名）	fóxiàng	Buddha figure	44
福建	（专）	Fújiàn	Fujian Province	10
服饰	（名）	fúshì	dress and adornment	42
福、寿		fú, shòu	luck and longevity	47
幅员		fúyuán	(of a country) to be	
广大		guǎngdà	vast in area	39
辅导	（动）	fǔdǎo	to give guidance in study	
			or training	18
副	（量）	fù	measure word (here:	
			for a fishing rod)	26
附近	（名）	fùjìn	nearby	30

妇女	(名)	fùnǚ	woman	46
富强	(形)	fùqiáng	rich and powerful	39
富饶	(形)	fùráo	richly endowed	45
阜外	(专)	Fùwài	Fuwai Avenue	
大街		Dàjiē		14
复习	(动)	fùxí	to review	7

G

咖喱鸡	(名)	gālíjī	curry chicken	3
该	(动)	gāi	should, ought	10
改	(动)	gǎi	to correct	24
肝	(名)	gān	liver	47
干杯		gānbēi	to toast (lit. to drink dry one's glass)	47
干旱	(形)	gānhàn	dry	12
干净	(形)	gānjing	clean	6
干燥	(形)	gānzào	dry	32
赶	(动)	gǎn	to catch	28
感	(动)	gǎn	to feel	42
敢	(动)	gǎn	to dare	45
赶出		gǎnchū	to drive out	11
感动	(动)	gǎndòng	to move; to be moved	30
感激	(动)	gǎnjī	to feel grateful	33

赶快	（副）	gǎnkuài	hurriedly	27
感冒	（动）	gǎnmào	cold	30
感兴趣		gǎnxìngqù	to be interested	36
感谢		gǎnxiè	to thank	23
干	（动）	gàn	to do	7
刚刚	（副）	gānggāng	just now	26
钢笔	（名）	gāngbǐ	pen	13
钢琴	（名）	gāngqín	piano	18
港币	（专）	Gǎngbì	Hong Kong dollar	38
高	（形）	gāo	high	41
高大	（形）	gāodà	tall	19
高度	（名）	gāodù	height	41
高峰	（名）	gāofēng	peak; summit	43
高明	（形）	gāomíng	brilliant	34
高尚	（形）	gāoshàng	noble; lofty	24
高兴	（形）	gāoxìng	happy	5
高中	（名）	gāozhōng	senior high school	13
告别	（动）	gàobié	to bid farewell	28
告诉	（动）	gàosu	to tell	4
哥哥	（名）	gēge	elder brother	1
个	（量）	gè	measure word (used with nouns without specific measure words)	5

公司	（名）	gōngsī	company; corporation	4
宫廷	（名）	gōngtíng	place; royal or imperial court	47
工艺品	（名）	gōngyìpǐn	handicraft article	47
公园	（名）	gōngyuán	park	18
工作	（动、名）	gōngzuò	to work; work	4
共同	（副）	gòngtóng	common	36
姑姑	（名）	gūgu	aunt	30
估计	（动）	gūji	to estimate	30
姑妈	（名）	gūmā	aunt (older or younger sister of one's father)	5
姑娘	（名）	gūniang	girl	27
古堡	（名）	gǔbǎo	fortress	40
古代	（名）	gǔdài	ancient	40
古典	（名）	gǔdiǎn	classical	21
古都	（名）	gǔdū	ancient capital	37
古老	（形）	gǔlǎo	ancient	40
鼓励	（动）	gǔlì	to encourage	20
骨肉同胞		gǔròu tóngbāo	one's own flesh and blood	45
故宫	（专）	Gùgōng	the Imperial Palace	28
故事	（名）	gùshi	story	12
故乡	（名）	gùxiāng	hometown	28

刮	（动）	guā	to blow	32
挂	（动）	guà	to hang	9
挂号		guàhào	to register (at a hospital)	34
拐	（动）	guǎi	to turn	19
怪不得		guài bu dé	no wonder	42
关	（动）	guān	to close	38
观	（动）	guān	to watch; to view	45
观光		guān guāng	to visit	28
关怀	（动）	guānhuái	solicitude;	
			to show great solicitude	48
关心	（动）	guānxīn	to concern (oneself) about	11
管理	（动）	guǎnlǐ	to manage	13
广播	（名）	guǎngbō	broadcast	35
广东	（专）	Guǎngdōng	Guangdong Province	3
广州	（专）	Guǎngzhōu	Guangzhou	26
归	（动）	guī	to return	34
规律	（名）	guīlù	regulation	15
桂林	（专）	Guìlín	Guilin	33
桂林		Guìlín	"The scenery in Guilin	
山水		shānshuǐ	is the finest in the	
甲天下		jiǎ tiānxià	world."	39
柜台	（名）	guìtái	counter	46
贵州	（专）	Guìzhōu	Guizhou	10
锅	（名）	guō	pot	44

国都	（名）	guódū	state capital;	
			capital of a country	11
国画展	（名）	guóhuàzhǎn	an exhibition of Chinese	
			painting	46
国家	（名）	guójiā	country	39
国外	（名）	guówài	abroad	42
果酱	（名）	guǒjiàng	jam	2
过	（动）	guò	to pass	37
过年		guònián	to celebrate the New	
			Year; to spend the	
			New Year	9
过去	（名）	guòqù	in the past	12
过意		guòyì	to feel abliged;	
不去		bùqù	to feel apalogetic	33

H

哈	（象）	hā	onomatopoeia:	
			sound of laughing	43
还	（副）	hái	else	2
孩子	（名）	háizi	child	27
海边	（名）	hǎibiān	seaside	32
海滨	（名）	hǎibīn	beach	33
海滨		hǎibīn	bathing beach	
浴汤		yùchǎng		43
海底	（名）	hǎidǐ	the sea bottom	43

海淀区	(专)	Hǎidiàn Qū	Haidian District	14
害怕	(形)	hàipà	to be afraid	20
喊	(动)	hǎn	to cry	31
汉语	(专)	Hànyǔ	Chinese	7
行家	(名)	hángjiā	expert	46
航空	(名)	hángkōng	air mail	31
杭州	(专)	Hángzhōu	Hangzhou	38
好	(形)	hǎo	good	1
好吃	(形)	hǎochī	tasty	44
好处	(名)	hǎochù	advantage	35
好看	(形)	hǎokàn	good-looking	6
好玩儿	(形)	hǎowánr	fun; interesting; amusing	39
好象	(副)	hǎoxiàng	to seem	42
好用		hǎoyòng	easy to use	6
号	(名)	hào	date	8
号码	(名)	hàomǎ	number	31
喝	(动)	hē	to drink	2
嗬	(叹)	hē	interjection; oh; wow; huh	42
和	(介)	hé	and	2
盒	(量)	hé	measure word; a box of	28
河北省	(专)	Héběi Shěng	Hebei Province	39
合唱团	(名)	héchàngtuán	chorus	18

和睦	(形)	hémù	harmonious	7
和气	(形)	héqì	kind; gentle	16
合适	(形)	héshì	suitable	29
荷叶饼	(名)	héyèbǐng	lotus leaf pancakes (very thin like crepes)	47
黑	(形)	hēi	black	25
痕迹	(名)	hénjī	vestige; mark; tracc	40
红	(形)	hóng	red	11
红茶	(名)	hóngchá	black tea	2
《红高粱》	(专)	《Hónggāoliang》	*Red Sorghum*	30
红烧 排骨	(名)	hóngshāo páigǔ	spareribs braised in brown sauce	47
红叶	(名)	hóngyè	red leaves	32
后	(名)	hòu	later; ofterwords	15
厚	(形)	hòu	thick	38
后边	(名)	hòubiān	behind	19
后宫	(名)	hòugōng	the rear palace	41
候机室	(名)	hòujīshì	waiting room	28
后来	(名)	hòulái	later	11
后天	(名)	hòutiān	the day after tomorrow	25
后羿	(专)	Hòuyì	Houyi	12
呼吸	(动)	hūxī	to breath	10
湖笔	(名)	húbǐ	Hu writing brush	46

湖面	（名）	húmiàn	surface of the lake	44
湖泊	（名）	húpō	lakes	45
胡同	（名）	hútòng	alley	30
护士	（名）	hùshì	nurse	34
互相	（副）	hùxiāng	each other	13
护照	（名）	hùzhào	passport	38
花灯	（名）	huādēng	colourful lanterns	9
花瓶	（名）	huāpíng	vase	8
花坛	（名）	huātán	flower bed	19
划	（动）	huá	to row	11
华丽	（形）	huálì	gorgeous; resplendent	41
华侨	（专）	Huáqiáo	overseas Chinese	35
滑雪		huáxuě	skiing	33
画	（动）	huà	to draw	7
画儿	（名）	huàr	picture	7
画报	（名）	huàbào	pictorial magazine	7
画家	（名）	huàjiā	painter	26
话剧	（名）	huàjù	modern drama; stage play	27
化学	（名）	huàxué	chemistry	15
画展	（名）	huàzhǎn	painting exhibition	26
怀念	（动）	huáiniàn	to think of	10
坏	（形）	huài	bad	5
欢迎	（动）	huānyín	to welcome	14

还	(动)	huán	to return	21
环境	(名)	huánjìng	environment	22
换	(动)	huàn	to change	21
恢复	(动)	huīfù	to recover	34
徽墨	(名)	huīmò	*Hui* inkstick	46
回	(量)	huí	a measure word	
			(for number of times)	35
回答	(动)	huídá	to answer	17
回来	(动)	huílai	to come back	1
会	(动)	huì	to be able to;	
			to be likely to	10
会餐	(动)	huìcān	picnic	22
会话	(名)	huìhuà	conversation	25
汇文	(专)	Huìwén	Huiwen High School	
中学		Zhōngxué		14
活动	(动)	huódòng	to exercise or	
			move about	11
火	(名)	huǒ	fire	44
火车	(名)	huǒchē	train	28
火腿	(名)	huǒtuǐ	ham salad	
色拉		sèla		3
或	(连)	huò	or	10
或者	(连)	huòzhě	or	46

嚯	（叹）	huo	exclamatory word	33
婚姻	（名）	hūnyīn	marriage	36
昏庸	（形）	hūnyōng	muddle—headed, fatuous	11
皇帝	（名）	huángdì	emperor	41
皇宫	（名）	huánggōng	imperial palace	41
黄河	（专）	Huánghé	Yellow River	39
黄油	（名）	huángyóu	butter	2

J

机场	（名）	jīchǎng	airport	42
《基础	（专）	《Jīchǔ	*Elementary Chinese*	
汉语		Hànyǔ	*Readers*	
课本》		Kèběn》		35
鸡蛋	（名）	jīdàn	egg	2
机会	（名）	jīhuì	chance	35
鸡茸	（名）	jīróng	a soup made of shredded	
粟米汤		sùmǐtāng	Chicken and sweet corn	3
鸡丝	（名）	jīsī	finely sliced chicken	12
极了		jíle	extremely, very	5
吉利	（形）	jílì	lucky; propitious	9
吉祥	（形）	jíxiáng	lucky; auspicious	47
吉、祥、		jí,xiáng,	lucky as one wishes	
如、意		rú,yì		47

节目	(名)	jiémù	programme	7
节日	(名)	jiérì	festival	9
结束	(动)	jiéshù	to end; to come to a close	26
姐	(名)	jiě	elder sister	1
解除	(动)	jiěchú	to get rid of	12
解答	(动)	jiědá	to answer	39
解开	(动)	jiěkāi	unbutton	34
借	(动)	jiè	to borrow	21
介绍	(动)	jièshào	to introduce	21
借书证	(名)	jièshūzhèng	library card	21
斤	(量)	jīn	*jīn*, a unit of weight (=1／2 kilogram)	47
今后		jīnhòu	from now on; from today forward	43
津津 有味		jīnjīn— yǒuwèi	with relish	47
今年	(名)	jīnnián	this year	8
今天	(名)	jīntiān	today	2
金鱼	(名)	jīnyú	gold fish	33
紧	(形)	jǐn	closely; tightly	40
尽快		jǐnkuài	as soon as possible	41
尽量	(副)	jǐnliàng	to do one's best to	35
紧张	(形)	jǐnzhāng	nervous	23

进	（动）	jìn	to enter	22
近	（形）	jìn	near	31
进步	（动、名）	jìnbù	to progress; improvement	17
近况	（名）	jìnkuàng	recent developments; how things stand	25
进行	（动）	jìnxíng	to be in progress; to hold	43
经常	（副）	jīngcháng	often	36
京剧	（专）	Jīngjù	Beijing opera	35
京剧迷		jīngjùmí	a Beijing opera buff	42
经历	（动）	jīnglì	to experience	40
精美	（形）	jīngměi	exquisite; elegant	43
惊醒		jīngxǐng	to wake up with a start; rouse suddenly from sleep	27
经验	（名）	jīngyàn	experience	16
井然	（形）	jǐngrán	in good order	13
景色	（名）	jǐngsè	scenery	22
景泰蓝	（名）	jǐngtàilán	cloisonné	8
净	（名）	jìng	the "painted face" in Beijing opera	42
静	（形）	jìng	quiet; still; calm	44

境内		jìngnèi	within the boundary	39
纠正	（动）	jiūzhèng	to correct	35
酒	（名）	jiǔ	wine	8
九	（数）	jiǔ	nine	9
酒杯	（名）	jiǔbēi	wine glass	47
就	（副）	jiù	just; only	9
旧	（形）	jiù	old	46
旧金山	（专）	Jiùjīnshān	san Francisco	31
就近		iùjìn	nearby; in the neighbourhood	30
舅舅	（名）	jiùjiu	uncle (mother's brother)	5
救醒		jiùxǐng	to be brought to consciousness	33
就要…了		jiùyào... le	to be about to	32
举	（动）	jǔ	to lift; to raise	47
举起		jǔqǐ	to lift	36
举行	（动）	jǔxíng	to hold (a meeting, ceremony, etc.)	27
句	（量）	jù	measure word; sentence	39
巨	（形）	jù	gigantic	40
俱	（副）	jù	all	47
聚会	（名）	jùhuì	get-together	29

俱乐部	（名）	jùlèbù	club	20
剧情	（名）	jùqíng	plot	27
据说		jùshuō	it is said	44
剧团	（名）	jùtuán	theatrical company, opera troupe	4
句型	（名）	jùxíng	sentence pattern	23
剧院	（名）	jùyuàn	theatre	44
觉得	（动）	juédé	to feel	23
决定	（动）	juédìng	to decide	24
角色	（名）	juésè	role; part	42
决心	（名）	juéxīn	determination; to be determined	40
卷	（动）	juǎn	to roll	47
军队	（名）	jūnduì	army	40

K

喀嚓	（象）	kāchā	onomatopoeia; a cracking sound	34
咖啡	（名）	kāfēi	coffee	2
开	（动）	kāi	to open	17
开会		kāi huì	to hold a meeting	46
开始	（动）	kāishǐ	to begin	7
开水	（名）	kāishuǐ	boiled water	34

开玩笑		kāiwánxiào	to make a joke	41
开心	(形)	kāixīn	joyful	33
开演	(动)	kāiyǎn	(of a movie, performance, etc.) to start	27
看	(动)	kàn	to watch	7
看起来		kànqǐlai	to look as if; to seem to be	35
看望	(动)	kànwàng	to visit; to call on; to see	26
看样子		kànyàngzi	it seems to be	33
抗击	(动)	kàngjī	to resist	42
烤	(动)	kǎo	to roast	3
考虑	(动)	kǎolǜ	to consider	24
考试	(名)	kǎoshì	examination	23
烤鸭	(名)	kǎoyā	roast duck	40
靠	(动)	kào	to rely	42
棵	(量)	kē	measure word (used for trees, cabbages, etc.)	10
科学幻想		kēxué huànxiǎng	science fiction	21
咳嗽	(动)	késou	to cough	34
可	(副)	kě	very	11
可爱	(形)	kě'ài	lovely	42
可可	(名)	kěkě	cocoa	3

可是	（连）	kěshì	but	35
可以	（动）	kěyǐ	may; can	14
刻	（形）	kè	a quarter (of an hour)	15
刻	（名）	kè	to carve	46
客气	（形）	kèqi	polite	20
客人	（名）	kèrén	guest	26
课堂	（名）	kètáng	classroom	17
客厅	（名）	kètīng	sitting-room	7
课外	（名）	kèwài	extracurricular	18
课文	（名）	kèwén	text	7
空	（名）	kōng	empty	48
空气	（名）	kōngqì	air	10
空调器	（名）	kōngtiáoqì	air-conditioner	6
孔庙	（专）	Kǒngmiào	the Temple of Confucius	43
恐怕	（动）	kǒngpà	I'm afraid; perhaps	30
孔圣人	（专）	Kǒng Shèngren	the Sage Confucius	43
孔子	（专）	Kǒngzǐ	Confucius	43
哭	（动）	kū	to cry	40
哭丧	（动）	kūsàng	with a long face	34
夸	（动）	kuā	to praise	37
快	（形）	kuài	quick	12
块	（量）	kuài	measure word; piece; lump; cube	46
快乐	（形）	kuàilè	happy; joyful	29

			a) completed action	
			b) imminent action)	1
累	(形)	lèi	tired	23
冷	(形)	lěng	cold	30
离	(介)	lí	from; away	14
漓江	(专)	Lí Jiāng	Li River	33
离开	(动)	líkāi	to leave	48
里	(名)	lǐ	inside	6
里	(量)	lǐ	li, a Chinese unit of length (= 1 / 2 kilometre)	40
李白	(专)	Lǐ Bái	Li Bai, great poet of the Tang Dynasty	40
里边	(名)	lǐbian	inside	19
李老师	(专)	Lǐ lǎoshī	Teacher Li	10
李明	(专)	Lǐ Míng	Li Ming	4
礼堂	(名)	lǐtáng	assembly hall	19
礼物	(名)	lǐwù	gift	8
理想	(名)	lǐxiǎng	ideal	23
历史	(名)	lìshǐ	history	15
栗子面 窝头	(名)	lìzimiàn wōtóu	cone shaped steamed cake made of chestnut flour	47
俩	(数)	liǎ	two	13

聊	（动）	liáo	to chat	25
聊天		liáotiānr	to chat	47
疗养	（动）	liáoyǎng	to recuperate; to convalesce	33
了不起		liǎobuqǐ	great	40
了解	（动）	liǎojiě	to understand	24
连…		lián...	even	
都…		dōu...		47
联欢	（动）	liánhuān	to have a get-together	47
帘子	（名）	liánzi	curtain	41
脸	（名）	liǎn	face	3
练习	（动）	liànxí	to practice	23
《梁红玉》	（专）	《Liáng Hóng yù》	heroine of the Southern Song Dynasty who fought against the Jin Dynasty (Nüzhen Tartars) in the North	42
凉快	（形）	liángkuai	cool	22
《梁山伯与祝英台》	（专）	《Liáng Shān bó yǔ Zhù Yīngtái》	(also called) *The Butterfly Lovers*	36
两	（数）	liǎng	two	6
亮	（形）	liàng	bright	12

留恋	(动)	liúliàn	to miss	12
留学		liúxué	to study abroad	42
留学生	(名)	liúxuéshēng	students studying away from their native country	35
留影		liúyǐng	to take a picture as a memento	48
刘云	(专)	Liú Yún	Liu Yun	24
六	(数)	liù	six	6
楼	(名)	lóu	building	6
楼阁亭台		lóugé tíngtái	pavilions and balconies	45
龙	(名)	lóng	dragon	9
龙灯	(名)	lóngdēng	dragan lantern	9
芦笛岩	(专)	Lúdíyán	Ludiyan (Reed Flute Cave)	33
路	(名)	lù	road	22
露	(动)	lù	to reveal; to expose	40
路线	(名)	lùxiàn	route	46
录像室	(名)	lùxiàngshì	video room	13
录音	(名)	lùyīn	sound recording	7
录音机	(名)	lùyīnjī	tape recorder	30
旅途	(名)	lǚtú	journey	48

旅行	(动)	lǚxíng	to travel	23
旅行	(名)	lǚxíng	traveller's checks	
支票		zhīpiào		38
旅游	(动)	lǚyóu	to travel	17
旅游者	(名)	lǚyóuzhě	traveller, tourist	45
绿	(形)	lǜ	green	10
绿茶	(名)	lǜchá	green tea	3
伦敦	(专)	Lúndūn	London	38
落后	(动)	luòhòu	to fall behind	20

M

妈妈	(名)	māma	mother	1
吗	(助)	ma	an interrogative particde (used at the end of a declarative sentence to form a question)	1
麻烦	(形)	máfan	to trouble; troublesome	28
玛丽	(专)	Mǎ Lì	Mary	45
马克	(专)	Mǎkè	mark	38
马上	(副)	mǎshàng	immediately	27
埋	(动)	mái	to bury	40
埋葬	(动)	máizàng	to bury	40
买	(动)	mǎi	to buy	8

卖	（动）	mài	to sell	46
馒头	（名）	mántou	steamed bread	3
满	（形）	mǎn	full	29
满意	（形）	mǎiyì	satisfied	29
慢	（形）	màn	slow	26
忙	（形）	máng	busy	8
帽	（名）	mào	hat	43
没关系		méi guānxi	never mind; It doesn't matter.	20
玫瑰花	（名）	Méiguìhuā	rose	31
美	（形）	měi	beautiful	5
美国	（专）	Měiguó	the United States of America	5
美好	（形）	měihǎo	fine; happy	24
美景		měijǐng	a pretty scene	45
美丽	（形）	měilì	beautiful	10
美妙之处		měimiào zhīchù	points of beauty and splendour	44
美女	（名）	měinǚ	a beauty	44
美术	（名）	měishù	art	18
美术馆	（名）	měishùguǎn	art gallery	45
们	（后缀）	men	a suffix forming the plural (for people)	3

门口	（名）	ménkǒu	gate; entrance	27
孟姜女	（名）	Mèng Jiāngnǚ	Meng Jiangnü	40
梦游	（动）	mèngyóu	to tour in a dream; to sleepwalk	45
迷人	（形）	mírén	fascinating	44
迷住	（动）	mízhù	fascinated; enchanted	45
汨罗江	（专）	Mìluó Jiāng	Miluo River	11
米饭	（名）	mǐfàn	rice	3
米粉	（名）	mǐfěn	rice-flour noodles	3
面包	（名）	miànbāo	bread	2
面积	（名）	miànjī	area	39
面条	（名）	miàntiáo	noodles	33
民间	（名）	mínjiān	folk	40
民族	（名）	mínzú	nation; nationality	39
名	（量）	míng	measure word (for persons); a place received in a competition, etc.	20
明白	（形）	míngbai	clear; obvious	17
名不虚传		míngbù xūchán	to live up to one's reputation	44
名菜		míngcài	famous dish	44
明朝	（专）	Míngcháo	Ming Dynasty	44
名称	（名）	míngchēng	name	31

N

拿手菜	（名）	náshǒucài	specialty (dish)	3
哪儿	（代）	nǎr	where	4
哪些	（代）	nǎxiē	which (pl.)	18
奶奶	（名）	nǎinai	grandmother (father's mother)	4
耐心	（名）	nàixīn	patient	29
男	（形）	nán	male	13
难	（形）	nán	difficult	23
难道	（副）	nándào	could it possibly be...; does it mean... (used in rhetorical questions)	40
南方	（名）	nánfāng	the South	9
难过	（形）	nánguò	sad	48
南海	（专）	Nán Hǎi	the South China Sea; the Nanhai Sea	45
难受	（形）	nánshòu	suffer pain; feel unwell	32
难住	（动）	nánzhu	to present a difficulty to	40
《闹天宫》	（专）	《Nào tiāngōng》	*Disturbance in the Heavenly Palace*	36
闹钟	（名）	nàozhōng	alarm clock	27

呢	（助）	ne	an auxiliary particle [here: a) used at the end of an interrogative sentence; b)used to indicate that an action or situation is in progress]	7
内行	（名）	nèiháng	expert	30
内容	（名）	nèiróng	content	35
嫩	（形）	nèn	tender	47
能	（动）	néng	can; to be able to	18
能歌善舞		nénggē shànwǔ	good at dancing and singing	43
嗯	（叹）	ňg	interjection: h'm; okay	1
你	（代）	nǐ	you	1
年底	（名）	niándǐ	end of a (the) year	24
年级	（名）	niánjí	grade (in school)	10
年纪	（名）	niánjì	age	45
念	（动）	niàn	to read	7
您	（代）	nín	you (polite form)	1
牛奶	（名）	niúnǎi	milk	2
牛排	（名）	niúpái	steak	3
牛肉	（名）	niúròu	beef	10
纽约	（专）	Niǔyuē	New York	14

浓	(形)	nóng	thick	12
农产品	(名)	nóngchǎnpǐn	agricultural products	45
农历	(名)	nónglì	lunar calendar	9
努力	(动)	nǔlì	hard—working; industrious	13
暖和	(形)	nuǎnhuo	warm	10
女生	(名)	nǚshēng	female student	13

O

哦	(叹)	ò	interjection: oh	3
噢	(叹)	ò	interjection: oh	8

P

爬	(动)	pá	to climb	27
怕	(动)	pà	to fear; to be afraid	30
拍了照		pāile zhào	to have taken photos	41
排队		páiduì	to stand on line	28
派	(动)	pài	to send	12
盘	(量)	pán	plate	3
旁边	(名)	pángbiān	besides	19
跑	(动)	pǎo	to run	16
培	(动)	péi	to earth up	10

陪	（动）	péi	to accompany	35
盆	（量）	pén	measure word (for potted plants)	19
蓬莱	（专）	Pénglái	Penglai, a fabled abode of immortals	43
蓬莱仙境	（专）	Pénglái Xiānjìng	the fairyland in Penglai	43
朋友	（名）	péngyou	friend	4
捧	（动）	pěng	to take or carry in both hands	31
皮脆		pícuì	of the skin: crisp	47
啤酒	（名）	píjiǔ	beer	32
皮箱	（名）	píxiāng	suitcase	19
篇	（量）	piān	measure word: piece; leaf; sheet	35
片子	（名）	piānzi	film; movie	27
便宜	（形）	piányi	cheap	22
片	（量）	piàn	measure word: slice	3
嫔妃	（名）	pínfēi	imperial concubine	41
品德	（名）	pǐndé	moral character	24
品种	（名）	pǐnzhǒng	variety	11
乒乓球	（名）	pīngpāngqiú	table tennis; ping-pong	36
瓶	（量）	píng	measure word: bottle	16

平方	（量）	píngfāng	square kilometre	
公里		gōnglǐ		39
苹果	（名）	píngguǒ	apple	31
评剧	（专）	Píngjù	Pingju, a local opera of north and northeast China	35
平时	（名）	píngshí	at usual times	16
飘	（动）	piāo	to blow; to float	47
票	（名）	piào	ticket	15
漂亮	（形）	piàoliang	pretty	5
扑克牌	（名）	púkèpái	playing cards; poker	31
蹼	（名）	pǔ	web (of the feet of ducks, frogs, etc.)	47
普通话	（专）	Pǔtōnghuà	*Putonghua*, standard Chinese pronunciation	37

Q

七	（数）	qī	seven	8
七星 公园	（专）	Qīxīng Gōngyuán	Seven Star Park	33
期中	（名）	qīzhōng	the middle of a semester	26
妻子	（名）	qīzǐ	wife	47
骑	（动）	qí	to ride	17

奇丽	（形）	qílì	exotic and pretty	45
旗袍	（名）	qípáo	a close fitting woman's dress with a high neck and slit skirt, cheongsam	46
齐全	（形）	qíquán	complete	13
其他 (其它)	（代）	qítā	other	17
起	（动）	qǐ	to get up	1
起床		qǐchuáng	to get up	3
起劲	（形）	qǐjìn	vigorously; with gusto	29
起立		qǐlì	to stand up	17
气	（动）	qì	to annoy	27
汽车	（名）	qìchē	bus	37
气候	（名）	qìhòu	climate	22
汽水	（名）	qìshuǐ	soda-water; soda pop	16
气温	（名）	qìwēn	temperature	32
千	（数）	qiān	thousand	13
签	（动）	qiān	to sign	31
铅笔	（名）	qiānbǐ	pencil	16
千辛 万苦		qiānxīn wànkǔ	innumerable trials and tribulations	40
谦虚	（形）	qiānxū	modest	37
迁移	（动）	qiānyí	to emigrate	45

钱	（名）	qián	money	32
前	（名）	qián	front; first	15
前边	（名）	qiánbiān	front	20
前天	（名）	qiántiān	the day before yesterday	26
浅	（形）	qiǎn	shallow; light (in colour)	29
敲	（动）	qiāo	to knock	29
瞧	（动）	qiáo	to look	30
巧	（形）	qiǎo	opportunely	26
切	（动）	qiè	to cut	44
亲爱	（形）	qīn'ài	dear	48
亲戚	（名）	qīnqì	relative	28
亲切	（形）	qīnqiè	kind; cordial	16
亲人	（名）	qīnrén	one's family members	12
亲属	（名）	qīnshǔ	relative	5
秦兵	（专）	Qínbīng	Qin troops	11
勤奋	（形）	qínfèn	diligent	23
秦始皇	（专）	Qínshǐhuáng	the first emperor of the Qin Dynasty	40
清楚	（形）	qīngchu	clear	16
清代	（专）	Qīngdài	Qing Dynasty	41
青岛	（专）	Qīngdǎo	Qingdao	26
清华	（专）	Qīnghuá	Qinghua University	28

清明节	（专）	Qīngmíngjié	Festival of Pure Brightness (for the dead)	10
青年	（名）	qīngnián	youth	26
轻松	（形）	qīngsōng	relaxed	30
晴	（形）	qíng	fine	32
情节	（名）	qíngjié	plot	42
情况	（名）	qíngkuàng	state of affairs	28
晴朗	（形）	qínglǎng	clear and bright	41
情人	（名）	qíngrén	lovers	36
请	（动）	qǐng	to ask; to invite	4
请假		qǐngjià	ask for leave	17
庆祝	（动）	qìngzhù	to celebrate	12
秋天	（名）	qiūtiān	autumn	32
球赛	（名）	qiúsài	ball game; match	42
屈原	（专）	Qū Yuán	Qu Yuan	11
驱除 邪恶		qūchú xié'è	to drive off the evil spirits	9
取	（动）	qǔ	to get, fetch	30
取得	（动）	qǔdé	to gain; to get	20
去	（动）	qù	to go	1
缺席	（动）	quēxí	to be absent	17
却	（副）	què	however	11
确实	（副）	quèshí	indeed	21
圈	（量）	quān	measure word; a circle	39

圈儿	（名）	quánr	circle	46
全	（副）	quán	all	9
全称	（名）	quánchēng	full name	31
《全国旅游图》	（专）	《Quán-guó Lǚyóu Tú》	Guide Map of the Country	39
全家		quánjiā	the whole family	8
全鸭席	（名）	quányāxí	a meal of which all the courses involve some part of the duck	47
裙子	（名）	qúnzi	skirt	31

R

然后	（连）	ránhòu	there; afterwards	36
让	（动）	ràng	to stand	27
热	（形）	rè	hot	8
热爱	（动）	rè'ài	to love	11
热闹	（形）	rènào	lively	9
热情	（形）	rèqíng	warm	17
人	（名）	rén	person	4
人口	（名）	rénkǒu	population	39
人马	（名）	rénmǎ	retinue	33
人们	（代）	rénmen	people	9

人民	（名）	rénmín	people	11
人民币	（名）	Rénmínbì	*Renminby*	. 38
人间	（名）	rénjiān	the world (of humans)	12
人民剧场	（专）	Rénmín Jùchǎng	People's Theatre	42
人参	（名）	rénshēn	ginseng	31
人物	（名）	rénwù	character	42
认真	（形）	rènzhēn	earnest	17
认识	（动）	rènshi	to know; to recognize	16
扔	（动）	rēng	to throw	11
荣宝斋	（专）	Róngbǎozhāi	Rongbao Study (name of a store)	46
容易	（形）	róngyì	easy	28
肉	（名）	ròu	meat	44
肉末烧饼	（名）	ròumò shāobing	sesame seed cake with a minced meat filling	47
如	（动）	rú	to give an example; for example	10
如果	（连）	rúguǒ	if	39
如愿以偿		rúyuàn yǐcháng	to have one's wish fulfilled	36
入迷		rùmí	fascinated; enchanted	36
入侵	（动）	rùqīn	to invade	42

			to pay respects	10
色	(名)	sè	colour	20
沙发	(名)	shāfā	sofa	12
沙锅豆腐	(名)	shāguō dòufu	beancurd braised in a clay pot	47
山	(名)	shān	mountain	22
山顶	(名)	shāndǐng	pcak	22
山东	(专)	Shāndōng	Shandong Province	39
山水	(名)	shānshuǐ	scenery (lit. mountains and water)	39
陕西	(专)	Shǎnxī	Shaanxi Province	10
膳	(名)	shàn	viands; delicacies; savoury food	47
商店	(名)	shāngdiàn	shop	8
伤势	(名)	shāngshì	(the condition of a) wound	34
赏月		shǎng yuè	to appreciate the moon	12
上	(名)	shàng	up; on	12
上班		shàngbān	to go to work	15
上边	(名)	shàngbian	above	19
上海	(专)	Shànghǎi	Shanghai	18
上课		shàng kè	to have class	15

上午	(名)	shàngwǔ	morning	15
上学		shàng xué	to go to school	4
上衣	(名)	shàngyī	coat	20
上映	(动)	shàngyìng	to show	27
上有天堂，下有苏杭		shàngyǒu tiāntáng, xià yǒu Sū Háng	In the heavens there is paradise, on earth there is Hangzhou and Suzhou.	39
烧饼	(名)	shāobing	sesame seed cake	2
少	(形)	shǎo	few, little	5
舌	(名)	shé	tongue	47
射	(动)	shè	to shoot	12
设备	(名)	shèbèi	equipment facilities	13
社会	(名)	shèhuì	society	48
设计	(动)	shèjì	to design	43
射门		shèmén	to shoot (at the goal)	20
设施	(名)	shèshī	facilities	19
深	(形)	shēn	deep	29
伸	(动)	shēn	to stretch	33
身上	(名)	shēnshang	on the body	34
身体	(名)	shēntǐ	body	5
神话	(名)	shénhuà	fairy tale	40
什么	(代)	shénme	what	2
神气	(形)	shénqì	handsome	5

神仙	（名）	shénxiān	immortal	12
婶婶	（名）	shěnshen	aunt (wife of father's younger brother)	5
生	（名）	shēng	the male character type in Beijing opera	42
生词	（名）	shēngcí	new words	7
声调	（名）	shēngdiào	tone	17
生活	（名）	shēnghuó	life	12
生气	（动）	shēngqì	to be angry	24
生日	（名）	shēngrì	birthday	8
生物	（名）	shēngwù	living things	18
升学		shēngxué	to enter a higher school	24
声音	（名）	shēngyīn	sound	7
省	（名）	shěng	province	5
胜地	（名）	shèngdì	scenic spots	45
诗歌	（名）	shīgē	poems and songs; poetry	46
师母	（名）	shīmǔ	the wife of one's teacher or master	42
诗人	（名）	shīrén	poet	11
湿润	（形）	shīrùn	wet	45
尸体	（名）	shītǐ	corpse	11
师长	（名）	shīzhǎng	teachers and parents	13

狮子	（名）	shīzi	lion	9
十八	（数）	shíbā	eighteen	18
十二	（数）	shí'èr	twelve	9
十分	（副）	shífēn	very	43
时候	（名）	shíhou	time	16
时间	（名）	shíjiān	time	10
十九	（数）	shíjiǔ	nineteen	13
食具	（名）	shíjù	tableware; dinner service	47
石料	（名）	shíliào	stone material (here: on which to carve a seal)	46
食品	（名）	shípǐn	food	47
十七	（数）	shíqī	seventeen	17
十七孔桥	（专）	Shíqī kǒngqiáo	Seventeen-Arch Bridge	41
十三陵	（专）	Shísānlíng	the Ming Dynasty Tombs	39
石塔	（名）	shítǎ	stone tower	44
食堂	（名）	shítáng	canteen; cafeteria	33
十五	（数）	shíwǔ	fifteen	9
实用	（形）	shíyòng	practical	6
实验室	（名）	shíyànshì	laboratory	13
实现	（动）	shíxiàn	to come true; to realize	24
使用	（动）	shǐyòng	to use	38

是	（动）	shì	to be	2
事	（名）	shì	matter	12
试表		shìbiǎo	to take one's temperature	34
世界	（名）	shìjiè	world	33
室内	（名）	shìnèi	indoors	38
事情	（名）	shìqing	matter; affair	42
市区	（名）	shìqū	city proper	14
式样	（名）	shìyàng	style; type	29
收	（动）	shōu	to accept	38
收获	（名、动）	shōuhuò	to harvest	48
收拾	（动）	shōushi	to pack; to get things ready	28
收音机	（名）	shōuyīnjī	radio	24
熟	（形）	shóu	ripe; familiar; fluent	17
熟悉	（形）	shóuxi	familiar	46
首都电影院	（专）	Shǒudū diànyǐngyuàn	Capital Theatre	27
手工精		shǒugōngjīng	fine handwork	46
手套	（名）	shǒutào	gloves	38
手术	（名、动）	shǒushù	operation; to operate	34

守岁		shǒusuì	to sit up late or all night on New Year's Eve 9
手续	（名）	shǒuxù	formalities 28
手镯	（名）	shǒuzhuó	bracelet 46
受	（动）	shòu	to bear, to endure 32
瘦	（形）	shòu	thin 46
寿比南山		shòu bǐ Nán Shān	longevity exceeding Southern Mountain 8
寿辰	（名）	shòuchén	birthday (of an elderly person) 8
售货员	（名）	shòuhuòyuán	shop assistant 29
寿面	（名）	shòumiàn	birthday noodles 8
寿桃	（名）	shòutáo	longevity peach 8
寿星图	（名）	shòuxīngtú	a picture of the god of longevity 8
书	（名）	shū	book 5
输	（动）	shū	to lose 20
书橱	（名）	shūchú	bookcase 6
书店	（名）	shūdiàn	bookstore 19
舒服	（形）	shūfu	comfortable 6
书架	（名）	shūjià	bookshelf 6
叔叔	（名）	shūshu	uncle

			(father's younger brother)	5
书桌	（名）	shūzhuō	desk	6
暑假	（名）	shǔjià	summer vacation	24
束	（量）	shù	measure word:	
			a bunch of	29
数学	（名）	shùxué	mathematics	15
树阴	（名）	shùyīn	shade	33
耍	（动）	shuǎ	to play with	9
双	（量）	shuāng	measure word: pair	19
水	（名）	shuǐ	water	5
水果	（名）	shuǐguǒ	fruit	25
水平	（名）	shuǐpíng	level	43
水清		shuǐqīn	of water, clean	43
睡	（动）	shuì	to sleep	1
睡觉		shuìjiào	to go to sleep	3
睡眠	（名）	shuìmián	sleep	23
顺便	（副）	shùnbiàn	in passing	31
顺利	（形）	shùnlì	smoothly	8
顺路		shùn lù	on the way	26
说	（动）	shuō	to say; to speak	4
说不上		shuō bu	cannot tell,	
		shàng	cannot say	36
说话		shuōhuà	to speak	16
说明书	（名）	shuōmíngshū	synopsis	42

但是…		dànshì ...		45
岁	(量)	suì	measure word: (of age) year	16
所	(量)	suǒ	measure word (used for building)	13
所以	(连)	suǒyǐ	therefore	12

T

她	(代)	tā	she; her	4
它	(代)	tā	it	12
塔	(名)	tǎ	tower	44
踏青		tàqīn	country excursion at Qingming (lit. to treat on the green)	10
台	(量)	tái	measure word (used for theatrical performances, engines, machines, etc.)	30
抬	(动)	tái	to carry	33
台灯	(名)	táidēng	desk lamp	6
抬头		táitóu	to raise one's head	27
台湾	(专)	Táiwān	Taiwan	5
太	(副)	tài	too	3
太和殿	(专)	Tàihédiàn	the Hall of Supreme

			Harmony	41
泰国	（专）	Tàiguó	Thailand	5
泰山	（专）	Tàishān	Mount Tai	39
太阳	（名）	tàiyáng	sun	12
弹	（动）	tán	to play	18
谈	（动）	tán	to talk	4
探亲		tànqīn	to visit relatives	
访友		fǎngyǒu	and friends	37
汤	（名）	tāng	soup	3
汤圆	（名）	tāngyuán	soup dumpling	9
糖	（名）	táng	sugar	2
堂哥	（名）	tánggē	cousin (son of father's brother, olden than oneself)	5
堂姐	（名）	tángjiě	cousin (daughter of father's brother, older than oneself)	5
糖丝	（名）	tángsī	candy threads or floss	47
糖油饼	（名）	tángyóubǐng	sweet deep-fried cake	2
躺下		tǎngxià	to lie down	27
趟	（量）	tàng	measure word (for number of times): trip	26
讨论	（动）	tǎolùn	to discuss	35
套	（量）	tào	measure word: a set of	31
特别	（形）	tèbié	special	11

特色	(名)	tèsè	special quality or characteristic for a special purpose;	47
特意	(副)	tèyì	especially	26
疼	(形)	téng	ache; painful	25
踢	(动)	tī	to kick	20
提	(动)	tí	to carry in the hand	18
提高	(动)	tígāo	to improve	43
题目	(名)	tímù	exam question	23
提醒	(动)	tíxǐng	to remind	38
体操	(名)	tǐcāo	gymnastics	15
体温	(名)	tǐwēn	(body) temperature	34
体育	(名)	tǐyù	physical exercise	16
替	(介)	tì	for; on behalf of	12
天安门	(专)	Tiān'ānmén	Tian'anmen	41
天兵 天将		tiānbīng tiānjiàng	troops and generals from Heaven	33
天帝	(名)	tiāndì	the Emperor of Heaven	12
天津	(专)	Tiānjīn	Tianjin	38
天空	(名)	tiānkōng	the sky; the heaven	33
天气	(名)	tiānqì	weather	10
天上	(名)	tiānshàng	in the sky; in the heaven	12

天坛	（专）	Tiāntán	Temple of Heaven	39
天堂	（名）	tiāntáng	paradise; heaven	39
天下	（名）	tiānxià	under heaven; the earth	39
天然湖	（名）	tiānránhú	natural lake	45
填	（动）	tián	to fill out	31
田村	（专）	Tiáncūn	Tamura	36
甜食	（名）	tiánshí	dessert	3
挑	（动）	tiāo	to select	29
条	（量）	tiáo	measure word (used for long, narrow things, e.g. fish, ship, street)	31
条件	（名）	tiáojiàn	conditions	37
调味作料		tiáowèr zuóliào	seasonings	44
跳舞		tiàowǔ	to dance	12
铁观音茶	（专）	Tiěguān yīn chá	"Iron Guanyin" tea	3
听	（动）	tīng	to listen	7
听力	（名）	tīnglì	hearing; aural comprehension	25
听说		tīngshuō	to hear of or about	20
挺	（副）	tǐng	quite	13

通话		tōnghuà	to converse	31
同学	(名)	tóngxué	classmate	4
同意	(动)	tóngyì	to agree	14
捅	(动)	tǒng	to stab; to poke	33
痛快	(形)	tòngkuài	joyful	39
痛苦		tòngkǔ	extremely bitter	
万分		wànfēn		40
偷	(动)	tōu	to steal	12
投	(动)	tóu	to fling; to throw oneself into	11
头	(名)	tóu	head	25
投海 而死		tóuhǎi érsǐ	to jump to one's death into the sea	40
突然	(副)	tūrán	suddenly	36
图	(名)	tú	picture; map	27
图案	(名)	tú'àn	pattern	47
图书馆	(名)	túshūguǎn	library	13
图章	(名)	túzhāng	seal; stamp	46
土	(名)	tǔ	earth	10
土地	(名)	tǔdì	land; soil	45
土特产	(名)	tǔtèchǎn	local product	28
团结	(动)	tuánjié	to unite	13
团圆	(动)	tuányuán	reunion	9

完成	（动）	wánchéng	to finish	17
玩儿	（动）	wánr	to play	22
晚	（形）	wǎn	late	15
碗	（名）	wǎn	bowl	3
晚安		wǎn'ān	good night	1
晚餐	（名）	wǎncān	dinner	3
晚饭	（名）	wǎnfàn	supper	2
晚会		wǎnhuì	evening party	27
万	（数）	wàn	ten thousand	39
万里长城	（专）	Wànlǐ Chángchéng	the ten-thousand-li Great Wall	40
万事如意		wànshì rúyì	Everything follows one's wishes.	8
万寿山	（专）	Wànshòu Shān	Longevity Hill	41
王芳	（专）	Wáng Fāng	Wang Fang	16
王府井	（专）	Wángfǔjǐng	Wang Fujing, busy shopping street in Beijing	25
王丽	（专）	Wáng Lì	Wang Li	4
往常	（名）	wǎngcháng	usually	44
网球赛	（名）	wǎngqiúsài	tennis match	7
往	（介）	wàng	to; in the direction of	11
忘怀	（动）	wànghuái	to forget	43

忘记	（动）	wàngjì	to forget	5
煨	（动）	wēi	to stew	44
巍峨	（形）	wēi'é	lofty	43
围棋	（名）	wéiqí	*weiqi*	36
伟大	（形）	wěidà	great	11
喂	（动）	wèi	to feed	11
喂	（叹）	wèi	interjection (to attract attention)	22
位	（量）	wèi	measure word (used for persons)	4
胃	（名）	wèi	stomach	34
味儿	（名）	wèir	taste, flavour	3
味道	（名）	wèidào	taste; flavour	47
为了	（介）	wèi le	for the purpose of; in order to	11
为什么		wèishénme	why	9
慰问	（动）	wèiwèn	to convey greetings to	26
文房四宝	（名）	wénfáng sì bǎo	the four treasures of the study	46
文化	（名）	wénhuà	culture	35
文明	（名）	wénmíng	civilization; civilized	39
文学家	（名）	wénxuéjiā	man of letters	44
问	（动）	wèn	to ask	14

问安		wèn'ān	greetings	1
问候	(动)	wènhòu	to greet	25
问题	(名)	wèntí	question	17
我	(代)	wǒ	I, me	1
握手		wòshǒu	to shake hands	42
屋里	(名)	wū lǐ	the interior of a room; in a room	7
无微不至		wú wēi bú zhì	meticulously; in every possible way	29
舞	(动)	wǔ	to dance	9
五	(数)	wǔ	five	9
武功	(名)	wǔgōng	acrobatic skills in Chinese opera	42
舞曲	(名)	wǔqǔ	dance music	29
五仁	(名)	wǔrén	five kinds of kernels	12
五十四	(数)	wǔshísì	fifty—four	13
物理	(名)	wùlǐ	physics	15
卧室	(名)	wòshì	bedroom	6

X

西餐	(名)	xīcān	Western—style food	3
西单	(专)	Xīdān	Xidan, place in Beijing	26
西湖	(专)	Xīhú	West Lake	44

西太后	（专）	Xītàihòu	the Empress Dowager Xi	47
吸引	（动）	xīyǐn	to attract	29
《西游记》	（专）	《Xī yóu jì》	*Journey to the West*	21
希望	（动）	xīwàng	to hope	29
习惯	（动）	xíguàn	custom	10
洗	（动）	xǐ	to wash	3
喜爱	（动）	xǐ'ài	to like	20
喜欢	（动）	xǐhuān	to like	3
喜剧	（名）	xǐjù	comedy	27
洗澡	（动）	xǐzǎo	to take a bath	27
戏	（名）	xì	play	36
戏票	（名）	xìpiào	ticket to a play or drama	36
戏装	（名）	xìzhuāng	costume	42
下	（名）	xià	under	12
下凡	（动）	xiàfán	(of Gods or immortals) to descend to the world	43
夏天	（名）	xiàtiān	summer	32
下午	（名）	xiàwǔ	afternoon	1
下雨		xiàyǔ	to rain	23
先	（形）	xiān	first	28
鲜花	（名）	xiānhuā	fresh flowers	29

仙女	（名）	xiānnǚ	fairy maiden	12
鲜艳	（形）	xiānyàn	bright-coloured	29
咸	（形）	xián	salty	12
《现代 汉语八 百词》	（专）	《Xiàndài Hànyǔ Bā bǎi Cí》	*Modern Chinese 800*	25
羡慕	（动）	xiànmù	to envy	5
现在	（名）	xiànzài	nowadays	13
香	（形）	xiāng	fragrant	8
相爱	（动）	xiāng'ài	devoted	40
相当	（副）	xiāngdāng	quite; fairly	35
相见		xiāngjiàn	to meet	12
香山	（专）	Xiāng Shān	the Fragrant Hills	32
香味	（名）	xiāngwèi	fragrance	47
想	（动）	xiǎng	to think; to miss	14
响	（动）	xiǎng	to ring; to sound	27
想念	（动）	xiǎngniàn	to miss; to remember with longing	40
享受	（动）	xiǎngshòu	to enjoy	36
想象	（动）	xiǎngxiàng	to imagine	40
向	（介）	xiàng	to, toward	19
项	（量）	xiàng	measure word (used for clauses, etc.)	15

小文	（专）	Xiǎo Wén	Xiao Wen	6
小心	（动）	xiǎoxīn	carefully; be careful	22
小学	（名）	xiǎoxué	primary school	13
小组	（名）	xiǎozǔ	group, team	18
笑	（动）	xiào	to smile	14
校园	（名）	xiàoyuán	school yard	13
校址	（名）	xiàozhǐ	school address	14
鞋	（名）	xié	shoe	19
谐趣园	（专）	Xiéqùyuán	Garden of Harmony and Delight	41
写	（动）	xiě	to write	7
写生	（动）	xiěshēng	paint from life; draw, point, or sketch from nature	41
写字台	（名）	xiězìtái	writing desk	13
谢谢	（动）	xièxie	to thank; thanks	1
新	（形）	xīn	new	16
新加坡	（专）	Xīnjiāpō	Singapore	38
辛苦	（形）	xīnkǔ	laborious; to go to great trouble	48
欣赏	（动）	xīnshǎng	to enjoy	10

新生	（名）	xīnshēng	new student	37
新鲜	（形）	xīnxiān	fresh	10
心意	（名）	xīnyì	kindly feelings	34
信	（名）	xìn	letter	7
信用卡	（名）	xìnyòngkǎ	credit card	38
信心	（名）	xìnxīn	confidence	23
星期六	（名）	Xīng qī liù	Saturday	9
星期日	（名）	Xīng qī rì	Sunday	14
行李	（名）	xíngli	luggage	28
姓	（动）	xìng	family name	37
幸福	（形）	xìngfú	happy	4
兴趣	（名）	xìngqù	interest	40
兴致	（名）	xìngzhì	interest	22
兴致 勃勃		xìngzhì- bóbó	full of zest	42
熊猫	（名）	xióngmāo	panda	31
雄伟	（形）	xióngwěi	imposing	41
修理	（动）	xiūlǐ	to repair	30
修建	（动）	xiūjiàn	to build; to construct	40
休息	（动）	xiūxi	to rest	1
绣花 衬衣	（名）	xiùhuā chènyī	embroidered blouse	46
秀丽	（形）	xiùlì	pretty; beautiful	39
许多	（数）	xǔduō	many	36

叙述	（动）	xùshù	to narrate	36
宣纸	（名）	xuānzhǐ	*Xuan* paper	46
选定	（动）	xuǎndìng	to choose; to settle on	29
学期	（名）	xuéqī	semester	24
学生	（名）	xuésheng	student	13
学院路	（专）	Xuéyuàn Lù	Xueyuan Road	14
学习	（动）	xuéxí	to study	12
学校	（名）	xuéxiào	school	13
雪	（名）	xuě	snow	32
巡视	（动）	xúnshì	on an inspection tour	33
寻找	（动）	xúnzhǎo	to seek	40

Y

呀	（助）	yā	a particle	7
压	（动）	yā	to press	27
鸭子	（名）	yāzi	duck	47
烟	（名）	yān	cigarettes	34
烟云	（名）	yānyún	mists and clouds	43
沿	（动）	yán	along; to follow; to run along	39
岩壁	（名）	yánbì	rock wall; cliff	44

岩洞	（名）	yándòng	cave; grotto	33
严格	（形）	yángé	strict	16
炎黄子孙	（专）	Yán Huáng zǐsūn	the descendants of Emperors Yan and Huang (the legendary God of Agriculture and the Yollow Lord respectively)	24
研究	（动）	yánjiū	to study; to research	23
炎热	（形）	yánrè	burning hot; scorching	12
颜色	（名）	yánsè	colour	29
演	（动）	yǎn	to perform	27
眼睛	（名）	yǎnjīng	eye	5
演员	（名）	yǎnyuán	performer	42
艳	（形）	yàn	bright	46
砚	（名）	yàn	inkslab	46
宴请	（动）	yànqǐng	to invite to dinner	47
阳光	（名）	yángguāng	sunshine	41
样子	（名）	yàngzi	shape; appearance	40
要求	（动）	yāoqiú	to demand; to require	16
邀请	（动）	yāoqǐng	to invite	25
咬	（动）	yǎo	to bite	12

要	(动)	yào	to be about to	1
药	(名)	yào	medicine	31
要不然		yàobùrán	otherwise	41
爷爷	(名)	yéye	grandpa (father's father)	4
也	(副)	yě	also	5
页	(量)	yè	page	15
夜晚	(名)	yèwǎn	night	9
夜宵	(名)	yèxiāo	midnight snack	2
业余	(名)	yèyú	sparetime	42
一	(数)	yī	one	3
一边…		yībiān...	while	
一边…		yībiān...		12
一大早		yīdàzǎo	early morning; early in the morning	37
一带		yīdài	area	10
一点儿		yīdiǎnr	a little	2
一定	(副)	yīdìng	certainly	6
一帆 风顺		yīfān fēngshùn	smooth sailing; Bon voyage!	48
衣服	(名)	yīfu	clothes, clothing	11
一共	(副)	yīgòng	all together	37

医院	(名)	yīyuàn	hospital	4
一直	(副)	yīzhí	all the time; all along	36
医治	(动)	yīzhì	to cure	34
姨	(名)	yí	aunt (mother's sister)	5
遗憾	(动)	yíhàn	pitiful	36
颐和园	(专)	Yíhéyuán	Summer Palace	23
姨妈	(名)	yímā	aunt (elder or younger sister of one's mother)	5
已	(副)	yǐ	already	40
以后	(名)	yǐhòu	after	11
已经	(副)	yǐjīng	already	4
椅子	(名)	yǐzi	chair	6
亿	(数)	yì	a hundred million	39
意见	(名)	yìjiàn	opinion	24
艺术	(名)	yìshù	art	36
阴	(形)	yīn	cloudy	32
因为	(连)	yīnwéi	because	12
音乐	(名)	yīnyuè	music	16
音乐会	(名)	yīnyuèhuì	concert	7
饮料	(名)	yǐnliào	beverage	38
英磅	(专)	Yīngbàng	pound sterling	38
应该	(动)	yīnggāi	should; ought to	18
英文	(名)	yīngwén	English	7

英雄	（名）	yīngxióng	hero	40
英勇	（形）	yīngyǒng	heroic	42
英语	（专）	yīngyǔ	Engligh	23
赢	（动）	yíng	to win	20
哟	（叹）	yō	interjection; oh	23
悠久	（形）	yōujiǔ	long; age-old	39
由	（介）	yóu	by	31
邮递员	（名）	yóudìyuán	postman	31
油画展	（名）	yóuhuàzhǎn	an exhibition of oil paintings	45
邮局	（名）	yóujú	post office	19
游览	（动）	yóulǎn	to tour, to visit	10
邮票	（名）	yóupiào	stamp	31
尤其	（副）	yóuqí	especially	37
游人		yóurén	an unceasing number	
不断		bù duàn	of travellers	45
油条	（名）	yóutiáo	deep-fired dough stick	2
游戏	（名）	yóuxì	game	22
游泳	（动）	yóuyǒng	to swim	204
游泳池	（名）	yóuyǒngchí	swimming pool	13
有	（动）	yǒu	to have	2
友爱	（形）	yǒu'ài	friendly	13
友好	（形）	yǒuhǎo	friendly	29

有名		yǒumíng	famous	39
有趣		yǒuqù	interesting	9
友谊商店	(专)	Yǒuyì shāngdiàn	Friendship Store	38
有意思		yǒuyìsi	fascinating	9
又	(副)	yòu	also	12
右边	(名)	yòubian	right side	19
诱人		yòurén	captivating; enticing	47
愉快	(形)	yúkuài	happy	7
鱼虾	(名)	yúxiā	fish and shrimp	11
语法	(名)	yǔfǎ	grammar	17
语速	(名)	yǔsù	talking speed	27
语文	(名)	yǔwén	(Chinese) language and literature	15
语音	(名)	yǔyīn	speech sounds; pronunciation	15
遇	(动)	yù	to meet	14
预报	(名)	yùbào	forecast	32
育才中学	(专)	Yùcái Zhōngxué	Yucai High School	13
御花园	(专)	Yùhuāyuán	imperial garden	41
玉皇顶	(专)	Yùhuángdǐng	Jade Emperor Peak	43

园	(形)	yuán	round	12
元	(名)	yuán	yuan	31
原来	(副)	yuánlái	originally; it turned out to be	31
原谅	(动)	yuánliàng	to excuse	48
圆明园	(专)	Yuánmíngyuán	the Old Summer Palace (Garden of Perfection and Light)	47
元宵	(专)	Yuánxiāo	sweet dumpling	9
元宵节	(专)	Yuánxiāojié	Lantern Festival	9
远	(形)	yuǎn	far	14
愿	(动)	yuàn	to wish	29
愿意	(动)	yuànyì	to wish to; to be willing to	18
约	(副)	yuē	to make an appointment	37
约会	(名)	yuēhuì	date; appointment	27
月	(名)	yuè	month	8
月饼	(名)	yuèbǐng	moon cake	12
岳飞	(专)	Yuè Fēi	Yue Fei, national hero of the Song Dynasty	40
月份	(名)	yuèfèn	month	10
月宫	(名)	yuègōng	the palace of the moon	12
月光	(名)	yuèguāng	moonlight	12

越来越		yuèláiyuè	more and more	44
阅览室		yuèlǎnshì	reading room	19
月亮	(名)	yuèliang	moon	12
乐器	(名)	yuèqì	musical instrument	18
越…越		yuè...yuè	the more ...	
			the more	44
云海	(名)	yúnhǎi	sea of clouds	45
运动场	(名)	yùndòngchǎng	sports ground	13

Z

杂草	(名)	zácǎo	weeds	10
杂志	(名)	zázhì	magazine	7
在	(介)	zài	in; at	4
再	(副)	zài	again	12
再见		zàijiàn	good—bye	1
咱们	(代)	zánmen	we; us	9
糟糕	(形)	zāogāo	bad; terrible	18
早	(形)	zǎo	early; morning	1
早安		zǎo'ān	good morning	1
早餐	(名)	zǎocān	breakfast	2
早晨	(名)	zǎochén	morning	1
早点	(名)	zǎodiǎn	breakfast	2
早点儿		zǎodiǎnr	early	1

早饭	（名）	zǎofàn	breakfast	2
枣泥	（名）	zǎoní	jujube paste	11
早上	（名）	zǎoshang	morning	1
造	（动）	zào	to make	23
造句		zàojù	to make a sentence	23
造型	（名）	zàoxíng	model; mould	44
怎么	（代）	zěnme	how; why	27
怎么样	（代）	zěnmeyàng	what do you think of...	6
炸鸡	（名）	zhájī	fried chicken	3
展览	（名、动）	zhǎnlǎn	exhibition; to exhibit	39
展览会	（名）	zhǎnlǎnhuì	exhibition	35
站	（名）	zhàn	station	28
站	（动）	zhàn	to stand	34
战国时代	（专）	Zhànguó shídài	Warring States Period	11
战争	（名）	zhànzhēng	war	40
张	（量）	zhāng	measure word (used for photographs, paper, hides, table, beds, etc.)	4
章	（量）	zhāng	measure word; chapter	15
张	（专）	Zhāng	a surname	16

樟脑	(名)	zhāngnǎo	camphor	45
长	(动)	zhǎng	to develop; to grow	16
丈夫	(名)	zhàngfu	husband	12
招待	(动)	zhāodài	to entertain	29
着	(动)	zháo	to fall asleep	27
着急	(形)	zháojí	to worry	29
找	(动)	zhǎo	to look for	14
赵	(专)	Zhào	a surname	16
照	(动)	zhào	to shine; to reflect; to illustrate	44
照顾	(动)	zhàogù	to look after	48
照片	(名)	zhàopiàn	photograph	4
赵强	(专)	Zhào Qiáng	Zhao Qiang	30
照相		zhàoxiàng	to take photos	36
这	(代)	zhè	this	2
这么	(代)	zhème	so	5
这儿	(代)	zhèr	here	6
蔗糖	(名)	zhètáng	cane sugar	45
真	(副)	zhēn	really	4
针	(名)	zhēn	injection	34
真正	(副)	zhēnzhèng	real	46
枕头	(名)	zhěntou	pillow	27
正月	(名)	Zhēngyuè	the first lunar month	9

整齐	（形）	zhěngqí	tidy	6
整天	（名）	zhěngtiān	all day long	30
正	（副）	zhèng	just	27
正在	（副）	zhèngzài	to be in the process of; in the course of	24
正中	（名）	zhèngzhōng	exactly in the middle	12
支	（量）	zhī	measure word (used for things in the shape of a shaft, e.g., a pen)	6
只	（量）	zhī	measure word (used for animals)	12
知道	（动）	zhīdào	to know	11
支付	（动）	zhīfù	to pay	31
知识面	（名）	zhīshimiàn	range of knowledge	36
值得	（动）	zhíde	to be worth	39
侄子	（名）	zhízi	nephew	5
纸	（名）	zhǐ	paper	11
只	（副）	zhǐ	only	38
只好	（副）	zhǐhǎo	have to	44
只是	（副）	zhǐshì	only	36
至	（动）	zhì	to; until	18
智慧	（名）	zhìhuì	wisdom	41
质量	（名）	zhìliàng	quality	45

种田		zhòngtián	to farm	33
重要	(形)	zhòngyào	important	24
周到	(形)	zhōudào	thoughtful	48
周末	(名)	zhōumò	weekend	7
主角	(名)	zhǔjué	main role	42
住	(动)	zhù	to live	6
祝	(动)	zhù	to wish	8
住处	(名)	zhùchù	living place	37
祝贺	(动)	zhùhè	to congratulate	8
著名	(形)	zhùmíng	famous	44
注射室	(名)	zhùshèshì	injection room	34
住宅区	(名)	zhùzháiqū	residential district	44
住址	(名)	zhùzhǐ	address	14
注意	(动)	zhùyì	to mind; to pay attention to	34
抓紧	(动)	zhuājǐn	to pay close attention to; to grasp firmly	35
砖塔	(名)	zhuāntǎ	brick pagoda, tower	33
专业	(名)	zhuānyè	major; speciality	24
转	(动)	zhuǎn	to turn	32
篆字	(名)	zhuànzì	seal character	46
壮观	(形)	zhuàngguān	magnificent	39

壮丽	（形）	zhuànglì	magnificent	43
追	（动）	zhuī	to chase	20
准	（形）	zhǔn	to allow	12
准备	（动）	zhǔnbèi	to get ready	24
桌布	（名）	zhuōbù	tablecloth	47
桌子	（名）	zhuōzi	desk	6
紫禁城	（专）	Zǐjìnchéng	the Forbidden City	41
字	（名）	zì	character	11
自己	（代）	zìjǐ	oneself	33
字幕	（名）	zìmù	subtitles	42
自行车	（名）	zìxíngchē	bicycle	17
踪影	（名）	zōngyǐng	trace	40
总	（副）	zǒng	always	24
总算		zǒngsuàn	finally	33
总之	（连）	zǒngzhī	in a word; in short	43
粽子	（名）	zòngzi	*zongzi*, a pyramid–shaped dumpling made of glutinous rice and wrapped in bamboo or reed leaves	11
走	（动）	zǒu	to go, to walk	1
走不动		zǒu bu dòng	can't walk any longer	43
走马		zǒumǎ	to look at flowers while	

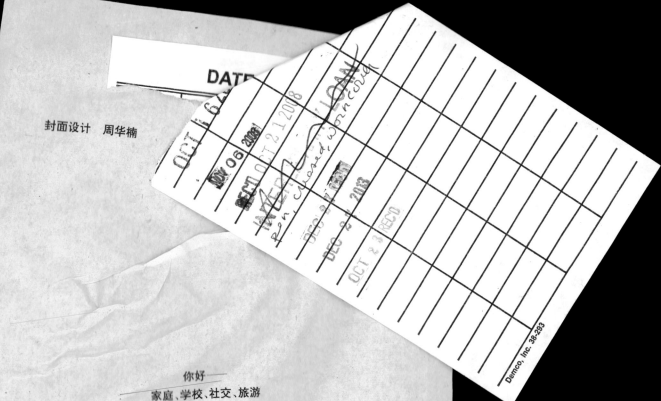

封面设计　周华楠

你好——
家庭、学校、社交、旅游
实用会话
＊
华语教学出版社出版
（中国北京百万庄路 24 号）
邮政编码 100037
外文印刷厂印刷
中国国际图书贸易总公司发行
（中国北京车公庄西路 21 号）
北京邮政信箱第 399 号　邮政编码 100044
1990 年（大 32 开）第一版
（汉英）
ISBN 7—80052—106—0/H·96
01630
9—CE—2398P